如鷹攬巢
如燕蓲雛

陳廷忠牧師七十壽慶論文集

胡武傑編

如鷹攪巢、如燕孵雛
陳廷忠牧師七十壽慶論文集

Like an Eagle Stirs Her Nest, Like a Swallow Tends to Her Young
A Festschrift in Honour of Rev Justin Tan on His Seventieth Birthday

---

主編：胡武傑
Editor-in-Chief: Zech FOO

出版：澳洲華人神學研究中心
Published by: Center for the Study of Chinese Christianity
　　　　　　 5 Burwood Highway, Wantirna VIC 3152
　　　　　　 (61) 3 9881 7800
　　　　　　 info.cscc@mst.edu.au

2024 年初版
First Edition 2024

© 2024 墨爾本神學院中文部
版權所有，不得翻印
© 2024 by Melbourne School of Theology Chinese Department
All Rights Reserved.

ISBN 978-0-6456532-1-2

目錄

iii　編者的話～古稀之年
　　　　　　　　　　　　　胡武傑

v　內子的話～七十而立而正
　　　　　　　　　　　　　陳劉綺華

1　在曠野中禱告守約施慈愛的神
　　　　　　　　　　　　　馬展程

19　如鷹攪巢
　　　　　　　　　　　　　胡武傑

27　試從「大歷史」觀點：猜想迦勒七十歲時的信心經歷
　　　　　　　　　　　　　聶國瑞

35　第二聖殿時期的猶太文學與但以理書的形成
　　　　　　　　　　　　　陳廷忠

71　以正典鑒別重審「不義管家」的比喻
　　　　　　　　　　　　　鄭小康

119　希伯來書對舊約詩篇的援用
　　　　　　　　　　　　　吳羅瑜

145 約翰・衛斯理與英格蘭教會的微妙關係
廖玉強

161 神學詮釋「你們心靈固然願意，肉體卻軟弱了」
池峈鋒

187 用華語述說上帝的作為
林子淳

197 研究聖經，為「講明意思」
邵施施

207 華人教會中的面子文化與僕人領袖模式
徐學峰

239 從《浪子回頭》看盧雲的屬靈氣質
許李雪花

252 作者簡介

編者的話～古稀之年

杜甫的《曲江》二首之二言道：「酒債尋常行處有，人生七十古來稀」，此與摩西在詩篇 90 篇的祈禱說道：「我們一生的年日是七十歲，若是強壯可到八十歲；但其中所矜誇的不過是勞苦愁煩，轉眼成空，我們便如飛而去」，似乎有異曲同工之妙，但摩西在祈禱的結束時卻如此向神祈求：「願主我們　神─的榮美歸於我們身上。願你堅立我們手所做的工；我們手所做的工，願你堅立」，卻使我們看到，在有生之年，無論是活到甚麼歲數，都當仰望神賜福堅立我們手中之工。

走過二十多年在墨爾本的日子，陳廷忠牧師在此地開發華人神學教育的事工，義不容辭地擺上所有的精力、時間、才華、禱告是不容置疑的。不但如此，華人神學研究中心的成立，也是陳牧師對神學研究的熱衷與負擔所展現出的成果。然而，這一切實是神在其中的恩典，是神在其中堅立陳牧師手所做的工。

對於陳牧師的教學，他體現了「如鷹攪巢、如燕菢雛」的圖像。一方面他小心翼翼地教導，深怕學生不能理解而不厭其煩地講解；另一方面他也勇於向學生提出挑戰和鼓勵，放手讓學生去嘗試新的路徑，走進未開發的區域，但有時候，他卻去攪動他們已有的舊觀念。

此慶壽論文集的出現，是始於與聶國瑞牧師的談話間，提起了華人神學研究中心十週年的感恩會，亦是陳牧師七十大壽而生出的意念，經過三個月時間的邀稿、寫稿、催稿、編輯、打印、訂裝而成的初期手製品，只有一百多頁的小書。然後，再經一年多的時間收集其他稿件、設計封面及諮詢出版管道，才有今日的成品。但願此文集能給陳牧師一份難忘的回憶和神恩的見證，也為讀者帶來一絲的鼓勵及漣漪，續而在華人神學教育的路上，為主奔跑！

誠如孔子所言：

「七十而從心所欲不逾矩！」

在一生的歲月裡，以摩西的祈禱為楷模：

「求你指教我們怎樣數算自己的日子，
好叫我們得著智慧的心。」

胡武傑

內子的話～七十而立而正

人人生七十古來稀，是句老話，轉眼我倆相繼步入七十年頭，驚喜交集，不言老。

艾力遜承著佛洛伊德的人生八階段心理社會發展理論，看價值建立取向，正好檢視一個健康發展的歷程嬰兒期的薰陶一系列八個階段到成年後期的成熟整合，令我聯想廷忠的一生傳奇。

緬懷的父母輩從少灌輸德智體群美，著意優秀中文教育的素質，成就他今天治學的嚴謹，宏觀的視野，可謂學貫中西的氣魄。

當年廷忠憑著一片單純初心，一顆認信抱負，一生無悔承擔；九十年代仿如欽定重返澳洲，在墨爾本服事孕育中文神學的戰兢歷程。

由衷佩服他的幹勁，幾遇身心俱疲，神在，更賜下新心新生，帶他走更遠的路，只願緊緊貼近神。

誠言他的自信自負，悠然自得，仿似一股新鮮空氣，看準了，寧死不屈，這般硬性子有點駭人，如此急性情有點逼人，骨子裏卻純良深情，我較圓滑狡猾靈機，相輔相成並肩同走下半生。

感恩邁入中晚年還在前線後防守望，那份鍥然不捨，分寸進退，教導研究輔導操作絡繹不絕，不時抽空弄孫為

樂，學習兒媳孫的互動情趣，品味栽種收割的喜悅，樂趣盎然！

主的恩賜恩惠隨著，心不老，願歲月的痕跡沒磨滅他的美善忠誠！

> 詩人描述一生的年日是七十歲，強壯的到八十歲，其中所矜誇的不過是勞苦愁煩，轉眼成空，我們便如飛而去。更存敬畏的心，求祢指教我們怎樣數算自己的日子，好叫我們得着智慧的心…願主我們神的榮美歸於我們身上，聖靈的恩賜，願祢堅立我們手所作的工，我們手所作的工，願祢堅立。

這是我們這年代的立約。

在慶賀七十周歲的里程，喜見《如鷹攪巢、如燕抱雛》的出版，適切雅興，同心同力，只有祝福！

陳劉綺華

在曠野中禱告守約施慈愛的神

馬展程

前言

民數記十四章成為了出埃及兩代以色列人重要分野，源於他們多次質疑摩西作為神委託的領袖角色，更重要的是，他們悖逆耶和華之餘，更否定耶和華是守約的神。摩西作為他們的屬靈領袖，並沒有因為百姓的對拒而放棄他們，反倒他藉著禱告，向神祈求開恩，赦免他們的罪孽。然而民數記 14 章 13-23 節，滿有慈愛的神，是否與其公義矛盾呢？神的公義和慈愛，又怎樣透過其信實而彰顯呢？

背景

《民數記》譯名來自七十士譯本，希伯來聖經原文意思則是「在曠野中」，重點在於以色列民於曠野行走四十年的記載。[1] 按學者推算，估計出埃及時間約主前 15 世紀中葉 1446 年發生，而出埃及記 19 章至民數記 10 章整段以西奈山附近為背景敘述，應在出埃及後翌年發生。[2] 相信正直埃及第 18 王朝圖特摩斯三世（Thutmose III, 1479-1425 B.C.）統治時期。[3]

---

[1] 賴桑、赫伯特和畢斯著：《新編舊約綜覽》，何傑、蔡式平和羅慶才譯（香港：種籽，2017），95。
[2] I. Provan, V. P. Long, and T. Longman III, *A biblical History of Israel* (London, Louisville: Westminster John Knox Press, 2003), 135.
[3] Provan, Long and Longman III, *A biblical History of Israel*, 131-132.

由於現存《民數記》文本經歷漫長修編，充滿古代傳統資料，因此難以確定其範圍及所屬傳統，[4] 但賴桑強調應以「正典評鑑學」避免忽略文本詮釋。[5] 從出埃及記至民數記是按「傳統整體模式」組合，最後由申命記派彙編整合而成五經。[6] 就以歷史敘述與「妥拉」結合為一體，顯出合一性結構，[7] 布魯格曼指出這是為被擄危機而設。[8] 民數記 14 章文學框架由祭司傳統提供，闡述會眾叛逆於摩西、亞倫和耶和華（民 14:1-10），並以神聖宣判與執行結束（民 14:26-28），只是這大段申命記式敘述—執行神聖公義時，被此段經文[9]打斷。[10] 鑑於此段落突出申命記元素，因此 Budd 認為此段經文揭示了耶和華、申命記與其他影響，加上此段經文與出埃及記 32 章 7-14 節及申命記 1 章 33-40 節 尤其相似，可能是經刻意編排，因此應以禱告背後的流放背景閱讀。[11]

---

[4] 賴桑、赫伯特和畢斯著：《新編舊約綜覽》，97。
[5] 賴桑、赫伯特和畢斯著：《新編舊約綜覽》，12。
[6] 包括會幕、約櫃、雲柱、火柱及摩西的領導。參賴桑、赫伯特和畢斯著：《新編舊約綜覽》，11。
[7] 五經中應許、揀選、救贖、與盟約特殊歷史間有鮮明對比。當中兩個主要段落，分別是創世記 1-11 章及創世記 12 章至申命記 34 章，並以創世記 12 章 3 節作為橋樑，以解答前者問題，進而引伸後者答案的關係，甚至此結構手擴至五經以外。參賴桑、赫伯特和畢斯著：《新編舊約綜覽》，3。
[8] 這些古舊敘述反映詮釋視野,這些材料反映身處曠野而缺乏維生系統支持的危機,也以富想像力的方式被重新部署為類似被擄的境況。參 W. Brueggemann, *An Introduction to the Old Testament* (Louisville, KY: Westminster John Knox Press, 2012), 100-101.
[9] 民 14:11-23
[10] S. E. Balentine, "Prayer for Justice in the Old Testament: Theodicy and Theology," *The Catholic Biblical Quarterly* 51.4 (1989): 602.
[11] 申命記材料早已得到認可，甚至是廣泛地存在。當中具明顯耶和華資料元素：藐視耶和華（民 14:11, 23）是耶和華資料特徵（民 16:30）。於民數記 14 章 11-23 節中各有申命記式的用詞與短語，「神蹟」（民 14:11, 22）或許是典型例子。而民數記 14 章 13-16 節基本思想可從出埃及記 32 章 7-14 節及

聖經記載出埃及行程至此,在巴蘭加低斯,距離別是巴24公里,應許之地——迦南近在咫尺（民 13-14 章）,[12] 摩西便從巴蘭加低斯派遣十二個探子窺探迦南地（民 13章）。然而申命記指出是百姓要求（申 1:22）,[13] 而在民書記則是摩西照神所吩咐去做（民 13:3）。四十日後,探子回來了（民 13:25）,只有迦勒和約書亞力勸百姓進侵迦南（民 13:30, 14:6-9）,其餘十人則認為是難以敵對,自覺像「蚱蜢」一樣脆弱（民 13:31-33）。以色列民在極其沮喪下,慾拿石頭打死迦勒和約書亞（民 14:10）。然而神忽然以榮光於會幕中向眾人顯現,對於百姓藐視和不信,引致神在烈怒中要用瘟疫擊殺他們（民 14:11-12）。神在金牛犢的變節後,曾作出同樣威脅（出 32:10）,只是今次摩西正在營地帳幕的外聖所（民 7:89, 14:10）。[14] 它受到神聖的愛的調和,並受到神聖對公義承諾的限制,以致摩西向神提出禱求,期望得著神回應。[15]

申命記第9章找到。而民數記14章15-16節與申命記9章28節猶其相似。而民數記14章18節的用語亦出現於申命記5章9節,另外寬恕的概念也在申命記29章19節出現。「試探耶和華」和「聽從耶和華」（民 14:22）也是如此（申 9:23; 13:4,18; 15:5 等）。而民數記14章23節中似乎是縮短的申命記1章35節。另外,請求寬恕（民 14:16-19）與出埃及記34章6-7有密切關係。參 P. J. Budd, *Numbers*, Word Bible Commentary 5 (Nashville, TN: Thomas Nelson Publishers, 1984), 152-153。

[12] 葛丁桂:《舊約神學》（台灣:校園書房,2022）,468。

[13] Robert L. Reymond: "民書記",《證主聖經百科全書》,陳惠榮編（香港:福音證主協會,1995）,2: 1246-1247。Provan, Long and Longman III, *A biblical History of Israel*, 135.

[14] 賴桑、赫伯特和畢斯著:《新編舊約綜覽》,105; Howard F. Vos: "以色列史",《證主聖經百科全書》,陳惠榮編（香港:福音證主協會,1995）,1: 131-132。

[15] Balentine, "Prayer for Justice," 602.

然而學術界對段落結尾有不同觀點，[16] 大多數按地理區分，認為此段落屬於加底斯巴尼亞（Kadesh-barnea）段落當中（民 10:11-19:22）。[17] 但 Boorer 卻因其充滿申命記思想與短語，而強調應視（11b-23a）為一個整體。[18] 依從五經規範順序，此段落主要焦點反思悖逆不信、審判、祈禱與神聖判決間的關係，[19] 並強調神的名、其話語、盟約及神的信實，[20] 功能在於祈求神聖公義。[21] 關鍵在於摩西見到子民悖逆的掙扎，基於他對百姓的委身所作的承諾，[22] 成為他們中保性人物為他們以對話式向耶和華神祈求調解，使再次獲饒恕成為可能。同時強調以色列民對耶和華的不信招致神聖審判。[23] 因此 Olson

---

[16] 如歷史背景、祭司或利未人資料、信仰群體所訂立的律法等因素，而影響學者則重重複語法與關鍵術語、交叉結構、敘述涉及耶和華、摩西與子民對話。D. R. Cole, *Numbers,* The New American Commentary 3B (Nashville, TN: Broadman & Holman Publishers, 2000), 209. E. W. Davies, *Numbers,* The New Century Bible Commentary (Grand Rapids, MI: Eerdmans, 1995), 142.
[17] 有的建議 14:11-24, 參 G. B. Gray, *A Critical and Exegetical Commentary on Numbers.* (Edinburgh: T & T Clark, 1903), 155. 有的提倡 14:12-20, 參 H. Holzinger, H. *Numeri* (Tübingen: J.C.B. Mohr, 1903), 50-51. 也有提倡 14:11-21, 參 W. Rudolph, *Numeri et Deuteronomium. Librum Numerorum: Librum Deuteronomii* (Stuttgart: Württembergische Verlagsanstalt, 1972), 36. 較多支持 14:11b-23a, 參 M. Noth, *Numbers,* The Old Testament Library (Louisville, KY: Westminster John Knox Press, 1969), 108-110; G. W. Coats, *Rebellion in the Wilderness. The Murmuring Motif in the Wilderness Traditions of the Old Testament* (New York, Nashville: Abingdon Press, 1968), 138-139; Budd, *Numbers, 152-153.* 另外也有提議 14:12-21, 參 V. Fritz, *Israel in der Wüste* (Marburg: N. G. Elwert Verlag, 1970), 19-20.
[18] S. Boorer, *The Promise of the Land as Oath: A Key to the Formation of the Pentateuch* (Berlin: Walter de Gruyter & Co., 1992), 334.
[19] D. T. Olson, *The Death of the Old and the Birth of the New: The Framework of the Book of Numbers and the Pentateuch* (Chicago, IL: Scholars Press, 1985), 145.
[20] J. Philip, *Numbers,* The Preacher's Commentary 4 (Nashville, TN: Thomas Nelson Publishers, 1987), 151.
[21] Balentine, "Prayer for Justice," 602.
[22] J. G. Millar, *Calling on the Name of the Lord* (Downers Grove, IL: Inter-Varsity Press, 2016), 48.
[23] Budd, *Numbers,* 155.

與 Wenham 以出埃及第一代與第二代作為分野，把此段落歸入第一代人在西乃至加底斯途中失敗的段落（民 10:11-22:1）。摩西與神對話式的禱告，帶出神的屬性、叛逆的子民與屬靈領袖的關係內容（民 14:13-19），[24] 而得到耶和華神聖的寬恕，同時伴隨著神聖的懲罰（民 14:20-25），就是除了「信心探子」——迦勒和約書亞外（民 14:30, 38），第一代出埃及的百姓不能進入迦南（申 1:35）這兩大段落。[25]

摩西的禱告（13-19節）

一）神的聲譽（13-16節）

當摩西再次履行在耶和華面前為百姓代求的角色時，敘述產生了一個轉捩點，以禱告證明對神及其道路具深度認識。[26] 摩西沒有一刻動搖去考慮神新子民「摩西的後裔」的可能性（民 14:12）。[27] 相反，他熱衷於耶和華之名在眾人中的榮耀及其仁慈的本性而為百姓祈求，[28] 避免耶和華在埃及人眼前蒙羞，以及祂對以色列列祖的承諾。[29] 今次摩西採用金牛犢事件相同的論點（出 32:10-

---

[24] Olson, *The Death of the Old*, 187. G. J. Wenham, *Numbers*, Tyndale Old Testament Commentaries 4 (Nottingham: Inter-Varsity Press, 2011), 116.
[25] Olson, *The Death of the Old, 31-37, 144-147*。
[26] Cole, *Numbers*, 230。
[27] M. Widmer, *Standing in the Breach* (Winona Lake, IN: Eisenbrauns Inc., 2015), 95-96.
[28] I. M. Duguid, *Numbers*, Preaching the Word (Wheaton, IL: Crossway Books, 2006), 173; Ronald B. Allen, "Numbers" in *The Expositor's Bible Commentary: Volume 2*, ed. Tremper Longman III and David E. Garland (Grand Rapids, MI: Zondervan, 2012), 339.
[29] 葛丁桂：《舊約神學》，416。

14），³⁰ 首先他以耶各華榮耀的聲譽為策略替百姓求饒（14:13-16）。³¹ 當中產生兩個平行條句：首個條件是若神此刻要消滅百姓，埃及人就會「聽見」，因為神曾用大能領其子民出埃及（14:13b）。而且定必會與這地的居民「議論」祂（14:14a），基於他們曾「聽見」耶和華與以色列關係的特點（14:14）。³²

當摩西提及耶和華與以色列人的關係時，都採用了獨立代名詞「你」。因此摩西的禱告是強調耶和華「你」與以色列人的關係，³³ 而且這個關係基礎在於神的同在，包括神就在百姓中間，而且神是「面對面」向百姓顯現，就是以雲彩停在他們頭上的方式呈現，還有神以雲柱和火柱顯現方式於百姓前方帶領他們。因而不論在空間位置、親密程度、以及帶領功用上比摩西更顯出神與百姓密切關係。³⁴ 因此個人不能認同布魯格曼所言「摩西比耶和華天關心以色列」、「強烈過耶和華對他們的愛」。³⁵

從 13 至 14 節交替使用「說」和「聽」引入 15 節，為第二個條件奠定基礎。³⁶ 而第二個條件句建基於首個條件句，並以重述開始，若耶和華當下採用對付埃及人的方

---

³⁰ Widmer, *Standing in the Breach*, 96.
³¹ Duguid, *Numbers*, 173-174.
³² Timothy R. Ashley, *The Book of Numbers*, NICOT (Grand Rapids, MI: Eerdmans, 1993), 255-256.
³³ 黃家樑：《在曠野中與上帝同行—民數記析讀》（香港：基道，2008），165。
³⁴ 黃家樑：《在曠野中與上帝同行》，165。
³⁵ 布魯格曼：《讀舊約學禱告》，尹妙珍譯（香港：天道書樓，2011），72，81。
³⁶ Ashley, *Numbers*, 256.

式擊殺「一人」所代表的整個民族，意味著叛亂是由全體人民發起（民 14:1），埃及人便把聽到的消息傳播於聽說耶和華非常關心以色列人的迦南人當中，[37] 列國便認為神無法將其子民帶進這片土地，以致他們更堅定不信耶和華，因此神的榮耀便被玷污（民 14:15-16），[38] 並增加對叛逆的以色列人的蔑視。[39] 這種破壞歸功於耶和華缺乏力量，無法帶領百姓進到所賜的應許之地，[40] 而非基於百姓的罪孽。[41]

摩西這樣的回應是尊重他所維護耶和華聲譽的願望，神在百姓中的真實性對立於埃及人神明的淺薄、空洞與乏味的本質。[42] 因他意識到耶和華的名與其盟約子民的福祉有內在聯繫，神不但是帶領他們出埃及的拯救（14:13），而且耶和華與他們同在同行（14:14b）。但最重要的是，耶和華定意要帶領以色列人進入迦南地（民 14:16；23:20）。所以，從時間角度來看，分別代表神在過去「出埃及」、現在「同在」，以及將來「入迦南」為以色列所作的。在當時，只差「入迦南」一步未實現。若神此刻輕易除滅百姓，前面的信念便不能成立。因此，神的能力受到質疑，聲譽也受損。[43] 對於摩西來說，神在列國的聲譽比個人驕傲與命運更為重要，甚至比人類本身更重要。摩西確實用了外邦神明會保護

---

[37] Ashley, *Numbers*, 257.
[38] Duguid, *Numbers*, 174.
[39] Allen, *Numbers*, 340.
[40] Ashley, *Numbers*, 257.
[41] R. Brown, *The Message of Numbers* (Westmont, IL: IVP Academic, 2002), 187.
[42] Allen, *Number*, 340.
[43] 黃家樑：《在曠野中與上帝同行》，165。

自己國家的神學來挑戰神，但是在古代，從來沒任何神明像耶和華一樣，伸出其大能手臂，施行神蹟奇事為其百姓做事（申 4:32-40）。當以色列人最終在約書亞帶領下進入迦南地時，列國仍然記得他們聽到以色列人從埃及得釋放的消息。可悲的是，整個民族並沒有淪為神恩典的俘虜。[44]

所以他再次試圖說服神為其於列國中的聲譽而採取行動，通過求助耶和華在荊棘火中並西奈山上向他啟示的名字（出 3:15; 34:6-7）。[45] 與神相會，是以言語為媒介，神用言語自我介紹「我是耶和華」（出 20:2）。神在何烈山從火中顯現，成為妥拉啟示，也是與神對話的經驗（申 4-5 章）。[46] 同時耶和華的榮光顯現（民 14:10），正如雲柱和火柱相隨（民 14:14；出 24:15-18；40:34-38），也是神讓以色列有途徑思考祂如何持續地與他們同在。[47] 因此摩西根據耐心、忠誠與道德要求重新定義了神聖的偉大和力量，[48] 這樣卻因神自己應允禱告而使祂得著榮耀。[49]

二) 神的憐憫（17-19 節）

根據前面論點，摩西提出第二個理據，建基於神憐憫本性，肯定神對盟約的忠誠與寬恕來為百姓祈求（民 14:17-19），因此他說「現在求主彰顯力量」（17 節）。

---

[44] Allen, *Numbers*, 339.
[45] Widmer, *Standing in the Breach*, 96.
[46] 葛丁桂：《舊約神學》，394。
[47] 葛丁桂：《舊約神學》，397-398。
[48] Widmer, *Standing in the Breach*, 96.
[49] Brown, *The Message of Numbers*, 188.

摩西從耶和華聲譽轉移到其本性，神兩個本性的平衡結構開啟了摩西的懺悔。他綜合引用神對其子民忠誠的愛與管教的話，[50] 來提醒神之前作出的承諾。第 18 節引用神自述「耶和華不輕易發怒，並有豐盛的慈愛，赦免罪孽和過犯；萬不以有罪的為無罪，必追討他的罪，自父及子、直到三、四代」（出 20:6; 34:6-7），[51] 成為了此禱告的高潮，也是神屬性的標準總結。神的「慈愛」是對盟約忠誠的關係術語，表達神對以色列的忠誠。[52] 百姓怎樣叛逆，神會管教，但從不徹底摧毀他們，以致其後代能夠得著神向亞伯拉罕、以撒、和雅各所立的約。[53]

然而「赦免」本是神積極的屬性，包含其同情心、仁慈及不輕易發怒，猶如重複主之名所包含的意涵。[54] 但在某種意義上可看作是「報復」，也就是神對惡人公義的審判（18 節）。[55] 因整件事以神真正榮耀與其神性與寬恕有關，[56] 因為「罪/過犯」代表人叛亂蓄意破壞彼此盟

---

[50] Allen, *Numbers*, 340.
[51] Duguid, *Numbers*, 174.
[52] 若以希伯來原文與(出 34:6-7)比較，便會發現(民 14:18)有些元素失去了。1. 有憐憫有恩典的上帝; 2.「誠實」所代表的真理和可靠性; 3. 為千萬人存留慈愛的條款; 4. 和罪惡; 5. 孩子的孩子。雖然民數記 14:18 較短，但應從摩西在民數記代求的目的來解釋，參 Ashley, *Numbers*, 256-258. J. Milgrom, *Numbers: The Traditional Hebrew Text with the New JPS Translation*, The JPS Torah Commentary (Philadelphia, PA: Jewish Publication Society, 1989), 111.
[53] E.A. Heath, "Grace," in *Dictionary of the Old Testament: Pentateuch*, ed. D. T. Alexander and D. W. Baker, (Downers Grove, IL: InterVarsity Press, 2003), 374.
[54] J.R. Soza, "Repentance," in *Dictionary of the Old Testament: Pentateuch*, ed. D. T. Alexander and D. W. Baker, (Downers Grove, IL: InterVarsity Press, 2003), 686.
[55] Allen, *Numbers*, 340.
[56] Soza, "Repentance," 686.

約關係，不能履行盟約釐訂的要求作為神子民應有的職責，達不到盟約中內在的期望，所以人將按聖約條款，承受神聖懲罰。[57] 但公義不一定是黑白分明，因此摩西並沒要求神撤銷懲罰，而只是要求推遲執行，只要神與百姓保持盟約關係。[58] 而神亦有權按其認為合適的方式「追討」，表面上加劇了神的報復，縱使神懲罰那些不信的人到第四代，看似神的憤怒緩慢，需要幾代人的時間。但神是公義的，其憐憫與懲罰都令人敬畏，是值得人認真對待。[59] 同時，也是神仁慈的一面，因為若神不能原諒，至少能分配給若干代人來減輕懲罰。[60]

然而摩西並沒只引用前半部分，反倒強調「百姓的罪孽」「照你的大慈愛赦免」（19節）揭示了神恩慈的品格、憐憫的屬性，是基於神對人盟約忠誠的愛，顯示神與人之間的互動是基於神的憐憫與忠誠的關聯。[61] 聖約的概念在此是至高無上，這與神另一屬性「慈愛」的連續順序相對應，暗示是主的慈愛，其忠誠，激勵了祂，亦維護了祂與以色列盟約關係。[62] 摩西承認耶和華是公義與憐憫的神，基於神的偉大與神對子民立約的信實，通過再一次展現其憐憫與寬恕來獲得和解力量，他懇求神兌現祂啟示他時的說話（18節），[63] 是本著神背負以色列

---

[57] E.A. Martens, "Sin, Guilt," in *Dictionary of the Old Testament: Pentateuch*, ed. D. T. Alexander and D. W. Baker, (Downers Grove, IL: InterVarsity Press, 2003), 765-766.
[58] J. Milgrom, *Numbers*, 111.
[59] Ashley, *Numbers*, 258-259.
[60] Milgrom, *Numbers*, 111.
[61] Allen, *Numbers*, 340-341.
[62] Milgrom, *Numbers*, 112.
[63] Ashley, *Numbers*, 257.

的重擔，並滿有恩慈地原諒他們。[64] 儘管他們繼續犯罪，神仍要與他們和好，[65] 就是當以色列人犯罪時，祂會原諒他們（出 34:8-10），[66] 正如 18 節「萬不以有罪的為無罪」中常用的不定式 נַקֵּה 加上同根有限動詞 נקה 結構所強化的動詞概念宣佈無罪一樣，但只是從神這邊維持彼此基本立約關係，[67] 卻保持真理的兩極，既沒有修改神聖的主權，亦沒有忽視人類在罪當中的責任。[68]

這反映摩西知道神允許他發言，卻不代表他與神有平等地位。神既是燃燒的烈火（民 14:10），同時也是溫暖的。摩西提醒人，雖然神刺眼的憤怒真實存在，但因神憐憫的恩典，在行使憤怒最終公義判斷前，一再延長對人的耐心，容忍人的挑釁，希望成為人愛心的提醒。[69] 因為摩西禱告是呼求耶和華的名，祂就是與以色列民立約的神，又是拯救他們的神。[70] 然而布魯格曼認為耶和華以忠誠團結的方式行事，正如摩西所祈求的那樣，但耶和華也「以強大的主權行事，作為符合（出 34:7b）的要求」。因此布魯格曼總結「耶和華以強大主權贏得了祂富有同情心的團結。」[71] 但個人認為從經文詮釋當中摩西強調請求耶和華對神聖盟約的忠誠，而不是單純消除以色列罪惡並於罪惡意義上得到寬恕，它既肯定赦免與

---

[64] Milgrom, *Numbers*, 112.
[65] Duguid, *Numbers*, 174.
[66] Wenham, *Numbers*, 127.
[67] Ashley, *Numbers*, 259.
[68] Philip, *Numbers*, 151.
[69] Allen, *Numbers*, 340.
[70] Millar, *Calling on the Name of the Lord*, 51.
[71] Brueggemann, *Theology of the Old Testament*, 270-271.

盟約的忠誠，同時不至忽略神聖公義，更不能與憐憫分割，所以這決議並非神主權的陳述。

正如 Goldingay 所言耶和華必須遵照祂在金牛犢事件後的自我啟示，以守約和饒恕為首要神聖屬性，神無法抗拒要向百姓守約的論證，因而必須採取行動（民 14:20-21），所以神要棄絕叛逆的一代（民 14:22-23），[72] 藉著某種剪除得到潔淨。對某些人施行代表性懲罰，對整體卻是有益，無須所有百姓都被滅絕。[73] 因為神在西奈山與以色列人立約，是期望復原一切人類所失去和破壞。神要與以色列民進入一種關係，就是祂應該作你們的神，使他們作其子民得產業，成為一個祭司、聖潔的國家（出 19:15-16），而且祂起誓將曾主動應許賜給列祖的地賜給他們（申 1:8; 出 3:7-8），祝福他們，為他們給予安息和平安，又要與他們同在，最終要與他們在應許地同住。[74] 只是那約於金牛犢事件中被毀（出 32:19），同一約最終得著神更新（出 34:10-27），是基於神對列祖的應許（出 33:1），以及神美善及憐憫（出 34:5-7）。[75]

---

[72] 葛丁桂：《舊約神學》，478。
[73] 葛丁桂：《舊約神學》，423。
[74] 黃儀章：《舊約神學—從創造到新創造》（香港：天道書樓，2012），145。
[75] 黃儀章：《舊約神學》，149。

神的回應（20-25節）

耶和華回應摩西禱告，基於祂先前對摩西作出的承諾，且加強神對可拉叛亂的回應（民16:22）。[76] 耶和華神回應摩西19節的請求，並宣告「我照著你的話赦免了他們」（民 14:20）。[77] 這樣的敘述看似神與摩西共同商議的結果，[78] 甚至布魯格曼認為是摩西比神想料得更清楚，所以神按照摩西的話遵行。[79] 但事實上在五經中只有這段落出現耶和華親自指著自己的永生起誓（民 14:21, 28），伴隨舊約少見的副詞，形成事前事後強烈反面對比。[80]

就是神聖赦免不意味著以色列能逃避所犯的罪的懲罰，百姓要為自己的過犯付出代價，[81] 縱使叛逆子民獲得赦免，減輕了判決不用處死，但他們也不會按照神的意願生活，不能回到事前一樣。神自己以有力而直接地起誓，神的力量是超越世界界限，祂有能力並會履行其誓言，讓全世界承認祂的公義。而且具有附加意義，就是神宣誓時，整個世界都已因祂的存在而被充滿。[82] 經文就以「榮耀」來把21和22節捆綁一起，能充分領略神聖懲罰的原則，[83] 經文藉用「十次」的修辭手法（22節），帶出民眾多次「試探」神，令人沮喪的悖逆、不服從地

---

[76] Millar, *Calling on the Name of the Lord*, 49.
[77] Wenham, *Numbers*, 127.
[78] Balentine, "Prayer for Justice," 602.
[79] 布魯格曼：《讀舊約學禱告》，75。
[80] Ashley, *Numbers*, 260.
[81] Wenham, *Numbers*, 127.
[82] Milgrom, *Numbers*, 112.
[83] Milgrom, *Numbers*, 112.

拒絕又抱怨的邪惡罪性，更不相信神能帶人進入迦南（民 14:2-3）。[84]

從迦南旅程牽涉到神與百姓彼此試驗，然而神試驗以色列人並無不妥，相反則不同。或許神試驗以色列是顯明祂認真看待他們，顯出一份尊敬，給予機會表明其本質。但以色列試驗神卻顯示缺乏尊敬或信靠，罔顧神已給予大量尊敬和信靠祂的理由。[85] 因此他們「沒有一個」被允許見到應許之地（23節）。而在第二天，「眾民」必須轉身前往紅海（民 14:25），[86] 使進入應許之地因而推延三十八年，直到第一代全於曠野倒斃（申 2:14）。[87]

然而於神學上，轉向曠野暗示他們要返回埃及，懲罰他們是為了配合其罪行。某程度上，神因著盟約應允他的請求（民 14:2-4），延遲了進入迦南的日子，也因著公義讓叛逆之輩死在曠野，無一能逃脫輕判（民 14:37），卻因為慈愛而保留第二代。[88] 於此摩西的委身與百姓的叛逆形成反差，亦反映百姓在西奈委身的認真程度，百姓入迦南地前，經歷的訓誨必須藉著更多指示，再次申明並鞏固。以致摩西的訓誨能被視為神百姓的禮物，是神給予的福分（申 4:7-8）。[89] 是神對相信祂的作出恩典

---

[84] Olson 指出曠野的一代不斷不信服神：民 11:1-3 百姓對上帝的不信服；民 11:4-35 百姓渴求食肉的不信服；民 12:1-16 米利暗及亞倫對神的代表-摩西的不信服；民 16:1-19:22 百姓及利未人對摩西、亞倫和耶和華的不信服；以及民 25:1-18 百姓拜偶像與行淫所表現的不信服，參 Olson, *The Death of the Old*, 119-120。
[85] 葛丁桂：《舊約神學》，477。
[86] Milgrom, *Numbers*, 112.
[87] 賴建國：《五經導論》（香港：天道書樓，2011），347。
[88] Wenham, *Numbers*, 127.
[89] 葛丁桂：《舊約神學》，469。

的獎賞，[90] 也是神百姓透過律法書必須學會故意犯罪導致惡果的功課，[91] 神不容許罪，且只有神的憐憫才可以赦免。雖然百姓在很多地方上都失敗。但 Sailhamer 指出在此重要關鍵時刻，乃是對神信心的失敗。經文特意藉此表明百姓不能領受祝福，承受應許之地，死於曠野，並非某次特殊背叛行為，而是單單沒有信靠神，失去對神的信心。[92] 同時成為對公元前 6 世紀被擄時期衰敗的一種詮釋性反省，並激發被擄餘民的忠心，且肯定神對第二代被擄的信實。[93]

從以上詮釋，可以得出三個層次的意義：首先經文本身向猶太人述史，解釋了摩西亞倫一代為何至終不能進應許地是因他們對耶和華叛逆的不信，同時印證神的忍耐與祂向漂流子民的同在。另外，在於五經層面，它向被擄及被擄後期的猶太人述說當代歷史，因為對於許多猶太人來說，被擄到尼布甲尼撒巴比倫猶如活在曠野，失去神的同在一樣。他們渴望再出埃及，翻越另一個曠野，再次進入應許之地，便需要依靠神的帶領（亞 10:10-12），以及對後代人述說將來的歷史，就是警惕人不要重蹈父輩們的覆轍：「你要謹守耶和華-你神的誡命，遵行祂的道，敬畏祂」（申 8:6），「要知道耶和華-你的神，祂是神，是信實的神；向愛祂、守祂誡命的人守約，

---

[90] Allen, *Numbers*, 340.
[91] Brown, *The Message of Numbers*, 191.
[92] J. H. Sailhamer, *The Pentateuch as Narrative* (Grand Rapids, MI: Zondervan, 1992), 388-389;溫漢：《五經》，尹妙珍譯（香港：天道書樓，2008），178。
[93] Brueggemann, *An Introduction to the Old Testament*, 101,103.

施慈愛,直到千代」(申 7:9),「使你和你的子孫可以得福」(申 4:40)。[94]

總結與應用

首先,信徒對於神的信,像經文中的以色列人一樣是基於神給予物質的豐富、事業家庭亨通、名成利就等成功神學的概念(民 14:3-4),還是正確地基建於神就是生命救贖主的基礎之上,藉著基督成就的新約,拯救我們脫離罪的奴役,使我們從律法中釋放出來,安然自由地與祂親近,生命藉由祂帥領,直到進入終極應許之地呢(民 14:13-14)?相反作為信徒又是否完全地持守與神所立過的約呢?當面臨人生障礙或困難,信心軟弱的難免會失敗,甚至不能克服罪的困擾,情願違抗神,也要留在安舒區中,以致失去生命經歷神充滿的豐盈,甚至招致神的懲罰。因此信徒應從神的角度看其神聖審判,[95] 源於人執著自己掌控的生活,強調自我中心,拒絕信靠守約施慈愛的神,並褻瀆了神的榮耀,就是連神百姓都否認耶和華會以其名來成就普世救贖大能作為,因此而受罰。因此,我們應學習摩西的禱告建基於神的益處,正如新約所言「要先求他的國和他的義,這些東西都要加給你們了。所以,不要為明天憂慮,因為明天自有明天的憂慮;一天的難處一天當就夠了。」(太 6:33-34)

---

[94] 賴桑、赫伯特和畢斯著:《新編舊約綜覽》,98。
[95] Duguid, *Numbers*, 171-172.

否則像第一代的以色列人那樣，錯失在應許之地莫大的恩典和祝福。[96]

另外，我們曾否像摩西一樣，藉神賜予禱告權柄，為眾肢體持續得罪神，甚至背信棄義的行為而向神代求呢？向滿有豐盛慈愛的神尋求一息寬恕機會，盼望得著赦免，不致令全體落入罪的深淵、污染神的名，幫助彼此回轉悔改。相信這是每一個屬靈領袖需要學習的功課，也是建立對神的忠誠渠道之一。縱使過去怎樣失腳、怎樣叛逆，神的恩慈仍以基督的新約維繫著彼此親密關係，以致成為眾人通往永生的大門。若神加給我們力量，不但能忍受人生曠野的艱辛，更能在信仰荒漠中經歷祂恩典，成為生命中閃爍的光輝，作為敬虔、捨己之愛的引導，更能把握每次與神相遇的機會，[97] 因為我們讚美神，是要讓神在信仰群體、外人並眾神眼中顯為至高至大，[98] 正如祂的榮耀充滿全地一樣。

---

[96] 賴建國：《五經導論》，322。
[97] Duguid, *Numbers*, 171.
[98] 布魯格曼：《讀舊約學禱告》，74。

如鹰揽巢、如燕抱雏

如鷹攪巢[1]

胡武傑

引言

鷹，號稱「鳥中之王」，展翅翱翔於上空，以迅雷不及掩耳之速捕捉獵物，實是令人印象深刻的鳥類。從古至今，不少的古代帝國、現代國家、以及不同球類運動的球隊，皆以鷹為標誌或象徵，其中所象徵的是鷹的尊貴、速度與力量。[2]

在舊約聖經中，鷹在希伯來文為「נֶשֶׁר」，共出現 28 次，[3] 有譯作「鷹」、「鵰」、「大鷹」或「禿鷹」，通常被用作象徵或符號，但其中有 9 次是指著其鳥本身。[4] 就如在利未記 11 章 13 節和申命記 14 章 12 節，我們學習到鷹是不潔淨的動物的其中一種。然而，在其他的經文中，鷹被用作符號或類比，通常代表速度、力量、安全保障和保護關顧。

在這篇文章中，除了簡述舊約中鷹的形象之外，筆者試著重探申命記 32 章 11 節中的鷹，牠是如何照顧和保護

---

[1] 此文章參照於 Hans-Georg Wünch, "Like An Eagle Carries Its Young," *HTS Theological Studies* 72.3 (2016): 1-6.
[2] Peter Goodfellow, *Birds of the Bible: A Guide for Bible Readers and Birdwatchers* (Oxford, England: John Beaufoy Publishing, 2013), 130.
[3] 從 www.stepbible.org 的尋索取得的經文如下：出 19:4；利 11:13；申 14:12；28:49；32:11；撒下 1:23；伯 9:26；39:27；詩 103:5；箴 23:5；30:17, 19；賽 40:31；耶 4:13；48:40；49:16, 22；哀 4:19；結 1:10；10:14；17:3, 7；但 4:33；7:4；何 8:1；俄 1:4；彌 1:16；哈 1:8。
[4] 這 11 處的經文如下：利 11:13；申 14:12；伯 39:27；箴 30:17, 19；結 1:10；10:14；但 4:33；7:4。

雛鷹，當中比喻了神如何眷顧以色列，我們也可以從中學習寶貴的神學和屬靈的功課。

舊約中鷹的形象

速度

我們需要想像古代的人類，因著自身體力的限制，要在速度上比他人更加快速，就需要用到馬匹。現今的我們，因著先進的交通工具，讓我們在數小時內就可奔馳於千里之外。聖經中提到行動迅速的動物就是鷹，「如急落抓食的鷹」（伯 9:26b）。當提到以色列的敵人迅速行軍時，就比喻敵軍比鷹更快。[5]

力量

鷹在舊約聖經的第二個形象是力量或能力。這個形象可以從兩方面來看。首先，這力量比做軍事的力量，就如行軍的迅速以鷹的速度作比喻，同樣，鷹的力量也比作軍事的力量。鷹以腳爪來殺死獵物，其力量可見一斑，可說是暴力的掠食者。以此作為比喻，在舊約聖經中也用鷹來形容以色列的敵人，具有強大的軍事力量，而且是殘暴的侵略者。[6]

第二方面，鷹的力量也比做為克服障礙的力量，就如以賽亞書 40 章 31 節說道：「但那等候耶和華的必從新得力。他們必如鷹展翅上騰；他們奔跑卻不困倦，行走卻

---

[5] 參耶 4:13; 哀 4:19; 哈 1:8。
[6] 參申 28:49; 耶 48:40; 49:22; 結 17:3, 7; 何 8:1; 彌 1:16。

不疲乏。」另外，詩人也說到耶和華所賜予的美物能使人的心得到滿足，「以致你如鷹返老還童」（詩103:5b）。

安全保障

在古代，用武器以遠距離的方式獵殺的可能性是非常有限。故此，當鷹翱翔在高空時，人類幾乎不可能獵殺鷹，只有當它降落在地面上或飛得很低時，人類才可能攻擊它。另外，鷹將其巢穴搭在高山上，人類根本無法可及。因此，鷹的第三個形象是安全保障。

然而，這種的保障並非萬無一失，也非長遠，就如耶利米先知和俄巴底亞先知的話，在斥責列國時說到他們雖如鷹在高處搭窩，神卻要把他們拉下來。[7] 雖然在神的眼中，鷹的巢窩是不堪一擊，但對人類而言，鷹巢卻是安全保障的象徵。

保護關顧

在舊約中，以鷹的形象來表達神的保護關顧有兩處的經文：出埃及記19章提說神像鷹將以色列人背在翅膀上，出了埃及來歸向耶和華，以及申命記32章也有類似的描述，描寫神如鷹攪巢，展開雙翅接著小鷹，背在翼上。[8] 雖然只有這節經文以鷹的翅膀表達了神的保護關顧，但是以翅膀這詞來表達神的保護關顧，也有不少的經文。

---

[7] 參耶 49:16; 俄 1:4。
[8] 參出 19:4; 申 32:11。

路得宣認拿俄米的國就是路得的國、拿俄米的神就是路得的神，並且隨著拿俄米回去伯利恆，來到波阿斯的田間撿麥穗，波阿斯對路得說出安慰的話：「願耶和華照你所行的賞賜你。你來投靠耶和華—以色列神的翅膀下，願你滿得他的賞賜。」（得 2:12）另一方面，詩人也以投靠或隱藏在神的翅膀下，[9] 作為尋求神的保護，躲避患難的描述。只有鷹，當牠伸展雙翼，展現出速度、力量、安全保障和保護關顧的象徵，才讓我們可以看到這幅在「在翅膀下」避難的畫面。

攪動巢窩的鷹

經過在舊約中對鷹的形象的簡述，我們看到鷹在舊約中通常代表了速度、力量、安全保障和保護關顧，下文我們將更深入探討申命記 32 章 11 節中對鷹的描述。

首先，我們必須注意這節經文的上下文。申命記 32 章被稱為「摩西之歌」，是摩西向出埃及後的以色列第二代的眾民重申了誡命以後所作的詩歌。申命記 31 章 30 節如此記載：「摩西將這一篇歌的話都說與以色列全會眾聽。」這一曲「摩西之歌」是記載在申命記 32 章 1 至 43 節。這首詩歌的分段[10]如下：

    傳喚證人（32:1-4）
    控告人民（32:5-6）
    回顧過去的祝福（32:7-14）

---

[9] 參詩 17:8; 36:7; 57:1; 61:4; 63:7; 91:4。
[10] 參 Eugene H. Merrill, *Deuteronomy*, New American Commentary 4 (Nashville, TN: Broadman & Holman Publishers, 1994), 39-40.

以色列的叛亂（32:15-18）
神審判的應許（32:19-25）
其他神的無能為力（32:26-38）
耶和華的辯護（32:39-43）

從這樣的分段來看，第 11 節是在 7 至 14 節中的講述，是回顧過去神的帶領與賜福。摩西提醒以色列民當常思想他們歷史的由來和所承受的地界，也當知道他們是屬耶和華的（7-9 節）。他們在荒蕪危險之地，耶和華神眷顧、保護、圍繞以色列民，是別的神明無法比擬的（10-12 節），並且引領他們得著豐盛的土產，也有肥美的畜牧出產（13-14 節）。在此段的講述中，10-12 節說明了神看到困苦的以色列民，就像人保護眼中的瞳人、像老鷹看顧雛鷹般地對待以色列民，無可比擬！

然而，當我們細讀 11 節「又如鷹攪動巢窩，在雛鷹以上兩翅搧展，接取雛鷹，背在兩翼之上」，似乎對攪動巢窩的鷹是在看顧照料雛鷹有些難解。解經家以老鷹訓練雛鷹飛翔，作為神對以色列的慈愛引領的比喻。一般的圖像解說：雛鷹到了另一段發育時期，老鷹就攪動巢窩，即將雛鷹趕出巢窩，從而迫使雛鷹學習獨自飛行。但與此同時，老鷹將舒適而自信地盤旋在雛鷹之上觀察，在必要的時刻，老鷹會展開自己的翅膀，將雛鷹安全地攜帶回到巢穴。[11] 故此，申命記 32 章 11 節展現出從出埃

---

[11] Merrill, *Deuteronomy*, 414; Hendrik G. L. Peels, "On the Wings of the Eagle (Dtn 32,11) -- An Old Misunderstanding," *Zeitschrift Für Die Alttestamentliche Wissenschaft* 106.2 (1994): 300.

及至進迦南，神帶領、引導、眷顧、並訓練以色列獨立的圖像。

然而，當我們注意第 10 節中的經文，「耶和華遇見他在曠野—荒涼野獸吼叫之地，就環繞他，看顧他，保護他，如同保護眼中的瞳人」，我們看到神要眷顧以色列，用了保護眼中的瞳人做第一個類比，在 11 節是以鷹保護雛鷹做為神眷顧以色列的第二個類比，以「環繞、看顧、保護」為眷顧的表達。但是，11 節中的「攪動巢窩」似乎未能表達出「環繞、看顧、保護」的意念。

故此，「攪動巢窩」未必是最合意境的字句，但這卻是中文聖經版本對原文「עוּר」作為「攪動」的翻譯。在英語的聖經版本中，大部份的版本對此詞彙譯作「激起」（stirs up）或「喚醒」（rouses），也有一些意譯為「教導他的雛鷹飛翔」（teaching its young to fly），另有譯作「察看」（watches over）或「保護」（protects）。[12] 這樣的翻譯，即「察看」或「保護」，就更貼切地配合上第 10 節的描述。

然而，「察看」或「保護」這詞彙的翻譯可否從更古老的聖經譯本得著一些線索呢？筆者從希伯來聖經（Biblia Hebraica Stuttgartensia）的註釋中，提示了「עוּר」或作「עִיר」為字根的異文，而七十士譯本把「כְּנֶשֶׁר יָעִיר קִנּוֹ עַל־גּוֹזָלָיו」的短語中的動詞「עוּר」作「עִיר」，並譯為「ὡς ἀετὸς σκεπάσαι νοσσιὰν αὐτοῦ」，英語譯為「Like an

---

[12] 參 https://biblehub.com/parallel/deuteronomy/32-11.htm

eagle to protect his brood」，意為「如鷹保護牠的巢窩」。這或許就是有些英語版本的聖經將「עור」看為「עיר」，也以七十士譯本作出「watches over」或「protects」的翻譯為依據。雖然 Peels 認為此短句的動詞應以「עיר」作字根，並提出了 HALOT[13]已將此字根列入該詞典中，但 Grisanti 對於此該作「喚醒」或「保護」，卻是不鮮明的。[14] 再者，從自然界鳥類學家的觀察而言，他們未曾看到鷹攪動巢窩，將其雛兒趕出鳥巢，以致進行獨自飛行的訓練。[15]

筆者在此試著將第 11 節直譯：「如鷹保護其巢穴，在其雛兒上盤旋；展開其翅，帶著牠，背牠在其翼之上。」[16] 如此的描述，神像鷹一樣在上空盤旋、察看保護巢窩裡的雛鷹地環繞、看顧、保護以色列。況且，筆者譯作「盤旋」的希伯來字根是「רחף」，在聖經中只出現兩次，另一次是在創世時，「神的靈運行在水面上」（創 1：2）中的「運行」，這是神的能力，在鷹的飛翔中表達出來。[17] 這也顯出了鷹展開翅膀，羽翼已豐，有足夠的力量和速度將其雛兒背在其翼之上，可以保護其兒脫離敵，提供保障。這樣的語句，就更能表達出在第 10 節中，耶和華「環繞、看顧、保護」以色列的意念，而且也把鷹的

---

[13] *The Hebrew and Aramaic Lexicon of the Old Testament.*
[14] Peels, "On the Wings of the Eagle," 301-302; Michael A. Grisanti, "Deuteronomy" in *The Expositor's Bible Commentary: Volume 2*, ed. Tremper Longman III and David E. Garland (Grand Rapids, MI: Zondervan, 2012), 786.
[15] Peels, "On the Wings of the Eagle," 300;
[16] 希伯來聖經為「כְּנֶשֶׁר יָעִיר קִנּוֹ עַל־גּוֹזָלָיו יְרַחֵף יִפְרֹשׂ כְּנָפָיו יִקָּחֵהוּ יִשָּׂאֵהוּ עַל־אֶבְרָתוֹ」。
[17] Goodfellow, *Birds of the Bible*, 132-133.

形象，即速度、力量、安全保障和保護關顧，展現出神如何眷顧祂的子民。

結語

鷹在舊約雖然被列為不潔淨的動物，但其速度、力量、安全保障和保護關顧的形象確實是正面的。申命記32章10-12節道出了神是如何以祂的慈愛眷顧著祂的子民—以色列，而在11節以鷹為圖像—鷹在其巢窩上盤旋，察看並保護其雛兒。照樣，神展開祂的翅膀在他的子民之上，在祂的保護下庇護他們，在面對敵人和危險時，神把祂的子民背在雙翼之上，把他們從一切危險中拯救出來。反之，鷹訓練其雛兒飛行的意象，並未必能完全表達出神在曠野環繞、看顧、保護祂的子民。再者，短句中的動詞以「עיר」作字根，譯為「保護」，是更加貼切。與其「如鷹攪動巢窩」，不如「如鷹保護其巢穴」！

試從「大歷史」觀點：猜想迦勒七十歲時的信心經歷

聶國瑞

賀辭

不知道是何人說，我們永遠要記住自己在求學時，若有老師給過你機會，這就是知遇之恩了，感謝神讓我在人生下半場的時候，進入維省聖經學院（後為墨爾本神學院）中文部先是兼讀，後轉為全時間求學，在這段期間，都很渴望修讀陳廷忠老師的教課，渴望的原因，相信凡修讀過的同學都會心領神會，不用多說了。隨著年紀漸長，要記回學習的時光，看來僅存是零光片羽。無論如何，總不忘記的是，好幾次得到陳老師給予學術、工作和牧會推薦的機會，這就是「知遇之恩」了，而且他也是出面玉成本人按立的事宜，猶記得他在按立禮上訓勉說，一個牧者必須是一個樂意受教的人，這點一直是銘記於心的，也因為這種受教的心，聊以此文像是「麻瓜」（不是麻姑）獻壽，望陳老師不嫌思慮疏淺。

1. 引言

甚麼是「大歷史」呢？就像據稱由自己創用的黃仁宇說，就是英文的 "macro-history"，他借用宏觀經濟學的原理來，「將宏觀及放寬視野這一觀念引到中國歷史研究裏去」。[116] 他主張充分運用歸納法，「將現有史料高度的

---

[116] 黃仁宇：《中國大歷史》(北京：生活·讀書·新知三聯書店, 1997), 1.

壓縮，先構成一個簡明而前後連貫的綱領」，[117] 不過，本文並非比較歷史，只是借用他的概念，將聖經文本中關於迦勒的事蹟歸納出來，試圖猜想他在七十歲那年，他在當年究竟有甚麼境遇。當然，這雖然純粹是猜想，但不應看為天馬行空，因為希望從自己有限掌握的文本中，將迦勒七十歲那年的信心狀況歸納陳述，至於，為甚麼是選迦勒呢？完全是因為個人的原因，但在時間和精力限制下，要承認真的是力不從心。

2. 迦勒生平的梗概

迦勒名字的意思是「狗」——古代近東一種可鄙的動物——因此諷刺地反映了這個忠心而謙卑的「上主奴僕」的尊貴地位（民 14:24）。[118] 他的名字首次在民數記 13 章 6 節出現，說他是基尼洗人耶孚尼的兒子，即是說，他的祖籍可能不是以色列人，因為他是基尼洗族人（民 32:12），這族的祖先是以掃的後裔基納斯，所以算是以東人（創三 36:6, 9, 11），但他歸入猶大支派，相信他是猶大支派的首領，摩西派他和其餘十一個支派的首領一起去窺探迦南應許之地（民 13:6）。之後，大多數探子帶回了一份悲觀的報告。他們的名字幾乎被遺忘了；但是，鼓勵人們上去佔領這片土地的兩位信仰英雄迦勒和約書亞仍然被人們銘記。由於以色列人懦弱地採納了多

---

[117] 黃仁宇：《中國大歷史》，2。
[118] 在《阿瑪納書信》（Amarna Letters，約公元前 1350 年）和《拉吉書信》（Lachish Letters，約公元前 586 年）中，封臣都使用自己這個詞來表達對君王的忠誠，參 Bruce K. Waltke and Charles Yu, *An Old Testament Theology: An Exegetical, Canonical, and the Thematic Approach* (Grand Rapids: Zondervan, 2016), 527.

數人的報告，上帝讓他們在曠野「飄流」了四十年，直到那一代人死去。派探子時，迦勒四十歲（書 14:7）。最後，只有迦勒和約書亞，以及發怨言的以色列人子孫，在四十年後進入迦南。到迦勒八十五歲時，在分配迦南地的時候，他對約書亞說：「今日我還是強壯，像摩西派我去的那天一樣；」（書 14:11 新譯本），就是說他像四十年前被摩西派去偵察迦南地一樣的有能力，他請求攻取最具挑戰性的一塊地──希伯崙和山地，那裡住著當年讓他們聞喪膽的亞衲族人，當年他們曾嚇倒了十個探子，最後他一舉成功奪得這片土地。後來，他將女兒押撒給了第一位「士師」俄陀聶做妻子，成為他的岳父（士 1:12-15, 20）。

上述就是迦勒的簡要生平記述，若我們要從「大歷史」觀去重溯迦勒七十歲時的經歷，有學者認為，像舊約其他人物的事蹟一樣，不能單單倚賴聖經的記載。根據「修正派歷史觀」（Revisionist Historiography），在公元前首個千禧年敘利亞/巴勒斯坦歷史，不再是以色列一個民族的歷史，「而它應不再將自己視為根本上以聖經為基礎的學科，而應主要在聖經之外尋找其來源，最重要的是在考古學中。」[119] 更何況關於迦勒的記述只有相當稀少。

---

[119] James Barr, *History and Ideology in the Old Testament: Biblical Studies at the End of a Millennium The Hensley Henson Lectures for 1997 delivered to the University of Oxford* (Oxford: Oxford University Press, 2000), 18.

事實上，讓這件事更耐人尋味的是猶大的大量城鎮甚至與約書亞記十五章本身形成鮮明對比，約書亞記僅記錄了迦勒在希伯崙的成功（書 15:13-15），迦勒將土地給了他的女兒（書 15:16-19）以及猶大人征服耶路撒冷的失敗，即迦勒在敘事順序中的優先權，以及成功獲得他的分配，與約瑟家（以法蓮和瑪拿西支派）在約書亞記 17 章 14-18 節 中記述的失敗，相映成趣。

3. 迦勒七十歲那年的猜想

雖然迦勒和約書亞同被上主應許在第一代以色列人中，僅存兩個可以進入迦南應許之地，但民數記 27 章 18-23 節 中，摩西已開始將他的一些權力移交給約書亞，約書亞是在民數記 32 章 28 節中處理約旦河以東定居問題的領導人之一，並與民數記 34 章 17 節負責對迦南地的分配，然而迦勒極其量只是猶大支派其中一個領袖而已。因為迦勒七十歲那年仍身處曠野，曠野考驗以色列對信靠上主的地方。迦勒的同代人，大多數都因為不信和對被神拋棄的恐懼，取代了對上主的存在和力量的信心。[120] 只有迦勒和約書亞，以及在曠野受過訓練的下一代，擁有進入應許之地所需的堅定信念。他們在曠野中忍受匱乏，因為他們盼望上帝保佑他們最終得勝。[121] 從迦勒八十五歲時的記述得知（書十四章），我們猜想，追溯回迦勒七十歲那年，他時刻都在等候神對他應許的實現，因為他一直堅持擁有神應許的合法權利（書 14:6b-9），

---

[120] Waltke and Yu, *An Old Testament Theology*, 540.
[121] Waltke and Yu, *An Old Testament Theology*, 540.

他通過信仰和戰爭聲稱這個權利（書 14:10-12），以及摩西和他的接班人約書亞將會按神應許授予他的權益（書 14:13-15）。[122]

然而應許和信靠都是未能在他七十歲那年實現，因為以色列人在曠野飄流期限仍未屆滿，現實是出埃及又不忠的一代數目相繼凋零，從迦勒四十五歲到八十五歲，幾乎在聖經的記述中銷聲匿跡，遑論要了解他在七十歲那年的信心經歷，當然以色列人在曠野四十年所發生的事情。漫長的旅程不是「一些巨大的『暫停』」（mammoth-sized "time out"）。[123] 一點也不。這是上帝對迦勒同代人的死刑判決。只有他和約書亞可以置身事外，在不斷有人死亡的同時，只有他們曾經見證過一個又一個神蹟又被引領出埃及的人，可以有機會進入應許之地。

在曠野漂流的任何一年，包括迦勒七十歲的那年，都是不斷目睹自己同一代的人，因為「他們傲慢、不信和不順服的態度蔑視上帝的道路，並唾棄上帝。所以上帝懲罰他們。曠野不會成為繞道，而是一個墓地。」[124] 迦勒七十歲那年相信也一如以色列人的歷史一樣，讓我們觀察到那些以真正的信心回應上主偉大作為的以色列人，和那些不這樣做的以色列人之間的深刻裂痕，在曠野漂

---

[122] Waltke and Yu, *An Old Testament Theology*, 527.
[123] Mark Dever, *The Message of the Old Testament* (Wheaton, IL: Crossway Books, 2006), 140.
[124] Dever, *The Message of the Old Testament*, 140.

流的歷程，神不斷呼籲在埃及見證了祂為他們所做的巨大作為的國家，要表明他們認為祂是配得他們信靠的。

然而，迦勒像當代其他少數的堅定跟隨者一樣，例如摩西、亞倫、約書亞和非尼哈等，通過堅持經受考驗和試探，表現出對上主的真正信心。他也天天冒著隨時遭到同胞唾棄的命運，冒死遵行他們所領受的吩咐，因為他們一起朝著應許之地行進的同胞，大多數都是「用嘴唇服從和榮耀上帝，但他們的心卻遠離他。他們一有機會就用自己的榮耀換取公牛的形象，歸功於他們對人造物體的拯救，並進行了異教的性狂歡。」[125] 所以，迦勒就是屬於在以色列民族中「真正的以色列餘民」。[126] 面對在曠野出生成長的一代還是太年輕而不能戰鬥（民 14:29; 申 2:14; 參見書 5:4-7），迦勒和約書亞始終是在新老一代中，始終都是出類拔萃的領袖。他們也與新一代，一起進入了摩押的盟約（申 26:16-19）。[127]

4. 結束語

民數記十四章就是迦勒和約書亞人生的里程碑，然而，在民數記的經文中，只有迦勒代表嶄新的信心典範，[128] 因為經文顯然沒有怎樣提到約書亞。就是這個信心的典範人物，迦勒的七十歲那年，一如既往不用像同一代人惶恐過日子，只需堅定信靠，就是一直見證上主「也以

---

[125] Waltke and Yu, *An Old Testament Theology*, 327.
[126] Waltke and Yu, *An Old Testament Theology*, 327.
[127] J. G. McConville, *God and Earthly Power: An Old Testament Political Theology*, Genesis-Kings (London: T & T Clark, 2006), 109 fn 26.
[128] Walter Brueggemann, *The Theology of the Old Testament: Testimony, Dispute, Advocacy* (Minneapolis: Fortress Press, 1997), 271 fn 4.

強烈的主權行事」，符合出埃及記34章7節的宣稱。因為除了迦勒和約書亞，連摩西在內的同一代人最終都沒有得到上主首肯。正是迦勒在曠野的生活，只有他和約書亞按應許等候進入迦南應許之地，好像證明上主對以色列給予「一系列看似不可調和的選擇」。[129] 然而，迦勒一年又一年，無論是四十五歲或是七十歲的那年的信心等待，正好「賦予了以色列生活中心和耶和華屬性中心不可連繫的析取（disjunction）實質」。[130] 正如迦勒作為忠心見證者所經歷的那樣。

---

[129] Brueggemann, *The Theology of the Old Testament*, 271.
[130] Brueggemann, *The Theology of the Old Testament*, 271.

第二聖殿時期的猶太文學與但以理書的形成

陳廷忠

前言

大多學者也承認《但以理書》的經典權威,很快就獲得承認,我們的問題是這「很快就達到經典權威的地步」的步驟卻得不到學者們的共識。一方面較保守的學者仍堅持本書是在流放中的但以理所出,但不堅持反對可能有一段相當長的時間才成書,另一方面有學者堅持本書是在公元前第一世紀期間的作品,但也不堅持反對書中部分資料可能也很早已經流傳,而後漸漸變成我們現有的篇幅。最具重要的是本書以亞蘭文書寫的部分,可能是最早期被接受為權威的經典作品。而我們能斷定書中第七章極可能就是第二章異象的「再詮釋」。若是這樣,我們能較肯定的是這是《但以理書》最早獲得權威位置的部分,加以在猶太信仰群體中流傳,這已是公元前第三世紀第二聖殿時期了。從以上的分析,我們不難在往下去進行分析《但以理書》其它部分的連接關係。若第七章是第二章的再詮釋,我們察覺到這再詮釋的資料也很快被接受成為權威經典,那麼第八至十二章就能在這樣的氛圍上,有成為另一層的經典再詮釋,而也很快地被接納;可見第七章的影響力極大:它幾乎發起了後來流行在第二聖殿時期的天啓文學!因此我們可以說,《但以理書》可算是天啓文學的先鋒,這也至少給予後

來天啓文學在第二聖殿時期的流行，因爲有了《但以理書》作爲權威的經典參考！

第二聖殿時期的文獻與神學

第二聖殿時期（公元前 538 年至公元 135 年）[1]是以色列經過國家與民族最低潮的流放時期，在痛定思痛中轉至深沉的反思，尋求民族的身份，試圖保住一股屬於自己獨特的尊嚴。雖然形式上是屬於半獨立的國邦，但事實上自從能在波斯的管轄時期獲得回歸故土，但是一直都是處在殖民區的狀態中。爲了至少保全自己民族的身份，就因此無論在文化、政治、宗教上都開始累積了大量有關民族身份的資料，對文化、政治、歷史、宗教，都一一集合成冊，其中有關於政治歷史的（聖經中的歷史書）、文化的（《路得記》、智慧文學、詩歌等），但是最重要的是將宗教的資料重整編輯，獲得了我們現在手中的《五經》（即《妥拉》）。在衆多的書籍中，《但以理書》是顯著的一卷書，從文化、文學和神學上影響重大，[2] 雖然只有短短十二章的書卷，其中七章

---

[1] 這樣的年代劃分引起學者不同的意見，但是基本上都認爲是波斯時期猶太人被允許回歸重建聖殿開始，一直到公元 70 年左右，第二聖殿被毀，再加上聖殿被毀之後的文化、政治和宗教的演變，故延申至 135 年。參 J.S. Anderson, *The Internal Diversification of Second Temple Judaism: An Introduction to the Second Temple Period* (Lanham: University Press of America, 2002), 1-2; 不過 Anderson 將這時期劃爲 538 BCE 至 70CE。

[2] J.J. Collins, "Current Issues in the Study of Daniel," in *The Book of Daniel: Composition and Reception, Volume One*, ed. J.J. Colling and P.W. Flint (Boston: Brill Academic, 2002), 1. 但以理書的影響從第二聖殿時期，一直進入基督教時期，甚至著名的科學家牛頓也認爲書中的異象是指西方歷史的進程。

如鷹搜巢、如燕舐雛

（第七至十二章）更是啟迪了這時期所謂的「天啟文學」。³

的確自從波斯時期，回歸故土成為了事實，在眾人興奮無比的時候，接下來的工作卻是非常艱辛的：如何重修荒廢的舊址？如何重整家園？如何重建文化和信仰？如何在猶大地中管理社群？甚麼該放棄？甚麼要整頓？甚麼要更新？這些都是非常難解的問題。這時，猶太群體尋到了最能團結民族的經典，早期被忽略，但是《妥拉》卻成為民族最具代表的象徵。

這種對《妥拉》傳統的尊重，無形中成為第二聖殿時期解決整合民族的依據，成為對抗外來文化、宗教、政治侵略的龐大力量。漸漸地，《妥拉》的重要性代替了聖殿，主要是《妥拉》能在各處，包括以色列境外的猶太人成為猶太民族特色的象徵。因此聖殿的禮儀成為節期的焦點，但是《妥拉》的傳播和學習卻成為鞏固猶太身份的重點。後來《妥拉》之後加上了「先知書」和「聖卷」成為以色列的正典。第二聖殿著作《以斯拉四書》這樣見證說，聖書包括 24 卷，無疑指的是「律法、先知和聖卷」。《妥拉》成為希伯來聖經的總稱。到了公元 70 年，耶路撒冷的聖殿被毀之後，猶太教仍能透過地方的《妥拉》學習和會堂中的誦讀，保住猶太民族的存在。因此，猶太教信徒也樂意稱自己為「聖經的子民」

---

³ 參 J.J. Collins, *The Apocalyptic Imagination: An Introduction to Jewish Apocalyptic Literature*, 2nd ed. (Grand Rapids, MI: Eerdmans, 1998), 85-115. Collins 首先給「天啟文學」一個定義，然後再與之比對但以理書的文學構架，認為本書對這時期的影響至大。

(The People of the Book)，以妥拉爲依據的民族主義產生了。

這個時期的宗教正典已經開始形成，成爲猶太群體的宗教生活的依據，也每每在思考信仰的問題上，都會以能引經據典來加強其權威性。這樣的說法，對我們研究《但以理書》在這時期的影響就非常重要了，因爲凡是已經被列入爲經典的書卷，就有大量的詮釋作品，要按照所謂的聖經權威來做出社會性、宗教性和文化性的指標；而《但以理書》就是在這樣的語境中成爲詮釋的經典，也是大量作品仿效的依據。

聖經經典的詮釋

聖經在第二聖殿期間已經有了不可或缺的位置，任何事都必須要在聖經的光照下，才能有合乎信仰的依據。但是，我們接下來的問題是：如何解釋聖經的經節？誰有這個資格？誰的詮釋最具權威？[4] 最早的詮釋是透過七十士譯本的詮釋，在翻譯的過程中，譯者加插了希臘化世界的思維和言語，不喜歡擬人法、將原文看起來對時下人有疑惑的，都從事更改；譬如不願直用上帝的名稱時，往往以「天使」來代替等。從亞歷山太的菲羅（Philo of Alexandria，公元前 15 年-公元 45 年）的著作中，又能見到靈意解經開始流行於時下的猶太圈子中，主要是因為覺得以色列的歷史太過字面，若外邦人要理解神，不是透過以色列的歷史，而是透過以色列歷史的靈意，才有其意義。死海山脈的昆蘭群體卻偏向於從終

---

[4] 參 Anderson, *Internal Diversification*, 139-159.

末的角度來詮釋聖經，認為讀經是視通未來的鑰匙，也經常以自己的群體為聖潔揀選的餘民，提到敵上帝的國度時，將之看作是時下拒絕接受他們嚴厲規則的人們。當然還有漸漸被當作權威的拉比著作，對律法的日常遵守的詮釋，有辯論不休的說法。

單看頗流行的《以斯拉補篇》就能領悟一二。這卷書能分成四卷，《以斯拉一書》敘述跟希伯來聖經正典同期的人與事，主要集中談論猶太人回歸後幾年的生活、建殿等，但特別強調大衛的後裔所羅巴伯；雖然有些與正典的記載不符，但是能給予我們更多關於所羅巴伯的故事。在猶太經典中，也稱為《以斯拉三書》，是《以斯拉一、二書》（即希伯來聖經正典中的《以斯拉記》和《尼希米記》）的補篇。《以斯拉二書》：包含三部分（又稱以斯拉五書=1-2 章；以斯拉四書=3-14 章；以斯拉六書=15-16 章）。其中又以《以斯拉五書》看似後來基督教的神學小單張，主要強調以色列作為神起初的子民，已經背負失職，神已經選了在基督領導下的教會代替以色列，從這個角度來看，這時候的文獻的確獲得普遍的接受，但是卻未定型，起碼這裏暗示基督教對本書的再詮釋。《以斯拉四書》是天使給以斯拉的七個異象，是典型的天啟文學，講述人的罪和苦難，以及快來的終結，但上帝給予信他的子民有秘密的計畫，談論類似煉獄的異象，耶路撒冷要像異象中的婦人稱為榮耀之城；神所承諾的「我的兒子」將要來。一些重要的思想：這裡提到了以色列的罪造成了苦難被擄，但延伸至世人的

罪從始祖亞當開始，因此侵略以色列的希臘羅馬也是窮凶極惡；上帝會在終末時將不義除去，建立公義的國度，因此現在的子民要警醒；他會差派他預備的「我的兒子彌賽亞」，引進新的紀元（但他將會死去，6:26-29）。《以斯拉六書》也是後期基督教加進去的後記，神在末日時將消滅各個地上敗壞的國度，有災禍、饑荒、瘟疫（暗指羅馬帝國）；但勸子民警醒。

從《以斯拉補篇》看，天啟文學已經在當時大行其道，而某些基督教的團體看到這卷書的含義都是能指向耶穌基督（罪、除去不義、建立公義的國度，更重要的是彌賽亞的說法），因此在其上加了基督教的詮釋。

以下簡要的介紹其它較為重要的書卷如下：

- ❖ 《禧年書》：重述摩西在山上領取律法的記載，但是將律法的遵守倒述自亞當、挪亞、亞伯拉罕；這是一種以律法為中心的敘述，對季節的推算以陽曆（364 天）為經緯，證明各別群體給予聖經的解釋是出自不同的強調。
- ❖ 《以諾書》：這幾卷書對我們理解關於天使、天堂、復活、彌賽亞都有幫助。以諾被天使接到天堂與神相會，得知將來要發生的事。
- ❖ 《摩西升天》：摩西在 120 歲臨死前囑咐約書亞的話，這書卷有三分之一遺失了，可能其中包括猶大書第九節關於摩西屍首的故事。

- ❖ 《巴錄的天啟》：天使安慰為耶路撒冷被毀哀哭的巴錄，帶他進入五重天；讓讀者繼續對主忠心，義人必得榮耀。
- ❖ 《所羅門詩章》：共有十八篇詩章，以所羅門託名，可能是主前 2 世紀的作品，常引述詩篇經節，思想較接近法利賽人思想。

我們雖然不能以這些書卷作為神學著作來看待，但它們的確給予我們一些關於第二聖殿中對神學的解析，即便都不全面。

猶太學者 George Nickelburg 給予有關《但以理書》的延申篇一個解析。他因為一直認為《但以理書》的成書日期是在公元第二世紀年間，所以認為「在不出一個世紀之後，《但以理書》一至十二章出現了延申篇。在本書的希臘版本中列入了三個較長的補篇，加強了關於但以理和他的朋友的有關故事」。[5]

《但以理書》的爭論是它是否算是正典，還是在第二聖殿時期仍處在屬於「經典」的書卷中（因此與其它當代的天啟文學同出一爐）？若是後者，《但以理書》又如何從上百種的天啟文學中被選出來，列入正典的位置？從歷史的角度看，猶太正典的形成是要到公元第一世紀聖殿被毀之後，在外來羅馬帝國的壓迫、以及與基督教開始產生衝突的氛圍，為了要穩住信仰而成為緊急需要完成的工程。[6] 當然正典的形成不是一個會議、或者某

---

[5] G. Nickelburg, *Jewish Literature Between the Bible and Mishnah: A Historical and literary Introduction* (Philadelphia, PA: Fortress Press, 1981), 25.
[6] 參 J.S. Anderson, *Internal Diversification*, 139.

一時段完成的，是需要千百年信仰群體的共識，漸漸逐一書卷列入的現象，到了第二聖殿結束時期才完成，被猶太群體（而後的基督教群體）所認同的最具權柄的組合書卷。[7] 猶太聖經的三部曲：律法、先知、聖卷，從此被接受為不再加、不再減的聖典。當然首先律法書成為聖典的聖典，而後先知眾書卷被列入（有些書卷或者與律法書同期被接受），基本上可能已經在公元前第二世紀以被宣認為權威書卷。[8]

第二聖殿時期與但以理有關的書卷

第二聖殿時期，除了聖經經典之外，還有一些被看為重要的文獻。這些文獻最重要的位置是它們給予我們一些舊約聖經的神學信息如何傳誦的經過，也給予我們很多關於新約聖經背景與神學演繹的過渡，其中跟《但以理書》有關的書卷是本文較關注的文獻，屬於補篇式的記錄。這些資料的思想來源都是出自希伯來聖經。從研究《但以理書》如何影響第二聖殿的角度看，基本上由兩種文學題材，也是按照《但以理書》的兩個文學題材分開：一是在異鄉或者異國統治下的短篇敘事，另一個就是天啟文學。補篇中以《彼勒與大龍》、《三童歌》、《蘇珊娜傳》最明顯。以下我們簡略分析這些文獻。

---

[7] 二十世紀上半葉的學者們大多認為是在公元 90 年間的優尼亞會議中，由當代的著名宗教學者 Johannon ben Zakkai 為首所確定的正典，現今的學者質疑這個理論的正確性；但是這不影響我們現在所接受的聖經正典事實。

[8] 公元前 130 年左右的 Ben Sira 已經提到「先知與其它書卷」為猶太人公認的權威之作。

如鷹攪巢、如燕孵雛

《彼勒與大龍》這故事無疑是當時關於聖經人物但以理的傳奇，證明在這時期，但以理的故事相當受重視，在坊間也大為傳頌。文本的傳遞卻分成兩個傳統，但是卻出現在不同文獻中。[9] 這故事發生在波斯王塞魯斯時期，彼勒是巴比倫的神明（可能是 Marduk 的別稱），而大龍是巴比倫「活」的偶像。這幾乎可以說是一則童話故事，但是卻使用聖經的人物為經，以《但以理書》處在逆境中的遭遇為緯，讀來只能讓人會心微笑。故事可分成三段：第一段敘述但以理如何暴露彼勒神明的祭司的詭詐行徑，利用彼勒自肥；第二段敘述但以理如何揭穿人造偶像大龍的笑話，但卻引起人民的不滿情緒，要求王將但以理困在飢餓的獅子坑中；第三段突然加了先知哈巴谷的出現，被差入獅子坑中提供但以理食物。王的宣告成為故事的關鍵：「耶和華，但以理的神啊，你是偉大的，除你以外再無別神」（41 節）；而但以理的宣告成為猶太人面臨危機的安慰：「耶和華啊，你紀念了我，你所愛的你不棄絕」（38 節）。無疑本書的宗旨是借用但以理這個人物再次勉勵第二聖殿的信徒要忠誠於上帝，也明顯地按照但以理書的主題作結論。在格式上采納英雄傳奇的寫法，若與原著比較，就有些差強人意，無疑只是一種透過口傳，將故事延申成為激勵猶太人、卻貶了異邦的宗教。

這故事的出現從被保存下來的證據，能證明《但以理書》對第二聖殿時期的重要性，這裡表達對《但以理書》 1

---

[9] 參 J.J. Collins, *Daniel* (Minneapolis, MN: Fortress Press, 1993), 409.

至 6 章的延伸，[10] 學者們認爲是公元前 100 年左右的作品。[11] 其次，哈巴谷先知的出現也證明但以理已經被當代人接受為權威人物（與其它被敬仰的先知同等級），雖然哈巴谷的介入可能有背後對偶像敬拜的譴責；[12] 所提到關於但以理的堅守信仰，以及有名的獅子坑經歷，都在看到《但以理書》被引用之廣、而且與先知們通受尊重，也證實了《但以理書》流傳之久；至少能證明不應該是同期的作品，是作者借古鑒今的用意。本小故事與《但以理書》的另一個不同點在於使用諷刺的敘述手法，這是在受欺壓者中常用的方式：嘲諷欺壓者的無知可笑，用譏諷的手法反擊，使苦痛較能容忍。但在《但以理書》中這樣的手法卻不明顯，主要是他的時代並沒有普遍的欺壓氛圍。從以上的分析看，《但以理書》與《彼勒與大龍》是兩個不同時代的作品，至少在詮釋的歷史看，這似乎是按照經典的但以理書卷的記載的加油添醬之作，雖然在早期基督教教父中提到只在《彼勒與大龍》中的詞語如「先知但以理」，但是卻認爲《但以理書》記載的獅子坑故事才是可信的。[13]

---

[10] Collins 認爲這個故事可能沒有這個聯係，是兩組截然不同的出處，但是卻承認這故事的亞蘭文版出現類似《但以理書》第六章的詞語，有覺得兩者有連貫；見 Collins, *Daniel*, 411；至少他也承認獅子坑的敘述讓兩者有延申的關係（頁 412）。

[11] 見 Collins, *Daniel*, 412，雖然 Collins 本身似乎不同意。

[12] 《哈巴谷書》2:18-19：「雕刻偶像，人將它刻出來，有什麼益處呢？鑄造的偶像就是虛謊的師傅。製造者依靠這啞巴偶像有什麼益處呢？對木偶說：醒起！對啞巴石像說：起來！那人有禍了！這個還能教訓人嗎？看哪，是包裹金銀的，其中毫無氣息。」

[13] 參 C.A. Moore, *Daniel, Esther, and Jeremiah: The Additions* (NY: Doubleday, 1977), 28.

《蘇珊娜傳》的故事可能是出自智慧文學的圈子，也只能定位在公元前第二世紀。[14] 這卷書因為提到但以理和他如何用智慧來解決當前的疑難，而獲得傳遞下來，雖然全書與正典的但以理書的敘事無關。作者提到這事件是在但以理仍在巴比倫時的處境。我們只能從中獲得一些關於《但以理書》與第二聖殿時期作品的提示：但以理這個人物的正直已是家傳戶曉，而連帶地能說《但以理書》已經被接受成為權威經典。第二聖殿的作者們就應用這個事實創造出一些勵志的故事，而智慧文學的圈子中有將但以理本人提升至智慧人的身份，能懂得做出智慧的判斷，雖然《但以理書》中的但以理從來不是以智慧判斷者自居，在那裏他被描述的身份是懂得解夢、保持敬虔、處變不驚等，無論如何第二聖殿的著作中已經確定有這麼一位被擄到巴比倫的但以理。

另外一份文獻是加插在《但以理書》文本第三章中的補篇：《三童歌》，可分成三段：第 1-22 節的三童被困著落在烈火的窯中時（置在但 3:23 之後），亞撒利雅（＝亞伯尼歌）的禱詞，是典型的懺悔詩，訴說上帝如何用公義善待悖逆的以色列，只要以色列能悔改，上帝將按照與亞伯拉罕的立約應許，進行赦免和拯救。第 23-28 節對尼布甲尼撒王所看到在火窯中的第四個人的說明，原來是上帝的天使前來保護三童，不至於被燒死。第 29-68 節包括兩首詩歌，一是讚揚堅持信仰的人們，與其它

---

[14] 參 Collins, *Daniel*, 435-8。

第二聖殿時期的崇拜禱文極其相似，[15] 另一首則是讚揚偉大的上帝。明顯地，這三段是一種《但以理書》第三章的重讀釋義之類的文獻，在原有的文本上加上了當代的禱詞與願景，再次看到到了公元前第二世紀第二聖殿時期，《但以理書》已經成爲權威經典，作爲當代人的正典來用（雖然正典這名詞要到公元第一世紀才普遍使用）。其中一則明顯的例子是《亞撒利雅的禱文》成爲面對當時希臘暴君安提阿古四世的譴責（公元前167-163年間的迫害），文中出現：「你已將我們交給了我們的敵人，都是無法無天、讓人厭惡的殘暴之人，而且交給了不義的君王，是天底下最邪惡的君王！」（第5、9、15節）因此這補篇的作者將三童在尼布甲尼撒王手中所受的迫害，穿過時空成爲公元前第二世紀的氛圍中，處境類似，但是迫害卻比以前更甚多了！

對於第二聖殿的猶太人來說，經典的書卷如《但以理書》無疑給予當代人的神學依據和反省。信徒堅守信仰以致死而後已的心態，能從《但以理書》中各個敘事尋到信仰的力量，但以理與他的三個朋友的事跡成爲勉勵信徒的經典，而《蘇珊娜傳》不但以女主角的純潔性作爲可仿效的對象，也似乎將但以理的虔誠與他所得的智慧拉上了關係。處在這時段的基督教文獻如保羅著作也似乎已經接受了當代對虔誠舉動的認可，雖然保羅本身非常強調「因信稱義」的道理，但是他仍認爲第二聖殿所教

---

[15] 參 D. Flusser, "Psalms, Hymns and Prayers" in *Jewish Writings in the Second Temple Period: Apocrypha, Pseudopigrapha, Qumran Sectarian Writings, Philo, Josephus*, ed. M.E. Stone (Philadelphia, PA: Fortress Press, 1984), 554.

導關於信仰和生活的原則，卻是保持情切和鼓勵的。[16] 從神學的角度看，關鍵的信念是拜偶像的禁止，[17] 《但以理書》成爲這個立論的重要依據之一，可見於這時代的著作如《彼勒和大龍》，文中對偶像崇拜的大加譏諷，與以賽亞書的偶像排擠，有異曲同工之妙。[18] 作爲皈依基督教的猶太人保羅也沉浸在這個普遍反偶像崇拜的氛圍中，大加讚賞信了基督的信徒，「因爲你們自己已經報明我們是怎樣進到你們哪裏，你們是怎樣離棄偶像，歸向上帝，要服侍那又真又或的上帝」（帖前 1:9）。L.R. Helyer 很精要地結論說：「基督教對禁止偶像崇拜的基礎和形式，不可否認的是茁生於猶太的土壤上的。那些異鄉故事【包括以上的幾個作品】幫助我們理解關於禁止偶像和偶像崇拜是如何深深扎根在公元第一世紀的思想上」[19]。

第二聖殿時期的天啟文學與《但以理書》

「天啓文學」雖然很難斷定是何時開始，無疑的是，在第二聖殿時期確實其中一項極重要的文學格式。但是在試圖辨別這個格式時，學者面臨相當複雜的情況，直等到 1979 年的聖經文學探討會中才達到了共識，[20] 以

---

[16] 參 L.R. Helyer, *Exploring Jewish Literature of the Second Temple Period: A Guide for New Testament Students* (Downers Grove, IL: IVP Press, 2002), 68-69.
[17] Helyer, *Exploring Jewish Literature*, 63-64.
[18] 尤其是賽 54:11-12; 60:1-22.
[19] Helyer, *Exploring Jewish Literature*, 67.
[20] 此會議是 Society of Biblical Literature Genres Project, 將討論的文章出版在旗下的 *Semeia 14* (1979).

Collins 的定義為未來研究這文學格式的基礎。[21] 從他的定義中，可以獲得幾項原則：這是一則超越的使者與人類的接觸所產生的事件，而作者也認為是記載神的啟示；牽涉到終末的拯救，神的審判及將來的獎賞；也牽涉到另一個超然的世界。

天啓文學的興起的確引起學者們的爭論，但大致上的共識是此文學形式在公元前 250 年至公元 100 年之間，[22] 當代的猶太人認爲是因爲對自己的時代產生了極度悲觀的看法，已經尋找不到出路時，借用這個文學形式來鼓勵並指向未來才能解決的可能性，將之從歷史的演義轉向於靈界空間交戰，在信徒的思維中試圖產生歷史絕望背後的屬靈盼望，為受逼迫的信徒們伸冤。

無疑的是天啟文學是針對時勢所帶來的疑惑而寫作，主要是逼迫和患難時期，在人們看不到將來的盼望時，作者試圖給予一些答案和出路。這與舊約的先知書的出發點不一樣，先知們主要的信息是宣告神對時下的不滿，要子民轉變；但是也在審判之後，神不會因此拋棄子民，卻是給予盼望的信息。天啟文學是以這個未來的角度書

---

[21] Apocalypse, apocalyptic, apocalypticism 有以下的定義：“Apocalypse is a genre of revelatory literature with a narrative framework, in which a revelation is mediated by an otherworldly being to a human recipient, disclosing a transcendent reality which is both temporal, insofar as it envisages eschatological salvation, and spatial insofar as it involves another, supernatural world." 參 Collins, *The Apocalyptic Imagination*, 5.
[22] 見如 D.S. Russell, *Divine Discourse: An Introduction to Jewish Apocalyptic* (Minneapolis, MN: Fortress Press, 1992), 14; 他承認這些著作可能來自但以理書：“The evidence is limited, but the indications are that, if there was not actual 'Daniel Tradition' at this time emanating from a 'Daniel group' of learned men, the Book of Daniel was part (albeit an important part) of a wider literature relating to a man of that name", 頁 45.

寫，試圖安慰並激勵子民不要因此放棄對神的信心，要相信神會為子民伸冤、給予他們美好榮耀的盼望。作者通常以較神秘的方式表達未來，認為神只是給予忠誠的人看到將要發生的事。這個異象通常是透過神的使者/天使/帶路人的帶領，在一問一答的情況下，告知神最隱秘的計劃。但是，在未看到將來的光景之前，通常天使/帶路人會讓他看到歷史中以色列人悖逆神光景，作為解析為何子民現在面臨患難的緣由。為了顯得非常隱秘、常人不會明白的事，天啟文學使用兩種方式，半隱藏信息：奇特的異形怪狀的活物（鷹、龍、巨牛、怪物）以及數位。但是，這些活物其實對猶太人來說並不難解，因為從食物的律例看，潔淨的動物都是代表揀選的子民/人物，而不潔之物代表敵上帝的力量/王國等；而數字有的代表好的（7, 3, 4, 10, 12）和不好的（6）。另外，天啟文學大量使用天使和魔鬼來代表光明和黑暗的勢力。從這裡我們可以看出，天啟文學在道德和宗教的思維中是採用二元論的。審判是必要降臨的，而忠誠與主的必能享受上帝預備的美好將來。

從學者的研究看，我們可以追溯天啟文學的溫床是希伯來聖經的先知文學，但後來漸漸自成一格，到了第二聖殿時期，成為相當普遍的文體敘述。但是，無疑的是天啟文學是一種表達終末論的文學。最明顯的書卷還是希伯來聖經中的《但以理書》，從任何角度看，此書對第二聖殿的影響非常大：1-6章：虔誠者在患難中需保持忠誠的主題在兩約之間的文獻是屢見不鮮的；7-12章：看

到歷史進程直到終末的異象，後來成為我們現在所謂的「天啟文學」的出發點。但是，但以理書保持適可而止的語調，沒有大肆渲染，與其它文獻的誇張手法大異其趣（《彼勒與大龍》就是很明顯的例子）。[23] 我們可以看到《但以理書》的神學取向成為天啟文學的主要思想：

一． 至死忠心的信徒必有神奇妙的保守。
二． 忠心的信徒獲得神給予特別的啟示。
三． 反對神的高傲者必有意想不到的審判。
四． 人類的歷史進程不是偶然的，而是在神的掌管之下進行的：「神改變時間、季節，他廢王、立王」（但 2:21）。
五． 神的國度最終勝過人的國度，而帶來神子民的盼望。

從以上的分析，我們至少能估計天啟文學的演變與《但以理書》的形成之間的關係。近期的研究中可找到更清晰的演變線索。[24] 早在《以西結書》及《撒迦利亞書亞》1-8 章已開始引用天啟文體，都是出現在先知的著作中，而因為先知著作中已有，天啟文體漸漸不再陌生。但是第二聖殿時期的天啟文體已然跟先知時期截然不同，故必有天啟文體從公元前第六世紀至第二世紀演變的可能！而《但以理書》的形成也就是在這個時期，但是我們還

---

[23] 學者都已經看出《但以理書》與天啟文學的異同；參 M. Barker, "Slippery Words III: Apocalyptic", *The Expository Times* 89 (1978), 324-29; 她認為《但以理書》缺乏天啟文學的特色。
[24] Collins, *Daniel*, 52-61.

是要再將成書的日期縮小，先從《但以理書》第七章的分析開始。[25]

《但以理書》第七章的影響

《但以理書》第七章幾乎是第二聖殿時期的著作中最具影響的一章。從第二章的記載中，尼布甲尼撒夢中的四個國度成爲歷代來分析歷史進程的藍圖，雖然在認定哪個國度與《但以理書》的記載如何配合成爲爭論，不只單單是在解析經文時的爭辯，也是歷代的爭辯。而《但以理書》第七章的四隻獸也成爲詮釋歷史的焦點。從猶太文獻米德拉（Midrash）的角度看，著名的拉比約韓南（Rabbi Johanan）甚至將《耶利米書》5:6[26]的預言與本章接連：因此林中的獅子指的是巴比倫、野地的狼指的是瑪代-波斯；豹子就是指希臘，而經文提到的「凡出城的必被撕碎」是說另一種獸。指羅馬！[27] 猶太學者 D. Flusser 引用第四世紀的猶太經典 *Bereshit Rabba* 的一段話足見但以理書的影響至深，在解釋創世記 49 章時，這樣說：

> 「雅各與摩西得見四個國度⋯雅各見到巴比倫以獅子出現，正如經上說：『頭一個獅子，有鷹的翅膀』（但 7:4），就叫猶大為『小獅子』（創 49:9）。雅各說：當巴比倫興起

---

[25] 見 R. D. Patterson, "Wonders in the Heavens and on the Earth: Apocalyptic Imagery in the Old Testament," *Journal of The Evangelical Theological Society* 43.3 (2000), 385-403. 這裏有較保守的不同見解。

[26] 即：林中的獅子、野地的狼、豹子，雖然這裏只提到三隻獸，但是對於他來說，這已經足夠將之與但以理書的描述接連。狼，根據拉比約韓南在字根上很相似，也可翻譯成「熊」，可以指波斯！

[27] 拉比約韓南雖然認爲第四隻獸原指以東，但是他說：「以東就是羅馬」，他如何達成這樣的結論是個迷。

> 時，猶大要與他爭鬥，正如經上說：『他們中間有猶大人...』（但 1:6）。巴比倫會落在誰的手中呢？就是在猶大人但以理的手中。他看瑪代國為狼...叫便雅憫為『撕掠地狼』。雅各說：當瑪代-波斯，等同於狼出現時，末底改和以斯帖就要與他們為敵，因為他們是便雅憫的後裔。摩西看希臘【為老虎[28]，參但 7:6】，就交給利未。正如經上說：『求耶和華降福在他的財物上，悅納他手裏所辦的事』（出 33:11）。利未是第三子，希臘是第三個國度...」[29]

故勿論到底這樣的釋經法是否成立，但是《但以理書》第七章的影響就很明顯了，或者能說，《但以理書》中的異象已經深入民間、也滲透得遠！

《但以理書》第七章所引起的「彌賽亞盼望」已經是學者研究的重要範疇。自從第二聖殿被毀后，這個現象越發加增，書卷如《以斯拉四書》和《巴錄二書》是典型的例子，有較詳細的描述這個「彌賽亞盼望」的章節（《以斯拉四書》12:31-35 以及《巴錄二書》39:7-40）。這裏記述從天而來的彌賽亞如何與地上的邪惡權勢交戰而獲勝，將真信徒解救出來，他將接下掌管的權力「直等到這敗壞的世界結束為止」（巴錄二書 40:3）。學者同意這樣的記述肯定取自《但以理書》第七章的靈感。[30] 我們這裏稱之為「靈感」是因為這兩卷書不是直接引

---

[28] 應該是豹子。
[29] D. Flusser, *Judaism of the Second Temple Period, volume two: The Jewish Sages and Their Literature* (Grand Rapids, MI: Eerdmans, 2009), 140-1.
[30] Matthias Hanze 的深入研究也得到這結論: "Both visions are inspired by Daniel 7, the biblical base text they reinterpret, though this is perhaps more obvious with *4 Ezra* than *2 Bar*", see M. Hanze, *Jewish Apocalypticism in Late First Century*

用《但以理書》，而是將之延申到作者的歷史處境中，但無可否認的是《但以理書》的影響至深。

從神學演變的角度看，「彌賽亞盼望」並不是某一個時期忽然凸顯的意識，而是一種漸進性的神學形成。[31] 較早的研究認為這個觀念可分成兩種不同的說法：一是傳統屬地的彌賽亞觀、另一種是天啓屬靈的彌賽亞觀，[32] 現代的學者們在研究第二聖殿的神學發展時，較傾向於彌賽亞的角色描述，多於指向某一位指定的人物，因為這個觀念是複雜多元的，不能只限於兩種而已。因此在第二聖殿時期的彌賽亞觀中有指能為神帶領百姓的君王類的人物，以及有指神特定的救贖角色的使者。雖然，早期以色列歷史中的用法較接近前者，但是與《但以理書》有關的彌賽亞觀基本上是屬於後者。這也是被擄回歸後期的觀念，漸漸將與大衛應許有關的彌賽亞論，轉向交織政治與宗教救贖的層面來發展，因此成為民族盼望的指標，屬於終末的觀念。[33] 到了基督教時期的演繹，就全面地從民族性的彌賽亞觀，透過對大衛王朝的沿襲觀念，轉向新的立約團體的彌賽亞救贖觀。[34]

Israel (Tubingen: Mohr Siebeck, 2011), 175; 並參 J.J. Collins, *The Scepter and the Star: The Messiahs of the Dead Sea Scrolls and Other Ancient Literature* (New York, NY: Doubleday, 1995), 171-214.

[31] 參 M.A. Elliot, *The Survivors of Israel: A Reconstruction of the Theology of Pre-Christian Judaism* (Grand Rapids, MI: Eerdmans, 2000), 433.

[32] 見 L. Schiffman, "The Concept of the Messiah in Second Temple and Rabbinic Literature," *Review and Expositor* 84 (1987), 235-46.

[33] 參 Elliot, *The Survivors of Israel*, 435-6.

[34] Elliot, *The Survivors of Israel*, 433-514.

我們若能同意上述的分析，就能看到《但以理書》中的預言爲何在第二聖殿時期成爲彌賽亞觀念的焦點。Elliot 提出以大衛王朝爲沿襲的彌賽亞觀在第二聖殿時期其實並不是我們想象中的普遍，主要的綫索是在文獻中大衛的彌賽亞形象經常被交織在其它的描述中；而祭司式的彌賽亞觀也經常取代了君王式的彌賽亞觀，我們能說這時期的彌賽亞觀是交織了歷史性、未來終末性和新亞當式的溶合觀。[35]

《但以理書》對第二聖殿時期文獻之影響的角度看，「人子」的觀念成爲主要的焦點。[36] 其中一卷最明顯受到第七章影響的莫過於《以諾一書》，[37] 其他書卷有《以諾三書》、《以斯拉四書》、《巴錄二書》、《希伯來以利亞啓示錄》、《西卜神諭篇》等。

《以諾一書》37 至 71 章自成一格，普遍稱爲《以諾比喻》（Similitudes of Enoch），在書中明顯地將《但以理書》

---

[35] Elliot, *The Survivors of Israel*, 469-470.
[36]「人子」的觀念能從以下的著作管窺： C.C. Caragounis, *The Son of Man: Vision and Interpretation* (Tubingen: Mohr, 1986); M. Casey, *The Son of Man: The Interpretation and Influence of Daniel 7* (London: SPCK, 1979).
[37] 這裏出現頗多的爭論，最大的問題是本書卷是否加入了基督教思想的痕跡。這裏分成兩方：一方接受的確有這個可能，所以因屬於"婉轉曲折的陳述"，將原來的資料再加插外來的詮釋，這裏指原來的猶太文獻中加插了基督教的婉轉詮釋，以 Caragounis 爲例；另一方認爲這是純粹屬於猶太文獻，所提到的「人子」是指向以諾本身，是基督教之前的作品，以 J.C. VanderKam, "Righteous One, Messiah, Chosen One, and Son of Man in I Enoch 37-71" in *The Messiah: Developments in Earliest Judaism and Christianity*, ed. J.H. Charlesworth (Minneapolis, MN: Fortress Press, 1992), 169-91 爲例，現代的學者大多已經接受後者的可能性，見梁美心，《第二聖殿猶太教導論》（香港：天道書樓，2018），322-3。可這不是本文的關注點，因此討論從略。Casey 接受但以理書對以諾一書的深切影響，見 Casey, *The Son of Man*, 99-111. 我們這裏的討論按照他的分析爲經緯。

的「有一位像人子的，駕著天雲而來」（但 7:13-14）等同於彌賽亞。有的學者批判作者的詮釋，認爲不按照詮釋學原理，但是這是第二聖殿時期的普遍詮釋法，雖然《但以理書》中沒有直接將兩者等同。Casey 卻認爲這是漸漸成立的專有名詞。[38] 在《以諾比喻》中幾乎全用《但以理書》的稱呼來稱將要來臨的彌賽亞，但是他也同時稱之爲「被選召的那位」、「受膏者」、「正義者」等。有的猶太學者堅持將這個名稱與《但以理書》七章中提到的「至高者的聖民（們）」等同（但 7:21-22, 25, 27），認爲沒有所謂的某一位特殊的彌賽亞，但都難成立，[39] 這兩者的稱呼有別。Elliot 提出非常有力的見解，[40] 他首先接受《以諾比喻》出自猶太的門派的作品，在組織上另立門戶，認爲這門派才是「至高者的聖民」，而「人子/受膏者/被選召者」就是他們等候的彌賽亞，以聖經《但以理書》章節爲依據，來證明他們的權威性。這樣解釋若是成立的話，就更加讓我們看到《但以理書》對衆多猶太教派門戶的重要性。

《以諾比喻》46:2-3 這樣描述「人子」：

> 「我於是問其中一位天使，就是那位與我同往、指示我一切奧秘的那一位，我問他關於那個人：他是誰？他從哪裏來？爲何與亙古常在的在一起？他回答説：這位人子是有正

---

[38] Casey, *The Son of Man*, 104.
[39] 見 R.H. Charles, *The Book of Enoch, or Enoch, Translated from the Editor's Ethiopic Text* (Oxford: OUP, 1912), 86-7; 另 D. Flusser, *Judaism of the Second Temple Period*, 262; 另參 Casey, *The Son of Man*, 100-102 的反駁。
[40] 參 Elliot, *The Survivors of Israel*, 494-496.

義者,公義住在他裏邊,他啓示一切隱藏的寶物,因爲諸靈之主選召了他,他在諸靈之主面前是顯要的,有永恆的正直」。

我們再從 71:14 中才漸漸領悟前面所指的「人子」原來就是以諾本身,他成爲了但以理書隱喻的那位:「你就是那人子,是公義之身,公義住在你裏邊」。原來這個猶太門派以以諾爲尊崇的對象,認爲《但以理書》第七章所描述的「人子」就是他們等候的彌賽亞式的領袖,是神親自差派的,為要建立這群所謂的「至高者的聖民」!

《以斯拉四書》更加明顯地引用《但以理書》第七章的經節,這裏的異象似乎糅合了大衛王朝式的彌賽亞觀和《但以理書》的人子觀。Casey [41] 做了一系列的比對,來看《但以理書》第七章如何在《以斯拉四書》被應用出來:

《以斯拉四書》	《但以理書》
3:1-2	7:1,15
5:14-15	7:28
11:1	7:3
11:2	7:2
11:39	7:2-8
11:40-42	7:7, 23
12:3	7:11
12:13	7:23

《以斯拉四書》12:11-12 提到「你所看見的鷹從海那邊飛來,就是你的弟兄但以理在異象中看到的第四個國

---

[41] Casey, *The Son of Man*, 122.

如鷹攪巢、如燕范雛

度」，可以說是正在詮釋但以理書，雖然沒有提到鷹（只說是「像獅子，有鷹翅膀」的獸）也與異象中的第四獸不一樣，可見《以斯拉四書》只是應用以獸描述國度的方式，當然也是因為鷹的象喻，對本書來說另有所指。他卻加了一句說：「可是沒有為他【但以理】解釋，而我卻現在能為你解釋」。[42] 從《以斯拉四書》的背景看，這第四獸肯定是指羅馬帝國，而其它就是巴比倫、瑪代-波斯、以及希臘。《但以理書》7:11 中提到第四獸被滅也是指羅馬帝國將面臨的命運，而這就是神要透過他的彌賽亞來成就的，可是這要等到《以斯拉四書》第 13 章中才正式提出來。[43] 但是在 12:32 他提到「那位至聖者留到末日的受膏者，是從大衛的後裔中升起」，他將來施行審判，「他將由風將之從海的深處提升，像人子，駕著天空的雲彩飛來」，這句話明顯地是引用《但以理書》7:14，可又像似重新詮釋一樣，加上了其它的象喻，如從他口中吐出引致敵人傷亡的氣（參賽 11:4），證明他是彌賽亞式的角色。[44]

近代的《但以理書》研究已經進入新紀元，[45] 但是學者們仍然對本書卷的成書經過眾說紛紜，但是卻不能否認

---

[42] 參 A. Lacocque, "The Vision of the Eagle in 4 Esdras, A Rereading of Daniel 7 in the First Century C.E.," *Society of Biblical Literature Seminar Papers* 20 (1981). 237-58.
[43] 學者們爭論到底這裏是否正式提到"人子=彌賽亞"的說法，但是這不是本文要涉及的問題，參 M. Casey, *The Son of Man*, 124-8.
[44] 參 Collins, *The Apocalyptic Imagination*.
[45] 參 Amy C. Merrill-Willis, "A Reversal of Fortunes: Daniel Among the Scholars", *Currents in Biblical Research* 16.2 (2018), 107-130. 以下資料根據此文章簡要敘述。

本書卷大體上是以上帝的主權為中心的敘述：前六章以敘事文體、後六章以天啓文學模式表達，但是第七章卻成爲學者爭論的焦點。從文體來說，它應該屬於後半部分的天啓文學，可現在的正典卻是以亞蘭文書寫，似乎將之歸入第二至六章部分。[46] 近代的學者已經開始達成一些共識，認爲但以理書可能經過相當長的時間才形成現在的文本。有的學者甚至認爲要到公元前 165 年才正式成書，因爲有清楚的馬加比叛變的描述，但是《但以理書》第七章并未詳細的描述這個事件，要得到第八至十二章時才出現以異象爲名、卻以歷史事實爲實的記載，因此我們可以說《但以理書》第八至十二章是給予第七章的一種（也是極重要）的詮釋，可能這樣被接納爲這書卷的一部分。[47] 從學者 Beale 的論文中，[48] 至少有以下的觀察：

- ❖ 《以諾一書》(包括 90:7-27; 46-48 除了不明朗地指向《但以理書》8-12 章的引用，絕大部分都是引用第 7 章，給予特殊的詮釋。[49]
- ❖ 《以斯拉四書》基本上引用和詮釋《但以理書》

---

[46] 第七章的寫作日期成爲爭論點：一方面又認爲是在公元第二世紀的，成爲亞蘭文部分的結尾（如 R. Albertz, R. Kratz），有說這是獨立出現的，可能在馬加比時期的著作（如 J.J.Collins）；另外 C.A. Newsom 卻認爲可能這是早在第四世紀已經流傳的；衆說紛紜，見 Merrill-Willis, "A Reversal of Fortunes," 109.
[47] 我們以下的論述就是朝向這個方向進行分析研究，見下文。
[48] C.K. Beale, *The Use of Daniel in Jewish Apocalyptic Literature and in The Revelation of St John* (Lanham: University Press of America, 1984).
[49] Beale, *The Use of Daniel*, 67-88, 96-106; 他的結論: "With this structural and allusive dependence on Daniel in mind, we might call I Enoch 90:9-27 an 'apocalyptic midrash' of Daniel 7 which has been interpreted by other O.T. texts, including other chapters of Daniel."

第 7 章，加上與之有關聯的第 2 章，其餘章節卻很少。⁵⁰

- ❖ 《巴祿二書》39-40 章引用或詮釋的資料來自《但以理書》第 2-7 章。⁵¹

因此，我們從以上的觀察不難看到很多天啓文學的資料來源和詮釋，基本上是來自《但以理書》第二至七章的。這就引出了一個問題：《但以理書》第二至七章在第二聖殿時期，是否被看爲自成一格的經典，以致被采納為詮釋的權威資料。但是書中最早的資料到底在什麼時期開始收集以及被認可，在學者的意見上就造成相當大的分歧。較受接受的意見是先有第二至六章的敘事，以其描述人物對信仰的堅韌，被轉遞開來。⁵² 問題是《但以理書》第二章至第七章是以亞蘭文書寫的，其它則是以希伯來文書寫；而這裏我們有不能直截了當地講《但以理書》分成敘述部分和天啓部分，因爲第七章是牢牢地貼在第二至六章背後，而第八至十二章只像似加插在第七章之後的希伯來文資料！這本來是學者們納悶的問題，這是否有其重要的提示呢？

但以理書中的阿蘭文

在討論《但以理書》的成書日期時，其中出現的亞蘭文成爲一個焦點。我們的問題是 1:1-2:4 是用希伯來文寫；2:4b-7:28 是亞蘭文；8:1-12:13 又是希伯來文。爲甚麼？

---

⁵⁰ Beale, *The Use of Daniel*, 112-144。
⁵¹ Beale, *The Use of Daniel*, 144-153。
⁵² 參 L.L. Grabbe, *A History of Jews and Judaism in the Second Temple Period, Vol 2* (London: T & T Clark, 2008)。

有的學者從文字學的出發點來研究，早期的學者認爲亞蘭文在歷史中有演變的跡象，而《但以理書》中的亞蘭文是屬於晚期的演變，認爲亞蘭文的通用是遠在巴比倫時期以後，接近基督教出現的時代。[53] 但是後來有發現但以理書的亞蘭文又與以斯拉記有很多相像的的地方，因此又把成書日期往前推之接近回歸時期。這樣的推敲，到了廿世紀又因爲出現其它考古文獻，而被認爲成書日期應該是亞歷山大大帝侵略了巴勒斯坦之後，認爲書中出現成熟的波斯文。[54]

我們的問題是：亞蘭文在中東文字學的出現可能有非常長的時間，從官方使用的文字到後來較普遍的用法都有，可追溯到公元前 700 年至 200 年之間，而普遍持續的用法是在後期的公元前 200 年至公元 200 年之間。但是學者似乎已經達到一些共識，認爲《但以理書》中的亞蘭文應該是在希臘時期的用法。我們又如何看這些討論的資料呢？希臘時期的亞蘭文在《但以理書》出現是否能確定成書是在這個時期？若是這樣，我們對《但以理書》的解釋就有了很大的不同了。

因爲第二聖殿時期對《但以理書》特別有興趣；可我們現有的聖經中出現第二至六章的亞蘭文版，這也不意外，可能當時出現了但以理事件的片段，再編輯收集成書時，用了這些亞蘭文的版本（可能原本也沒有希伯來版），

---

[53] 見 Collins, *Daniel*, 13, 引自 A. Collins, *The Scheme of Literal Prophecy, Considered in a View to Controversy, Occasioned by a Late Book, Entitled: A Discourse of the Grounds and Reasons of The Christian Religion* (London: The Booksellers of London and Westminster, 1727).
[54] Collins, *Daniel*,13-18.

當然選擇最正確的記載,才敢列入經典。而《但以理書》與《以斯拉記》有亞蘭文資料加插進去,並不難解釋。波斯王國給予回歸的猶太人自由使用亞蘭文作為「普及語言」(lingua franca),因此有的資料自然地用上了亞蘭文。

我們先從學者 J. Goldingay 給予《但以理書》的結構分析如下[55]:

A （一章）流放和相關的問題:故事形式,鼓勵信徒的堅守
　B （二章）四個國度的異象與詮釋
　　C （三章）忠誠受到陷害與拯救:三友
　　　D （四章）王的異夢:解釋和審判（得救）
　　　D' （五章）王的異象:解釋和審判（被貶）
　　C' （六章）忠誠受到陷害與拯救:但以理
　B' （七、八章）四個國度的異象與詮釋
A' （九章）流放和相關的問題:異象形式,堅信神的計劃和應許
E （十至十二章）終末的異象和盼望

這樣的架構分析看起來較爲有道理,但是較爲鬆散,起碼到了第九至十二章的編排上顯得牽強;而且第八章明顯地有經文本身的特殊的理念,不能混在第七章來談論。[56] 其實很多學者已經看出亞蘭文部分的平行架構,認爲是較嚴謹的交叉平行格式如下:

---

[55] 參 J.F. Goldingay, *Daniel*, Word Bible Commentary 30 (Dallas, TX: Word, 1988), 325; 我們略加解析。
[56] 估計 Goldingay 試圖排除整卷書不能以寫作的語系劃分,著意地尋找平行架構。

A 四個國度的異象（2章）
　　　B 虔誠人受逼迫（火坑），被拯救（3章）
　　　　　C 解釋預兆，挑戰王尼布甲尼撒（4章）
　　　　　C'解釋預兆，挑戰王伯沙撒（5章）
　　　B'虔誠人受逼迫（獅子坑），被拯救（6章）
A' 四個國度的異象（7章）

Collins 不願接受亞蘭文版的《但以理書》有嚴謹的架構，主要是他一直認爲整卷書本來只是個別的記載，要到希臘時期才加以整合。但是他自己又承認這樣的架構是很有意義的，[57] 可他因爲堅持第七章是屬於後半部的天啓文學，卻有不得不承認第七章也是屬於前半部的。[58] 有趣的是他又承認第二至七章很有可能是自成一格的以亞蘭文流傳![59] 在他的分析中，[60] 第二章尼布甲尼撒王夢中的四個國度，在第七章中雖然有雛形的四個國度，但是已經加上了更多貼近公元前第二至三世紀的歷史演變，[61] 這極可能在亞蘭文版中已經出現了經典「再詮釋」的現象！

Collins 也承認第七章極可能與第八至十二章是分開來的！主要的原因是後幾章隱喻聖殿被毀，而第七章卻沒有提及。Collins 這樣凌亂的分析，也是其他認爲《但以理書》是第二世紀的作品之學者所面臨的問題。我們只能再回

---

[57] Collins, *Daniel*, 34.
[58] Collins, *Daniel*, 34; "While Daniel 7 is bound to Chaps. 2-6 by language and concentric arrangement, it is bound to 8-12 by chronological sequence and content."
[59] Collins, *Daniel*, 35.
[60] 也是衆多學者的共識。
[61] 至少最後一個國度極有可能是希臘！

頭來承認亞蘭文版的文本的確非常有可能是自成一格的獨立作品，[62] 後來加上了第一章以及第八至十二章。

學者們也發覺到《但以理書》除了部分是以亞蘭文書寫外，在考古文獻也有另一個被稱為「古希臘」（Old Greek），記載與第四至六章的文獻，但是與亞蘭文版有幾處相異，現在的學者都認為可能這是翻譯自另外一組的亞蘭文版本，與我們現有的不同，所以才產生相異。[63] 當然我們可以像 Collins 等認為這是兩者截然不同，但是我們也能建議「古希臘」版在翻譯亞蘭文原版時做出了一些詮釋和更改，其實是出自原版！[64] 我們不能證實以上兩者哪個可能性更佳；但是若我們接受第二個解釋，就不難看出亞蘭文原版可能已經達至被接受的地步，而「古希臘」版只是意譯原版，才出現相異的地方。因此亞蘭文原版（當然我們必須在這裏看作是《但以理書》第二至七章）可能已流傳得相當廣，以至有人願意將之翻譯成希臘文！

我們若接受《但以理書》之亞蘭文部分是最早被接受的文本的話，就至少能估計有以下的可能性：第八至十二章是第七章的再詮釋，是較晚期的文獻，從希臘時期的處境詮釋第七章的異象/預言，[65] 是第二聖殿時期相當流行的做法，但是被列入亞蘭文原版之後，出自於它與歷史事實最為符合、以及不像其它作品大加渲染之能事。

---

[62] 這也是 C.L. Seow 接受的觀點，參 C.L. Seow, *Daniel* (Louisville: Westminster John Knox Press, 2003), 9.
[63] 參 Collins, "Current Issues in the Study of Daniel," 1-15.
[64] Collins 與他同期的學者卻沒有考慮這個可能性，因此只轉向一種可能性。
[65] 參 Seow, *Daniel*, 9.

我們以下嘗試從詮釋《但以理書》第八至十二章來解析。

《但以理書》第八至十二章的詮釋與《但以理書》的形成

《但以理書》的形成的種種建議是建基在如何詮釋第八至十二章，這裏眾學者的共識是描述公元前第二世紀的歷史事件；可是學者不能同意的是到底是甚麼時候寫的。保守派的學者堅持這是出自公元前第五世紀但以理的手筆，認為以他命名的書、也在這裏以第一人稱的方式書寫不可能是其他人所著，也無法列入講究事實的聖經正典中。但是從十九世紀末期到廿世紀的研究已經接受了《但以理書》只算是公元第二世紀時期的作品，是在馬加比叛變後產生的，即便一些資料是比這時期更早（即第一至六章），[66] 第七至十二章肯定是事件發生之後隱喻歷史的作品。[67]

我們首先覺察第二章與第七章有很多相似之處，但是也有不同的地方：

- ❖ 兩者同樣講述四個國度/王，但是第二章提到第一個國度是尼布甲尼撒的巴比倫，第七章卻沒有提到王的秩序，也不曉得從哪個王開始計算。
- ❖ 前者提到四個國度是一起被砸碎的（2:44），後者卻是一個國度過去，另一個國度承接。
- ❖ 前者沒有清楚地提到第四個國度如何，但是後

---

[66] 參 Collins, "Current Issues in the Study of Daniel," 5-6
[67] Collins, "Current Issues in the Study of Daniel," 1-2.

者似乎繪聲繪色地描述第二世紀希臘時期的細則。

我們只能說：第七章是第二章異象的延申，這包括漸漸明朗的歷史演繹，但是我們不可能完全看清楚在歷史上已經一一兌現！有時候，越是清楚的異象，越使人摸不清其歷史的詮釋！我們再往下看，第八章將第七章的異象明朗化，原來我們的確可從歷史中找到歷史演繹：四個國度是巴比倫、瑪代、波斯到希臘（8:20-21），但是終末的現象仍在未來。這樣就將第七章和第八章以及下面幾章連成一氣。這也是關鍵的所在：第八章像似第七章異象的歷史詮釋！

第九章將第八章的異象推前一步：講述荒廢的耶路撒冷和聖殿要被重建，但這只是較近期的歷史事件。這裏提到三個階段：「從發出命令恢復並重建耶路撒冷，直到受膏的君出現，必有七個七和六十二個七。這裏提到「受膏的君」兩次，Seow 認為可能都是受膏的大祭司約書亞（公元前 586-49 年）和奧尼亞三世（Onias III, 公元前 171 年被殺）。68

第十至十二章，首先將第八章的異象推廣（第十章），而第十一章又講述具體的歷史演繹，而第十二章才正式地提到終末的預言：信者有復活的可能！

但以理的異象將近代的歷史看作是將來屬靈爭戰的代模，地上的歷史爭戰只是將來屬靈爭戰的影子！我們也要注意第十一章的描述可以分成長短不一的四個歷史階段

---

68 Seow, *Daniel*, 145-151.

（正如第七章的四獸的描述歷史四個階段一樣，將第八章的兩個歷史階段化成四個階段），因此與第七章有異曲同工之妙，但是這裏只集中在希臘占領的歷史階段而已，已經轉向越來越集中與希臘時期的歷史事件：

一． 波斯王朝簡述到只有四王（注意「四」數字）：（第2節，共一節）

二． 希臘的亞歷山大（第3-4節，共二節）

三． 希臘王朝瓜分時期有148年之長，南國多利買與北國西流古的對立戰爭（第5-20節，共十六節）

四． 西流古王朝安提阿古四世的暴政，只有十多年（第21-45節，二十五節）

從這個角度看，這極可能是第七章異象在歷史進程中的再詮釋，是第二世紀的發生的事件為經緯，針對當時出現的希臘政權所寫的，目的是鼓勵在受逼迫的信徒們知道，神要在最終降下審判和殲滅敵神的力量。神要給予他子民的安慰和鼓勵，即使在他們面對不斷的凌亂和逼迫苦難中，神仍然與他們同在，而且也預先顯示給他們知道，表達他對過去、現在、未來的掌管！

從我們可以有以下的思路進程：

❖ 從萬邦（7）到民族（8），從民族（9）到萬邦（10-12）

❖ 從未來（7）看歷史（8），從歷史（9）看未來（10-12）

正如第七章用四個國度來表達地上權勢一代不如一代、一代比一代更具災難性；第十一章用四個階段來表達地

上權勢一代不如一代、一代比一代更具災難性。正如第七章結尾說，在歷史進程的完結時，神會親自建立永恆的國；第十二章成為十一章的結尾說，在歷史進程的完結是，神會讓信者復活，享受福分！我們至少能初步獲得以下的架構：

> 未來的發展格式（四國），接下來神要主權未來：建立永恆的國度（第七章）

> 歷史演繹這格式（第八章：提到希臘和安提阿古的暴政和滅亡）

> 但以理的禱告：神的忠誠與人的責任（第九章 1-19 節）

> 歷史演繹這格式（第九章 20-27 節：提到希臘與安提阿古的暴政和滅亡）

> 未來的發展階段（四階段），接下來神要主權未來：讓信者復活（第十至十二章）

從以上架構的分析，不難看出整段文本的核心，就是但以理的禱告以及獲得的答復。這是關鍵性的位置，不只給予文本一個轉折點、也在思潮上從在世的處境，轉移至第十至十二章的未來願景上；另外一項重要的思維在這裏清楚地表達出來：歷史與未來都處在神的忠誠與人的責任交織的氛圍中，無疑在大主題上與前面第二至六章的大主題吻合，不可不說是編者著意的安排，將整卷書以這個大主題接連，彰顯書卷在思想上的合一性！[69] 這是鼓勵受害者堅持的信息，知道他們受的煎熬，天上

---

[69] 參 M. Nel, "Daniel 9 as Part of an Apocalyptic Book?" *Verbum et Ecclesia* 34 (2013), 1-8.

的神是看在眼裏的，不讓他們繼續承受痛苦！我們在這裏能夠再強調受苦的人們有神給予的安慰和盼望：我們雖有死亡，但是卻更有神親自應允的復活盼望！

結論：《但以理書》的形成之建議

至於《但以理書》對第二聖殿猶太教的影響，學者們大多都能同意其重要性，甚至都認為有所謂的「但以理傳統」著作。[70] 其中最明顯的是旁經與外典的著作：《蘇珊娜傳》、《彼勒與大龍》、《三童歌》等，當然最顯著的還是天啟文學類的書籍，因此《但以理書》的影響已是不爭的事實了。

Collins 承認《但以理書》最終成書之後，很快就達到經典權威的地步，我們可以從死海古卷中得知，因為那裏《但以理書》被引用，對於這個群體來說，這是承認本書的經典權威，否則不會這麼做。[71] 我們的問題是這「很快就達到經典權威的地步」的步驟卻得不到學者們的共識。一方面較保守的學者仍堅持本書是在流放中的但以理所出，但不堅持反對可能有一段相當長的時間才成書，[72] 另一方面有學者堅持本書是在公元前第一世紀期間的作品，但也不堅持反對書中部分資料可能也很早已經流傳，而後漸漸變成我們現有的篇幅。

---

[70] 參 D.S. Russell, *Divine Discourse*, 45-46.
[71] 見 4QFlor frg.1 ii.3; 11 QMelch 2:18, 參 Collins, *Daniel*, 73
[72] 見如 J.G. Balwin, *Daniel* (Leicester: IVP, 1978); Patterson, "Wonders in the Heaven," 385-403.

但是我們也從以上分析的資料中，看出《但以理書》一些部分比其它部分更具權威和影響力；證明這些資料極可能已經被猶太信仰群體所認同為權威來引用、解析或延申的。譬如《以諾一書》90：9-27引用7：9-13，加以擴張等；還有補篇如：《三童歌》，《蘇姍那傳》，《比勒與大龍》，都是將《但以理書》放在權威的位置。可我們又注意到這些解析和補篇的作品，極大部分都是從本書前半部，或者更能仔細地說是第二章至第七章的資料！我們前面分析這一大段資料時知道這原本是以亞蘭文書寫的，更是自樹一格，可能是最早期被接受為權威的經典作品，即便是以亞蘭文書寫，也不加以改變，或轉而翻譯成為希伯來文，證明亞蘭文版的權威是不爭的事實。另外我們也注意到第二章尼布甲尼撒王夢中的四個國度，在第七章中雖然有雛形的四個國度，但是已經加上了更多貼近公元前第二至三世紀的歷史演變！[73] 我們也發現這極可能在亞蘭文版中已經出現了經典「再詮釋」的現象，即是說可能在亞蘭文版出現前已經有大部分資料先被接納，尤其是敘事部分（第二至第六章），然後又加上第七章所為第二章的再詮釋。若是這樣，我們能較肯定的是這是《但以理書》最早獲得權威位置的部分，加以在猶太信仰群體中流傳，這已是公元前第二世紀第二聖殿時期了。

從以上的分析，我們不難在往下去進行分析《但以理書》其它部分的連接關係。若第七章是第二章的再詮釋，我

---

[73] 至少最後一個國度極有可能是希臘！

們察覺到這再詮釋的資料也很快被接受成為權威經典，那麼第八至十二章就能在這樣的氛圍上，有成為另一層的經典再詮釋，而也很快地被接納；可見第七章的影響力極大：它幾乎發起了後來流行在第二聖殿時期的天啓文學！因此我們可以說，《但以理書》可算是天啓文學的先鋒，描寫神在歷史進程中的掌管；對外邦的審判，對虔誠者的保護與應許；對末後日子的注重；可是卻沒有後期天啓文學的過份渲染，只點到為止；預言歷史的進程也是這樣。這也至少給予後來天啓文學在第二聖殿時期的流行，因為有了《但以理書》作為權威的經典參考！

另外延申出的課題就是所謂的「但以理傳統」。這與學者們分析以賽亞書有些類似，也可以看到我們以上的「再詮釋」建議其實已經有珠玉在前。以賽亞書前卅五章大部分是屬於公元前第八世紀，而其神學和關鍵詞語後來在所謂的「以賽亞傳統」之下延申至第六世紀的第二以賽亞部分（第四十至五十五章），成為前半部在新環境中的再詮釋，而後再加上第五十六至六十六章的另一層再詮釋，而成為我們現有的《以賽亞書》。我們這裏建議「但以理傳統」也有類似的現象，但是比《以賽亞書》更甚者，它影響了第二聖殿時期眾多的著作，可見它的重要位置！

如鷹攪巢、如燕孵雛

以正典鑒別重審「不義管家」的比喻

鄭小康

引言

路加福音 16 章 1-13 節所記「不義管家的比喻」是眾多的耶穌比喻中最複雜難解的一個。[1] 其關鍵難點是：比喻中的管家為了自己的好處，私自減免債戶所欠其主人的債項（16:5-7），主人為何不但不追究，反倒「誇獎這不義的不管家做事聰明」（16:8a）。主人的誇獎顯然不合乎常理。而主耶穌接著的評論和應用（16:8b-9）似乎亦在肯定不義管家的行為。這就更是叫人無法理解了。讀經者不難想到，如果能將管家在 5-7 節的行為合法化，以上難題就可以迎刃而解了。可是，耶穌在緊接著的引申教訓中，又明顯是在責備管家那種在「不義的錢財」、「最小的事」和「別人的事」上不忠心（16:10-12）的行為，並教訓門徒「不能又侍奉神，又事奉瑪門」（16:13）。這與比喻中主人對管家的誇獎、主耶穌的評論和應用（16:8-9）明顯衝突。這「短短的 13 節經文，連番顛覆讀者的常識和預期」[2] 形成複雜難解的謎團，吸引一代代聖經學者不斷的討論和研究。尤其近三十年，

---

[1] Greg W. Forbes, *The God of Old: The Role of the Lukan Parables in the Purpose of Luke's Gospel* (Sheffield: Sheffield Academic Press, 2000), 152; Walter L. Liefeld and David W. Pao, "Luke" in *The Expositor's Bible Commentary: Volume 10*, ed. Tremper Longman III and David E. Garland (Grand Rapids, MI: Zondervan, 2012), 256; Brad H. Young, *The Parables: Jewish Tradition and Christian Interpretation* (Peabody: Hendrickson, 1998), 232.

[2] 參孫寶玲：＂路加福音十六章 1－8 節的管家：聰明？不義？＂《台灣神學論刊》45（2018）：110。

從發表論文的數量看，學者對該比喻的研究，達到了歷史的高峰（圖1）。³

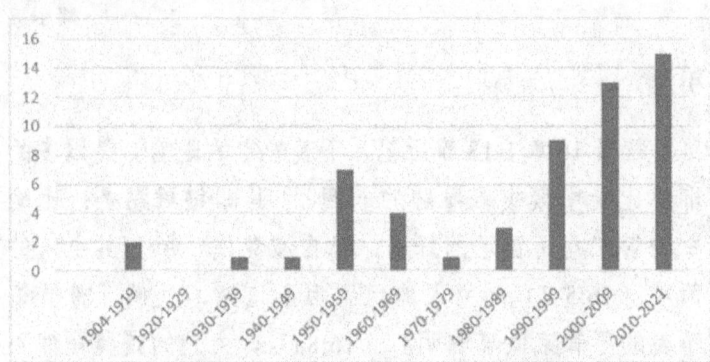

圖1：1904-2021年發表的關於不義管家比喻的學術論文統計

然而，學者近期大量的研究成果所帶來的不是對該比喻更多的共識，而是更多的爭議。⁴ 學術界的嚴重分歧，不免影響教會對該比喻解釋和應用，甚至影響到門徒財富觀的建立。而如何幫助門徒建立合乎聖經的神國財富觀是教會領袖不得不面對的敏感而又重要的課題。特別在華人教會，「貪財吝嗇」被認為是華人基督徒的劣根性之一。⁵ 這種狀況所反映的不是教會的經濟危機，而

---

³ 圖1的統計方法和結果：在ATLA Religion with AtlaSerials（美國神學圖書館專業會宗教資料庫連同期刊）中，以 "Luke 16:1-*" OR "Luke 16.1-*" OR "Lk 16:1-*" OR "Lk 16.1-*" OR （parable AND steward）在題目（Title）中搜索，結果學術期刊（Academic Journals）"有同行評議的"（Peer Reviewed）論文共57篇。近30年是相關研究的高峰期，發表的論文數量佔總數的約64.9%（37/57）。上世紀50和60年代有一個小高峰，約佔總數的21.1%（11/57）。

⁴ 參 Ryan S. Schellenberg, "Which Master? Whose Steward? Metalepsis and Lordship in the Parable of the Prudent Steward (Lk 16.1-13)," *Journal for The Study of The New Testament* 30.3 (2008): 283-88.

⁵ 參：孫摩西：「華人基督徒七大劣根性」，《揭發奧秘》，2022年5月12日，https://exposingmysteries.org/华人基督徒的七大劣根性/。

是屬靈危機。教會領袖若曲解這難解比喻,必然越發加重這一危機。所以,為了幫助門徒建立合乎聖經的神國財富觀,以一種教會和多數學者所認可的釋經原則,評估並重新詮釋這個難解比喻已成為教會的一個現實需要。本研究擬採用「正典鑒別」(Canonical Criticism)原則,在評估該比喻詮釋歷史上的主要解釋進路後,選擇最合乎該原則和本研究目的的解釋進路,利用新近的研究成果並結合原文研究,重新詮釋這段經文;最後擬評鑒這段經文所呈現的財富觀與其他相關聖經教導的合一性,並討論如何根據這段經文的要點說明今天教會的基督徒建立神國財富觀。

研究方法:正典鑒別原則

本研究擬採用「正典鑒別」之原則並根據本研究之目的,在回顧和評估該比喻的主要解釋進路後,選擇最合乎這原則和目的的進路重新詮釋這段難解經文。本章擬透過簡要敘述「正典鑒別」的原則及其為何適合本研究,闡明本研究採用「正典鑒別」原則的理據。

一、正典鑒別原則

「正典鑒別」由 B. S. Childs 等學者首先提出和推廣。[6] 其最顯著的原則,如其名稱所示,在於強調讀經者應在

---

[6] Childs 不喜歡 "Canonical Criticism"(正典鑒別)這術語,堅持使用 "Canonical Approach"(正典方法),強調其與形式批判(Form Criticism)或編修批判(Redaction criticism)不在一個層面上,而是代表了一種全新的離棄(departure)並取代了整個歷史批判方法(historical-critical method)。後者注重考究文本來源以理解文本背後的世界,而正典方法注重的是已經完成的聖經正典本身(其整體性、內在一致性、互文性)。參: [6] Brevard S.

希伯來書對舊約詩篇的援用

聖經正典背景下詮釋特定聖經文本。換句話說，就是在解釋特定聖經文本時，注重聖經的內在一致性（合一性）和互文性。[7]「正典鑒別」的另一個重要原則是其所謂「包容性」。如其重要推廣者 J.A. Sanders 所說：「正典鑒別尊重並吸收文學批判、考古學、哲學等工具及其（研究）成果；尤其是那些…（有說明的）…歷史和社會學背景。」[8] 可見，「正典鑒別」在強調聖經內在一致性的同時，注重利用各種詮釋方法的有益觀點。

另外，「正典鑒別」特別注重釋經之「目的」。R.W.L. Moberly 清楚地表述了這一原則：「關鍵的問題，即在釋經方法問題之前，併為釋經方法設定了前提背景的，乃是釋經的目的和目標。簡單地說，就是我們怎樣使用聖經取決於我們為甚麼使用聖經。」[9]「正典鑒別」事實上表明瞭一種釋經態度：釋經者是以信徒身份將經文視為權威啟示來接受和詮釋。[10] 詮釋的目的是為了信眾（教會）的利益，叫信徒理解和明白上帝的旨意。[11]

Childs, *Introduction to the Old Testament as Scripture* (London: SCM Press Ltd, 1979), 82-83. 筆者選擇「正典鑒別」（Canonical Criticism），因這是多數學者的提法。

[7] Childs, *Introduction to the Old Testament*, 16, 82-83.

[8] J.A. Sanders, *Canon and Community: A Guide to Canonical Criticism* (Philadelphia: Fortress, 1984), 45.

[9] R.W.L. Moberly, *The Old Testament of the Old Testament: Patriarchal Narratives and Mosaic Yahwism* (Minneapolis: Fortress, 1992), 2.

[10] 參 John N. Oswalt, "Canonical Criticism: A Review from A Conservative Viewpoint," *Journal of The Evangelical Theological Society* 30.3 (1987): 317–325.

[11] 參 Brevard S. Childs, *Biblical theology of the Old and New Testaments: Theological reflections on the Christian Bible* (London: SCM, 1992), 672.

Mark Brett 對 Childs 的「正典鑒別」有相當全面和深入的評價。他指出：「正典鑒別」是在上世紀 60 年代流行一時的歷史批判（Historical Criticism）走向衰微後出現的一種新方法，其目的和歷史批判一樣是要「彌合學術研究和教會聖經應用之間的差距。」[12] Brett 認為，「正典鑒別」將對聖經研究做出獨特的貢獻，但未必像許多學者所假設的那樣會取代其他歷史、社會科學和文學傳統。[13] 這在接下來的聖經研究歷史中證明是正確的。Brett 強調，儘管 Childs 被批評在方法論上有「集權主義」傾向，但事實上他曾清楚地表達了一種多元主義情緒。在多元主義背景下，「經過適當澄清的『正典鑒別』應該成為閱讀聖經（釋經）的一種方法，」因為「沒有任何一種方法，無論多麼嚴謹，能夠回答可能出現在文本中的所有問題。」[14] 筆者同意 Brett 對「正典鑒別」的評價。「正典鑒別」的確已經成為一種釋經方法，但筆者更傾向於將其視為一種釋經原則。在這原則下，對特定文本的解釋，注重聖經的內在一致性，容許利用不同詮釋方法的研究成果，並堅持為教會利益釋經的目的。

二、正典鑒別原則為何適合本研究

首先，「正典鑒別」的包容性適合本研究。在「不義管家」比喻的詮釋歷史中，學者們採用過許多不同的方法或進路：如傳統解釋、社會學解釋、經濟學解釋、諷刺

---

[12] Mark Brett, *Biblical Criticism in Crisis? The Impact of the Canonical Approach on Old Testament Studies* (Cambridge: CUP, 1991), 1-2.
[13] Brett, *Biblical Criticism in Crisis?* 1-2.
[14] Brett, *Biblical Criticism in Crisis?* 5-6.

性解釋和文學進路等。這些方法或進路各有其優缺點。「正典鑒別」的包容性，容許釋經者在不違背「聖經內在一致性」的前提下，運用其他方法或進路的研究成果。這對採用單一進路未能完美解釋的這個難解比喻，提供了一個選擇某一進路同時利用其他進路研究成果的機會。

第二，「正典鑒別」對聖經內在一致性的強調適合本研究，因本研究之目的是要說明信徒建立「合乎聖經的」財富觀。這要求對該比喻的解釋必須合乎其他相關的聖經教導，而強調聖經內在一致性的「正典鑒別」很好地滿足了這個要求。相反，任何詮釋進路和方法，如果對耶穌所講比喻故事（16:1-8a）的解釋，與其後耶穌的評論（16:8b）、應用（16:8b-9）及引申教訓（16:10-13）分離或抵觸，或者與其他關於神國財富觀的聖經教導不一致，都不宜用於本研究。

最後，「正典鑒別」為教會利益釋經的原則，使其更加重視「彌合學術研究和教會聖經應用之間的差距」need fn(12)，更有可能滿足本研究的目標要求：說明信徒建立合乎聖經的神國財富觀。從以上論述可見，本研究決定以「正典鑒別」原則來評估該比喻的各類主要解釋並重新詮釋該比喻，更多的是考慮其可能最好地實現本研究之目的及其作為一種「釋經原則」的可接受性，而非其作為一種釋經方法在學術界的認可度。

文獻回顧：以正典鑒別原則評估各類解釋

在聖經詮釋歷史中，對「不義管家」的比喻研究很多；從所發表的相關論文看，近三十年對該比喻的研究在近百年的歷史中佔到約 2/3 的分量。[15] 學者們的近期研究主要圍繞該比喻的核心問題和關鍵難點。故，本章有必要首先闡明該比喻的核心問題和關鍵難點；然後介紹學者對該比喻現存解釋的兩種分類；最後才綜述該比喻在詮釋歷史中的主要解釋進路，並按照「正典鑒別」之原則和本研究之目的審視和評估各類解釋是否可以用於本研究對該比喻的重新詮釋。

一、該比喻的核心問題和關鍵難點

斯諾德格拉斯（K.R. Snodgrass）認為，要合理詮釋這個難解比喻，需要搞清楚 11 個這比喻的相關問題。其中「比喻故事在何處結束」和「比喻與下文（16:10-13）關係」是核心問題，而比喻的關鍵難點在於「主人或主耶穌為何誇獎『不義的』管家辦事聰明？」。[16] 大部分學者都認同比喻故事結束在 8a 節。[17] 但對比喻與下文（16:10-13）的關係問題，很多學者認為二者沒關係，

---

[15] 參見圖 1。
[16] David Landry and Ben May, "Honor Restored: New Light on the Parable of the Prudent Steward (Luke 16:1-8a)," *Journal of Biblical Literature* 119.2 (2000): 288.
[17] 參Joseph A. Fitzmyer, *The Gospel According to Luke X-XXIV: Introduction, Translation, and Notes*, The Anchor Bible 28A (New York: Doubleday, 1985), 1096-97; Darrell L. Bock, *Luke 9:51-24:53* (Grand Rapids: Baker Books, 2000), 1340-43; D. M. Parrott, "The Dishonest Steward (Luke 16.1-8a) and Luke's Special Parable Collection," *New Testament Studies* 37.4 (1991): 512-14; Landry and May, "Honor Restored," 288; David A. De Silva, "The Parable of the Prudent Steward and Its Lucan Context," *Criswell Theological Review* 6.2 (1993): 257.

甚至認為10-13節是路加對耶穌比喻的誤解。[18] 而對比喻的關鍵難點（主人或主耶穌為何誇獎不義的管家辦事聰明）的解釋，更是莫衷一是，眾說紛紜。許多對該比喻的近期研究都是針對這個關鍵難點。[19]

二、該比喻的解釋分類

1. Ireland 分類

Dennis J. Ireland 根據學者們對比喻中管家減免債項行為的解釋，是「欺詐和不誠實」還是「公正誠實」，將這比喻的解釋分為兩大類。再根據比喻的具體解釋分出各種亞類：[20]

I. 管家的行為欺詐和不誠實

1. 傳統解釋（或財富主題解釋）
2. 非財富主題解釋

   （1）末世危機解釋

---

[18] Landry and May, "Honor Restored," 289. 是故，在解釋這個比喻時，多數學者將研究經文文本限在1-8/9節，只有少數學者包括10-13節。在這少數學者中，包括 Dave L. Mathewson, "The Parable of the Unjust Steward (Luke 16:1-13): A Reexamination of the Traditional View in Light of Recent Challenges," *Journal of The Evangelical Theological Society* 38.1 (1995): 29-39; Stephen I. Wright, *Parables on Poverty and Riches (Luke 12:13-21; 16:1-13; 16:19-31)* (Grand Rapids, MI: Eerdmans, 2000), 217-239; Justin S. Ukpong, "The Parable of the Shrewd Manager (Luke 16:1-13): An Essay in Inculturation Biblical Hermeneutic," *Semeia* 73 (1996): 189-210. Dennis J. Ireland, *Stewardship and the Kingdom of God: An Historical, Exegetical and Contextual Study of the Parable of the Unjust Steward in Luke 16:1-13* (Leiden: E J Brill, 1992). Bock, *Luke 9:51-24:53*, 1324-1326.
[19] 見後文對該比喻主要解釋進路的綜述。
[20] Dennis J. Ireland, "A History of Resent Interpretation of the Parable of the Unjust Steward (Luke 16:1-13)," *The Westminster Theological Journal* 51.2 (1989), 294-95.

（2）非末世危機解釋

3. 負面例子解釋

　（1）根據當前文字

　　（a）非諷刺性解釋

　　（b）諷刺性解釋

　（2）根據文本失真理論（Theories of Textual Confusion）

II. 管家的行為公正和誠實

1. 強調慈善或類似品質
2. 強調社會經濟背景

Ireland 的總結和分類，可以幫助讀者比較清晰全面地了解學者們對該比喻的不同解釋之間的主要差異，以便對不同解釋作出比較和選擇。Ireland 在回顧了各類解釋后總結到，有些解釋相互排斥，有些則可作相互補充；並認為，根據路加著作（Luke-Acts），有眾多理據支援「結合末世危機的傳統解釋（財富主題）為最佳解釋。」主要理據包括：1）大多數學者都承認該比喻是關於「財富」主題；2）多項論據支援應將管家減免債項的行為理解為不誠實和欺詐；3）比喻背後的「末世背景」以多種方式得到了證實。[21] 筆者讚賞 Ireland 的分類，並

---

[21] Ireland, "A History of Resent Interpretation," 315-18. Ireland 長長的結論，帶著濃烈的「正典鑒別」原則，這增強了筆者採用「正典鑒別」方法並以傳統解釋為基礎重新詮釋該比喻的決心。

同意其「結合末世危機的傳統解釋（財富主題）為最佳解釋」的結論。

2. 按照解釋進路簡單分類

不同於 Ireland 的分類方式，許多學者在回顧該比喻的詮釋歷史時，按照該比喻的解釋進路進行分類，即將該比喻的解釋簡單地歸類為：傳統解釋進路、經濟學解釋進路、社會學解釋進路、諷刺性解釋進路、文學進路等。[22] 這幾種主要解釋進路各有其理據和優勢。[23] 但一個有趣的現像是，雖然近期非傳統解釋進路的研究論文很多，但在釋經書中卻鮮有明確接受這些非傳統解釋的表述。[24] 本研究將採取這種簡單分類方式，以回顧和評估該比喻的主要解釋進路。

三、該比喻在詮釋歷史中的主要解釋進路

在以下的文獻回顧中，筆者將戴上「正典鑒別原則」和「本研究目的」（為說明信徒建立合乎聖經的神國財富觀）的眼鏡，來審視和評估該比喻在詮釋歷史中的各類主要解釋，以確定本研究要採取的解釋進路和其他解釋進路中可取的研究成果。

---

[22] 不同學者對該比喻詮釋方法或進路的分類和命名也有差異。如將「傳統解釋」稱為「錢財解釋」(monetary interpretation)，將「諷刺解釋」歸為「負面例子解釋」(negative example interpretation)，將社會學解釋稱為榮辱觀解釋等。參 Ireland, *Stewardship and the Kingdom of God*, 5-49.

[23] Ireland, *Stewardship and the Kingdom of God*, 47.

[24] C. W. Jung, "Reexamination of the Ironical Interpretation of the Parable of the Unjust Steward in Luke 16," *Korean Evangelical New Testament Studies* 11.4 (2012): 796.

1. 傳統解釋進路

傳統解釋強調，管家的聰明之處在於他知道為自己的將來打算並採取行動，而不在於管家在 5-7 節中的行為是否欺詐和不誠實。有些走傳統進路的學者在解釋中加入「末世論」因素，將管家所面臨的失業危機對比門徒所面臨的末世危機。[25] 這詮釋進路所採取的是一種所謂「由弱及強的論證」（fortiori argument 或 from-lesser-to-greater），[26] 稱「不義管家」這類比喻為「豈不更」或「何況」的比喻（how much more parable）。[27] 按傳統解釋，這比喻的要義可理解為：不義的管家/今世之子（面對危機）尚且知道使用所管理的財富為今生的將來打算，基督的門徒/光明之子（面對末世危機）「**豈不更**」當在財富的管理和使用上為永恆的將來打算嗎？傳統進路一般對管家減免債戶所欠主人債項的行為是否合法不作解釋（認為不重要），但當論及這問題時則視其為不合法的欺詐行為，並稱之為「從一個負面的例證帶出正面的

---

[25] Snodgrass, *Stories with Intent*, 416. 但有些學者認為「終末論」進路缺乏經文文本的有力支援，參 John S. Kloppenborg, "The Dishonoured Master (Luke 16, 1-8a)," *Biblica* 70.4 (1989): 478-79; John Dominic Crossan, "The Servant Parables of Jesus," *Semeia* 1 (1974): 46.

[26] Mathewson, "The Parable of the Unjust Steward," 33; Kenneth E. Bailey, *Poet and Peasant and Through Peasant Eyes: A Literary-Cultural Approach to the Parables in Luke* (Grand Rapids, MI: Eerdmans, 1976), 105; Francis E. Williams, "Is Almsgiving the Point of the 'Unjust Steward'?" *Journal of Biblical Literature* 83.3 (1964): 294-95.

[27] Snodgrass, *Stories with Intent*, 416. 並非所有採取傳統解釋進路者都提到「由弱至強論證」，但所有傳統解釋事實上都是依賴這種論證方法，參斯諾德格拉斯：《主耶穌的比喻》，林秀娟譯（South Pasadena, CA：美國麥種，2013），54-55。斯諾德認為這類比喻包括：太七 11（路十一 13）、不義之官的比喻、不義管家的比喻、朋友半夜來訪的比喻、失羊的比喻、失錢的比喻等。參斯諾德：《主耶穌的比喻》，55，1085。

教訓」。²⁸ 支援傳統解釋的學者觀察到「由弱及強的論證」不只是出現在這個比喻，還存在於路加福音所記載的另兩個比喻之中，即「朋友半夜敲門求餅」（11:5-13）和「寡婦和法官」的比喻（18:1-8），而且這兩個比喻和「不義管家」的比喻一樣為路加福音所特有。因此可以說，在「不義管家」的比喻中使用「由弱及強的論證」符合路加傳統。²⁹

筆者認為，傳統解釋合乎「正典鑒別」的原則，並能夠透過耶穌在 8b 節的評論和 9 節的應用與 10-13 節的教訓聯繫起來，且其解釋結果與本研究的目的契合一致。因此，本研究決定採取傳統解釋進路。但傳統解釋對該比喻的關鍵難點，即在 8a 節中為何主人會誇獎不義的管家在 5-7 節中的行為，沒有滿意解釋，而學者們提出各種不同的解釋進路，一個主要目標就是要合理解釋比喻中的這個關鍵難點。

---

[28] Mathewson, "The Parable of the Unjust Steward," 29-39; Ireland, *Steward and the Kingdom of God,* 5-47; Joel B. Green, *The Gospel of Luke*, New International Commentary on the New Testament (Grand Rapids, MI: Eerdmans, 1997), 592-95.
[29] 參 Ireland, *Stewardship and the Kingdom of God*, 76; Forbes, *The God of Old*, 178; Williams, "Is Almsgiving the Point of the 'Unjust Steward'," 293-97. 甚至認為 10-12 節也採用了這種論證，參 Fred B. Craddock, *Luke*, Interpretation: A Bible Commentary for Teaching and Preaching (Louisville, KY: John Knox, 1990), 191. 事實上，這類比喻還有 12:27-28（太 6:28-30），太 7:9-11 等。但也有學者對這觀點表示懷疑或否定，參 John L. Topel, "On the Injustice of the Unjust Steward," *The Catholic Biblical Quarterly* 37.2 (1975): 226 fn 48; Ireland, *Stewardship and the Kingdom of God*, 76 fn 115; Schellenberg, "Which Master?" 266-67.

2. 經濟學解釋進路

不難理解，若能將該比喻 5-7 節中管家的行為合法化，則主人對他的誇獎（16:8a）便順理成章，該比喻的關鍵難點也就迎刃而解了。J. D. M. Derrett 研究當時的社會經濟學背景，根據律法律法中禁止以色列人向同胞放「高利貸」的規定，推測管家所減免的債項可能是「不義之財」。[30] Joseph A. Fitzmyer 更進一步，聲稱管家所減免的可能是他自己應得的傭金。[31] 這些為合法化管家的行為而做出的努力看似解決了該比喻的關鍵難點，但筆者認為並不可取，因為 Derrett 的解釋沒有經文支援純屬推測，經文中連「不義之財」的暗示都沒有。Fitzmyer 的解釋更是與經文直接相悖，因為經文兩次明確描述債戶所欠的是「主人的債」（16:5，7），並非欠管家的債。[32] Goodrich 在對古籍做了新近研究後，承認管家所減免

---

[30] J. D. M. Derrett, "Fresh Light on St. Luke XVI: The Parable of the Unjust Steward," *New Testament Studies* 7.3 (1960-61): 198-219.

[31] Joseph A. Fitzmyer, "The Story of the Dishonest Manager (Lk 16:1-13)," *TS* 25.1 (1964), 31-32.

[32] 反對 Derrett 和 Fitzmyer 理論的學者很多。Kloppenborg 正確地指出，在 5-7 節中，管家所問「你欠我主人多少？」顯明管家所減免的是欠主人的債，而不是欠管家自己的債，且所減免的債項與通常的出租利息不符，參 Kloppenborg, "The Dishonoured Master," 481, 483. Malina and Neyrey 對比喻的社會背景研究顯示，沒有理由假設代理人（管家）可以比合同收取高達 50% 的費用作為他的傭金，參 Bruce J. Malina and Richard L. Rohrbaugh, *Social-Science Commentary on the Synoptic Gospels* (Minneapolis, MN: Fortress, 1992), 374. 在 4-7 節中，管家突然想到高利貸是錯的，這缺乏經文本身的支援。根據經文，管家的主要關注顯然不是道德而是自己的工作，參 Landry and May, "Honor Restored," 290. Scott 也反對將管家在 5-7 節中的行為合法化，認為管家的「不義」包括在 5-7 節和 1 節中的行為；主人的表揚是在表達對管家不滿，參 Bernard Brandon Scott, "A Masters Praise: Luke 16:1-8a," *Biblica* 64.2 (1983) 177. 反對的聲音還包括 William Loader 等，參 William Loader, "Jesus and the Rogue in Luke 16, 1-8a: The Parable of the Unjust Steward," *RD* 96 (1989)

的債項是主人的合法財產，並非「不義之財」； 並主張管家減免債戶所欠主人債項的是當時羅馬社會業已存在的做法（羅馬農場租賃中的自願債務減免），合乎情理法；認為管家的做法不但解決了欠債者的困難，而且為其主人延續了債約，同時為自己的將來謀得益處；這聰明謀劃理所當然應受到其主人的誇獎。[33] 但這新近的解釋沒有經文支援；相反，經文清楚表明管家在 5-7 節的行為完全是為其自身的利益（16:3-4）。這種慷他人之慨以利己的行為雖十分聰明卻顯然是不義的行為。可見，按照正典鑒別原則和本研究的目的，經濟學解釋進路不適合本研究。

3. 社會學解釋進路

一些學者將猶太-希羅「榮辱」文化（honor and shame）作為解釋這個難解比喻的關鍵社會文化背景；認為在榮辱文化盛行的新約世界中，「榮譽最終比財富更重要」。[34] Kloppenborg 應是最先將榮辱文化背景用於解釋該比喻的學者。他將 Bruce Malina 對古代地中海社會榮辱文化的研究成果用在這難解比喻的解釋；[35] 認為管家浪費主人資財的行為（16:1）表明主人未能管教好自己的僕人，

---

523. 筆者認為 Derrett 和 Fitzmyer 的解釋最大的問題是缺乏經文的支援，甚至與經文的意思相矛盾。

[33] John K. Goodrich, "Voluntary Debt Remission and the Parable of the Unjust Steward (Luke 16:1-13)," *Journal of Biblical Literature* 131.3 (2012): 566.

[34] Kloppenborg, "Dishonoured Master," 488.

[35] Kloppenborg, "The Dishonoured Master," 474-95; Malina and Rohrbaugh, *Social-Science Commentary on the Synoptic Gospels*; Bruce J. Malina and Jerome H. Neyrey, "Honor and Shame in Luke-Acts: Pivotal Values of the Mediterranean World," in *The Social World of Luke-Acts: Model for Interpretation*, ed. Jerome H. Neyrey (Peabody, MA: Hendrickson, 1991), 25-65.

從而損害了主人的權威和榮譽。[36] 但遺憾的是，Kloppenborg 僅將榮辱文化用於解釋 1-2 節，錯失了將其用於解釋整個比喻的良機。Landry 和 May 發現並抓住了這個機會，興奮地將榮辱文化用於整個比喻的解釋。[37] 他們主張，管家減免債戶所欠主人債項的行動（16:5-7），首先是為了挽回主人的榮譽損失（指其疏於對管家的管教），同時也為自己的將來打算，因此被主人稱讚聰明。[38] 主人雖然因管家的做法蒙受了財富上的損失，但是也因此挽回了受損的榮譽。在「榮譽比財富更重要」的文化中，主人理所當然會誇獎不義的管家辦事聰明。孫寶玲全面接受了 Landry 和 May 的解釋，並結合中國的榮辱文化，稱管家減免債戶所欠主人債項是為主人「買義」；比喻中稱管家為「不義的」（16:8a）是因其以前的浪費行為（16:1），主人誇管家「做事聰明」乃因其為主人「買義」的行為（16:5-7）。[39] 這社會學解釋把管家為自己將來打算的行為目的置於挽回主人的榮譽之下，視管家行為的首要目的是為挽回主人的榮譽。[40]

筆者認為，Landry 和 May 的社會學解釋比經濟學進路說服力強，不但因為榮辱文化是詮釋路加著作十分重要的

---

[36] 按照當時的榮辱文化，出了管家浪費主人財物這樣的事，在公眾輿論的法庭中受審的不是管家而是他的主人，參 Kloppenborg, "Dishonoured Master," 489。

[37] Landry and May, "Honor Restored," 294.

[38] Landry and May, "Honor Restored," 301-302.

[39] 孫寶玲：〈路加福音十六章 1-8 節的管家〉，116-118。擬將管家在 5-7 節中的行為合法化的學者，早已提出 8a 節中稱管家為「不義的」是因他之前浪費主人財物行為的觀點，參 Derrett, "Fresh Light on St. Luke XVI," 204 fn 1.

[40] Landry and May, "Honor Restored," 293; Kloppenborg, "The Dishonoured Master," 478.

社會背景；[41] 而且「這解釋與經文對『別人』（16:1）眼光的重視一致」。[42] 但特別遺憾的是，Landry 和 May 在該比喻關鍵難點的解釋上和經濟學進路一樣，因試圖合法化管家在 5-7 節中的行為而失去了說服力。他們在強行解釋「為甚麼債戶要收留或聘用一個被證明不義的管家」時辯稱：管家透過挽回主人榮譽的行為（16:5-7），在債戶面前挽救了自己的名譽，因他的行為是為了照顧他的主人。[43] 這解釋顯然沒有說服力，因為按照 Landry 和 May 自己的說法，債戶和整個社區都會認為管家是受命於主人減免了他們的債項。[44] 因此，感激和榮耀自然是歸給主人，而非管家。管家被開除後，這些債戶會因為這管家曾「忠實」地執行了原主人的命令而雇傭他嗎？難道他們心裡不會問為何主人要開除這管家嗎？Landry 和 May 的解釋最後失去說服力，顯然是因其試圖將管家在 5-7 節的行為合法化。這不僅和經濟學解釋一樣無法克服合法化管家的行為缺乏經文支援的難處，更在解釋債戶為何要在管家被原主人開除后雇傭他的問題上失去基本的邏輯支撐。[45] 筆者從學者們試圖合法化管家行為所帶來的遺憾中得到啟發，擬堅持採用傳統解釋

---

[41] Malina and Neyrey, "Honor and Shame in Luke-Acts," 25-65.
[42] 鮑維均：《路加福音（卷下）》，天道釋經註釋（香港：天道書樓，2017），142.
[43] Landry and May, "Honor Restored," 302.
[44] Landry and May, "Honor Restored," 301.
[45] L. Ndekha 在新近的研究中強調希羅榮辱文化中的「社會地位」（social status and status concern）對該比喻關鍵難點解釋的重要性。遺憾的是其同樣未能逃脫將管家行為合法化的「試探」，最後得出比喻的主題是保持門徒神國地位的結論，參 L. Ndekha, "'I am not Strong to Dig and I am Afraid to Beg': Social Status and Status Concern in the Parable of the Dishonest Steward (Lk 16:1–9)," *HTS Theological Studies* 77.4 (2021): 1-2, 8-9.

進路,同時利用學者對榮辱文化的研究成果,彌補傳統解釋的不足之處。換句話說,因看見社會學解釋存在的缺陷,[46] 本研究將僅利用榮辱文化背景來解釋比喻故事本身(16:1-8a)的合理性,特別是解釋其關鍵難點,而不是全盤接受現有的社會學解釋,因其解釋結果並不合乎正典鑒別原則和本研究的目的。

4. 諷刺解釋進路

諷刺解釋進路把主人對管家的誇獎(16:8a)及耶穌的評論和應用(16:8b-9)進行諷刺性解讀,甚至認為 10-13 節的引申教訓也具有諷刺意味。[47] 這與以上進路相比,更輕鬆地解釋了該比喻的關鍵難點。這進路所總結出的比喻要點也與其他解釋大相徑庭:管家這樣的「聰明」

---

[46] 此外,將管家的「不義」歸因於其之前浪費主人的資財(16:1)理據不足。因管家被稱為「不義的」是在5-7節之後,這暗示他在5-7節的行為可能是被稱為「不義」管家的原因,參Robert H. Stein, *Luke*, The New American Commentary 24 (Nashville: Broadman & Holman, 1992), 414. 其次,支援「管家浪費主人資財會使主人的榮譽受損」這一假設的文化背景資料並非充分有力,參Landry and May, "Honor Restored," 298-299. 學者為了使管家的行為合法化,負面推測主人的品行就更讓人難以接受了,如Landry and May 將比喻中的主人描繪成一個衝動的人(16:1-2聽信不一定可靠的告狀就開除管家)和一個粗心的人(16:8a他似乎並不知道或不關心管家的動機和他的財產損失),參Landry and May, "Honor Restored," 305. 總之,反對者認為,和經濟學解釋一樣,社會學解釋所依賴的第一世紀猶太-希羅文化背景並不確定,聖經文本以外的推測性假設太多,參Stanley E. Porter, "The Parable of the Unjust Steward (Luke 16:1-13): Irony is the Key," in *The Bible in Three Dimensions: Essay in Celebration of Forty Years of Biblical Studies in the University of Sheffield*, ed. David J.A. Clines, Stephen E. Fowl and Stanley E. Porter (Sheffield: JSOT Press, 1990), 133.

[47] 參 Porter, "The Parable of the Unjust Steward," 127-153.

行為不能實現他的自私目的，不能保障其將來；「沒有人能借不義的行為和對不義財富的精明管理獲得真正的安息和安全。」[48] Jung 在研究了「那永恆的帳幕」的原文意義之後，認為在 9 節的話具有諷刺性；而且聲稱 14 節中法利賽人對耶穌的嗤笑支援對整個比喻進行諷刺性解讀。Jung 這樣總結該比喻的要點：「藉著闡明人若以為可以依靠不義的錢財進天堂是多麼的愚蠢，該比喻教導人不能依靠地上的財富，而要聽從耶穌的話，忠心事奉神以得進永恆的居所。」[49]

諷刺性解釋的最大問題是讀者難以體會出比喻的諷刺意味。[50] 採取這解釋進路似乎僅僅是由於該比喻的難解（尤其是 8-9 節）；若有其他進路能夠合理解釋該比喻，就沒有必要採取諷刺性解釋了。[51] 在筆者看來，諷刺性解釋的確輕鬆地使得整段經文（16:1-13）邏輯自洽，但這個比喻的確很難讀出諷刺意味，包括最可能存在諷刺意義的 8-9 節在內的整段經文（16:1-13）都找不出 J. L. Ray 所總結的諷刺三個基本特徵。[52] 而且，該比喻諷刺

---

[48] Jung, "Reexamination of the Ironical Interpretation," 808.
[49] Jung, "Reexamination of the Ironical Interpretation," 825-826. M. Jerkins 採用諷刺進路的新近研究，雖然「政治正確」，但沒有為這解釋增加任何說服力，參 M. Jerkins, "Righteous Sinners and Free Slaves: Use of Irony in the Parable of the Unjust Steward and Slave Resistance in the Antebellum South," *Perspectives in Religious Studies* 48.4 (2021): 415-427.
[50] Ireland, *Stewardship and the Kingdom of God*, 78-79; Bock, *Luke 9:51-24:53, 1343*; Williams, "Is Almsgiving the Point of the 'Unjust Steward'," 293-97; Forbes, *The God of Old*, 176.
[51] Ireland, *Stewardship and the Kingdom of God*, 78-79.
[52] Jerry Lynn Ray, *Narrative Irony in Luke-Acts: The Paradoxical Interaction of Prophetic Fulfillment and Jewish Rejection*, Mellen Biblical Press Series 28 (Lewiston: Mellen Biblical Press, 1996), 40-42.

性解釋結果顯然偏離了本研究之目的。因此，本研究不採用其所有研究成果。

5. 文學進路

B. B. Scott 的文學進路雖曾一度引起學術界關注，[53] 但其對該比喻的要點是關於「神國、公正、弱者」的認識難以被多數學者認同。D. L. Mathewson 正確地指出，「該比喻的文本沒有顯示『公正』為其要點。」[54] 而在新近的文學進路研究中，R. S. Schellenberg 透過引進「轉義」（Metalepsis）的文學概念來解決主人對不義管家的誇獎（16:8a）與路加在比喻所嵌入的元敘述層面（metadiegetic narrative level）忠心當管家的敘述之間的衝突。[55] 所謂「轉義」，就是指不同敘述層面間的逾越。在比喻層面（即在當時的社會文化觀念中），主人對不義管家的誇獎是可以理解的（透過榮辱文化來理解就是其中比較有說服力的一個），但這不能解決其與路加在元敘述層面對管家當忠心的敘述之間的衝突。路加在這裡透過 8b 節引入另一個主（耶穌），並導出 9-13 節的格言，實現了不同敘述層面間的逾越，解決了兩個敘述層面間的衝突。[56] 此文學進路的解釋結論與傳統解釋高度

---

[53] Scott, "A Masters Praise," 174-77;
[54] Mathewson, "The Parable of the Unjust Steward," 31.
[55] Schellenberg, "Which Master?" 263. 元敘述層面（metadiegetic narrative level）在這裡就是比喻所嵌入的路加原敘述層面（Luke's primary narrative level）。Schellenberg, "Which Master?" 263, 282. 有關「轉義」概念，可參 Peter v. Möllendorff, "Metalepsis," *Oxford Classical Dictionary*, (28 Mar 2018), https://doi.org/10.1093/acrefore/9780199381135.013.8231.
[56] Schellenberg, "Which Master?" 263-265, 282.

一致，合乎「正典鑒別」原則，是對傳統解釋的有力支援。

小結

根據正典鑒別的原則和本研究的目的，通過以上對不義管家比喻主要解釋進路的回顧和評估，可以得出如下幾點結論。第一，傳統解釋對該比喻的詮釋過程和結果合乎正典鑒別的原則和本研究的目的。第二，傳統解釋對該比喻關鍵難點缺乏解釋的缺陷，可利用希羅-猶太「榮辱文化」來彌補。第三，引進「轉義」概念的文學進路解釋結果是對傳統解釋的有力支援。第四，其他解釋進路雖都有一定理據，但因與正典鑒別原則和/或本研究的目的有衝突而不宜採用。

經文背景：歷史和文學背景

「正典鑒別」不僅注重所詮釋經文的文學背景，尤其是其上下文背景，而且注重經文的相關歷史和社會學背景。[57]「不義管家比喻」的主要相關歷史和文學背景如下：

一、歷史背景

在第一世紀的巴勒斯坦，富有的地主常使用管家來料理家業。管家可以是受託管理家業的奴隸，也可能是自由人。本比喻中的管家，雖有學者堅持其奴隸身份可能性大，[58] 但根據比喻的描述，多數學者認為他更可能是自

---

[57] 參 Sanders, *Canon and Community*, 45
[58] Fabian E. Udoh, "The Tale of an Unrighteous Slave," *Journal of Biblical Literature* 128.2 (2009), 324.

由人。⁵⁹ 管家被視為主人的代理人，為了主人的利益代表主人行使管理和使用其產業的權力。猶太律法規定代理人所做的事代表主人自己的意願，就像主人自己做的一樣。⁶⁰ 路加福音 12 章 42 和 44 節顯明管家可以具有管理主人「一切所有」的權力，這可幫助我們理解該比喻中管家的地位和行為。

比喻中的那些欠主人債的很可能是佃農，他們需要按照租賃合同將收成的一部分交給地主。⁶¹ 從該比喻可見，那些佃農所欠主人的債務數量很大。第一位所欠一百簍橄欖油，約 850 加侖，相當於 150 棵橄欖樹一年的產量，值 1000 地拿利（古羅馬錢幣）。第二位所欠一百石麥子，約 32000 公升，相當於 100 畝地一年的產量，價值 2500 地拿利。⁶² 佃農們欠債如此巨量，可能所租賃的土地面積很大（就像大承包商），也可能是小佃戶多年累積的

---

⁵⁹ 比喻描述管家是被辭退而非降職或其他處罰，可見他不是奴隸而是受聘的自由人，參馮蔭坤：《擘開生命之餅——路加五個獨有的比喻》（香港：基道，1992），48；季納：《新約聖經背景註釋》，劉良淑譯（臺灣新北市：校園書房，2017），252。有許多學者支援管家是自由人的觀點，如 W. R. Herzog, *Parables as Subversive Speech: Jesus as Pedagogue of the Oppressed* (Louisville: Westminster John Knox, 1994), 241-243; L. Marulli, "And how much do you owe...? Take your bill, sit down quickly, and write ... (Luke 16:5-6)," *Tyndale Bulletin* 63.2 (2012): 201; Luise Schottroff, *The Parable of Jesus*, trans. Linda M. Maloney (Minneapolis, MN: Fortress, 2006), 158; E. van Eck, "Realism and Method: The Parables of Jesus," *Neotestamentica* 51.2 (2017): 179.

⁶⁰ 參 J. Duncan M. Derrett, *Law in New Testament* (London: Darton, Longman & Todd, 1970), 52; Herzog, *Parables as Subversive Speech*, 243；斯諾德：《主耶穌的比喻》，782。

⁶¹ 學者們認為比喻中的債戶可能是批發商或佃戶，著者贊同 Eek, Snodgrass, Marrlli 及 Oakman 等的分析，認為佃農的可能性更大，參 Eck, "Realism and Method," 177-78.

⁶² 季納：《新約聖經背景註釋》，253。

債務。從管家希望將來被接到他們家裡去，可以合理地推斷前者可能性比較大。

要理解該比喻如何運作，必須拋開西方罪疚文化（guilt and innocence）的思維方式，瞭解並按照第一世紀地中海社會的榮辱文化（honour and shame）來理解比喻中管家和主人的行為。事實上，榮辱文化不只是當時猶太-希羅社會的一種主流文化，也是從古至今包括大部分中東、亞洲、北非、南美在內約佔世界70-75%地區的社會文化。這種社會文化與西方的罪疚文化和原始部落的敬畏文化（fear and power）不同，是理解該比喻的重要社會文化背景。[63] 比喻中的管家深諳猶太-希羅社會的「榮辱文化」，料定主人不會否定他減免佃戶債務的既成事實，因為在其社會文化中「榮譽比財富更重要」。[64] 處在這種社會文化中的耶穌和他的聽眾，以及福音書作者路加和他的原讀者，都應當對這個比喻心領神會，而被西方罪疚文化薰陶的現代讀者卻疑問重重。 此外，雖然經外古代文獻記載有「借貸麥子必須償還百分之一百五十」的合約例證，[65] 但不能因此推斷這個比喻中主人或管家對佃戶所欠債項收取了高利息，因為比喻本身沒有這種暗示，而且摩西律法禁止向同胞的借貸收取利息（出 22:25；利 25:35-37；申 23:19-20）。

---

[63] 參 Marlene Yu Yap, "Three Parables Through Honour and Shame Lens," *Asian Journal of Pentecostal Studies* 19.2 (2016): 207.
[64] Kloppenborg, "The Dishonoured Master," 488.
[65] 參斯諾德：《主耶穌的比喻》，782，註腳 73。

二、文學背景

學者們通常認為路加福音主要有兩個資料來源：馬可福音和 Q 底本。但路加還有一些其他符類福音所沒有的獨特資料（L 底本）。路加福音中有 14 個比喻是路加獨有的資料，不義管家的比喻是其中之一，[66] 被置於「耶穌前往耶路撒冷之行」（9:51–19:27）的中間。

在往耶路撒冷的旅程佈道中，耶穌的聽眾包括他的門徒、被他吸引的群眾（包括款待他的人）、和敵視他的文士及法利賽人。儘管在有些情況下，作者會指明耶穌的聽眾是其中某一類人，但讀者當記住耶穌公開講道的原聽眾事實上包括了以上三類人。該比喻正是這樣：儘管路加指明該比喻的對象是門徒（16:1），但法利賽人顯然也是聽眾之一（16:14），[67] 還可能有其他群眾。

許多學者已經注意到該比喻與緊接上文「浪子的比喻」（15:11–32）的聯繫，例如：二者都以 ἄνθρωπός τις（有一個人）開頭（15:11；16:1），都有 διασκορπίζω（浪費）資財（15:13；16:1），都面臨致命危機（15:15-17；16:3），以及父親或主人「令人驚奇」的反應（15:20-24；16:8）等。[68] 但這些聯繫主要是在詞彙的使用和描述方式上，而非在主題上。事實上，16 章的主題有一個明顯的轉向：從 15 章「天父兒女的失而復得」轉向「天國子

---

[66] 參德席爾瓦：《21 世紀基督教新約導論》，紀榮智和李望遠譯（臺灣新北市：校園書房，2013），341–346。
[67] 參 Jeffrey Durkin, "A Cultural Reading of Luke 16:1-9," *Journal of Theta Alpha Kappa* 31.2 (2007): 8-9.
[68] Green, *The Gospel of Luke*, 587.

民的財富觀」。換句話說，該比喻與下文（16:14-31）有更加重要和緊密的聯繫。因此，大多數釋經書將16章視為一個單元，放在與錢財有關的標題之下。[69] 但有不少學者將該比喻本身（16:1-8a）與緊接比喻的耶穌教訓割裂，認為8b-13節是聖經作者或早期教會對耶穌比喻的誤解。[70] 這違背了「正典鑒別」所強調的在「聖經正典」的背景下閱讀和解釋特定文本的原則，故本研究不接受這樣的觀點。

這個比喻是如此難解以至於幾乎沒人懷疑它是出於主耶穌。[71] 但比喻本身的難解並非導致學者們意見分歧的唯一原因，因缺乏詮釋比喻的知識而「濫用遊戲規則」的人也相當多。[72] 按照斯諾德對耶穌比喻的分類，這個比喻屬於「單一的間接敘事」比喻。[73] 這類比喻有以下「並不十分特別」的特點。首先，它多為一種正面或負面的「範例故事」。第二，它常強調聽眾價值觀的逆轉，

---

[69] "Generosity: Handling Money and Possessions", see: Bock, *Luke 9:51-24:53*, 1322; "Kingdom Economics", see: Green, *The Gospel of Luke*, 586; "Use and Abuse of Riches", see: John Nolland, *Luke 9:21-18:34*, Word Bible Commentary 35B (Dallas, TX: Word, 1993), 792; "Teachings Concerning Wealth", see: Craddock, *Luke*, 188; "'Once There Was a Rich Man': Money and the Torah", see: Schottroff, *The Parable of Jesus*, 157.
[70] 持這種主張的學者如 A. Loisy, C. H. Dodd, J. Jeremias 和 K. E. Bailey 等，參 Ireland, "A History of Resent Interpretation," 300.
[71] 參斯諾德：《主耶穌的比喻》，774，註腳59；Bock, *Luke 9:51-24:53*, 1325.
[72] Richard Trench 在1864年就驚歎人們在詮釋這個比喻時「濫用遊戲規則」的現象，參 R. C. Trench, *Notes of the Parables of Our Lord* (London: Kegan Paul, 1889), 405. 事實上，這個現象時至今日仍然很常見。
[73] 斯諾德：《主耶穌的比喻》，53，775。

即從世俗的價值觀轉向神國的價值觀。[74] 第三，這類比喻有完善的故事情節。[75] 同時，該比喻也是一個「豈不更」或「何況」的比喻。[76] 這是一種「由弱及強的論證」。[77] 換句話說，在這類比喻的要義中直接或隱含著「豈不更」或「何況」的論證邏輯。如果斯諾德的分類沒錯，這個比喻的要義就在於：不義的管家/今世之子（面對危機）尚且知道使用所管理的財富為今生的將來打算，基督的門徒/光明之子（面對末世危機）「豈不更」當在財富的管理和使用上為永恆的將來打算嗎？

經文詮釋：在正典鑒別原則下重新詮釋經文

在路加福音記載的耶穌前往耶路撒冷之旅（9:51-19:44）的系列講道中，兩次出現以神國財富觀為主題的講道，第一次在 12 章 13-34 節，第二次在 16 章 1-31 節。「不義管家」的比喻（16:1-13）是耶穌第二次財富主題講道的一部分，由耶穌所講的比喻故事本身（16:1-8a）、耶穌的評論（16:8b）、應用（16:9）及進一步引申教訓（16:10-13）構成。筆者反對因解釋困難而將比喻本身與其後的評論、應用和引申教訓割裂開來的做法；認為按照合乎「正典鑒別」原則的傳統解釋進路，這段經文

---

[74] 但其他類型的比喻也常呈現行為「範例」；有時這類比喻逆轉意義不明顯，而其他類型的比喻也可能強調這種逆轉。可見以「範例故事」來標籤「單一的間接敘事」比喻並不準確。斯諾德：《主耶穌的比喻》，52。
[75] 但與「雙重的間接敘事」比喻不同，此類比喻沒有「雙層的主題」，參斯諾德：《主耶穌的比喻》，53-54。
[76] 參斯諾德：《主耶穌的比喻》，55，775。
[77] Mathewson, "The Parable of the Unjust Steward," 33; Bailey, *Poet and Peasant and Through Peasant Eyes*, 105; Williams, "Is Almsgiving the Point of the 'Unjust Steward'?" 294-95.

可以得到前後一致並與聖經相關教導合一的解釋。對傳統解釋的不足之處，即對比喻故事本身（16:1-8a）的合理性，特別是對比喻的關鍵難點（8a 節中主人為何誇獎不義的管家辦事聰明）缺乏解釋，本文將按照「正典鑒別」的包容性原則，利用社會學解釋中的「榮辱文化」研究成果來加以補充，並借用古代文學的「起、承、轉、合」來描繪比喻故事的情節發展。[78] 對於比喻如何運作，本文將引介「轉義」文學概念來支援傳統解釋。這段經文的結構如下：

一、比喻本身（16:1-8a）
  1. 前因（「起」，16:1）：管家被告浪費主人資財
  2. 危機（「承」，16:2-3）：管家面臨失業的危機
  3. 轉機（「轉」，16:4-7）：管家想到解決危機的辦法並行動
  4. 結果（「合」，16:8a）：管家得到主人的誇獎
二、耶穌的評論和應用（16:8b-9）
三、比喻的引申教訓（16:10-13）

一、比喻本身（16：1-8a）

1. 前因（「起」，16:1）：管家被告浪費主人資財

---

[78] 按照中國古代文學作品以「起、承、轉、合」來分析這個比喻故事（16:1-8a）【相對於亞里士多德用開始（Exposition，相當於"起"）、中段（Climax，相當於"承和轉"）、結束（Resolution，相當於"合"）來描繪故事的情節發展（Plot）】，可見其結構完整而清楚，參吳慧芬和劉崇賜：《聖經詮釋：研讀舊約和新約》（Seremban: Seminari Theologi Malaysia, 2017），222-224。

「耶穌又對門徒們說」（16:1a）這連接上下文的表述，顯明耶穌的主要講話物件從上文的法利賽人和文士（15:2-3）轉移到門徒，同時講道的主題也發生了轉移。[79] 而從 Ἔλεγεν δὲ καὶ 這片語無法知道耶穌何時何地講了這比喻。[80] 這比喻故事中的主要角色是一個富有的主人和他的管家（οἰκονόμος）。管家負責管理主人的財產。[81] 事情的起因是有人向主人狀告管家「浪費」（διασκορπίζω）主人的資財。Διασκορπίζω 的意思是「散」（財），即「浪費」（資財）；聖經中這個詞當作「浪費」（資財）解，只在這裡和上一章浪子的比喻中出現（15:13）。[82] 這個詞在這裡採用「現在分詞」形式 διασκορπίζων，顯明管家浪費主人的資財是「一直不斷」或「經常性」的動作，而非一次性簡單動作。[83] 管家的行為不僅造成主人的財富損失，更表明管家已經失去了對主人的「忠心」——主人對管家的基本要求（12:42-46；林前4:2）。根據希羅-猶太榮辱文化，比錢財損失更重要的是管家的行為損害了主人的榮譽，因為在公眾輿論法庭中受審的不是管家而是主人，人們會認

---

[79] 耶穌的講道主題從15章「天父兒女的失而復得」轉向16章「天國子民的財富觀」。
[80] Bock, *Luke 9:51-24:53*, 1327.
[81] 參 BDAG 697-98; Otto Michel, "οἰκονόμος", in *Theological Dictionary of New Testament*, ed. G. Kittel and G Friedrich; trans. G. W. Bromiley (Grand Rapids, MI: Eerdmans, 1987), 5:149-50. 從這段經文的描述（管家僅是被辭，未受其他懲罰；及其無力鋤地的獨白）看，這管家是自由人的可能性大，他全權代表主人管理主人的財產。
[82] 參 BDAG 236.
[83] 參傅約翰：《簡明希臘文教程》（上海：上海交通大學出版社，2009），6，75。這是一個副詞性分詞，引導原因從句修飾動詞 διεβλήθη。

為主人對僕人缺乏管教。[84] 這就好像中國文化中的「子不孝，父之過」。所以，接下來主人開除管家的決定便是理所當然的了。

2. 危機（「承」，16:2-3）：管家面臨失業的危機

主人在收到關於管家浪費其資財的控告後，召來管家，質問他的不義行為，並向他宣佈了開除其管家職分的決定，且要求管家在離職前交清所管帳目。主人的質問方式 "τί τοῦτο ἀκούω περὶ σοῦ;"（我聽見關於你的這（是）甚麼事呢？），顯明他已經相信了對管家的控告。[85] 他命令管家交出帳簿，[86] 目的不太可能是要查賬以確認管家所受控告是否屬實，更可能是要管家離職前將其所管理的財產帳目交代清楚。這可以從緊接著的原因狀語從句 οὐ γὰρ δύνῃ ἔτι οἰκονομεῖν（因為你不能再作管家了）得以瞭解；這個原因從句顯明主人已經做出了開除管家的決定。比喻中管家始終沒有為自己申辯，暗示他承認自己所受指控不虛。[87] 離職前整理並交清帳目是他在管家職任上必須做的最後一件事。

---

[84] 參 Kloppenborg, "Dishonoured Master," 489.

[85] 這質問方式或成語（idiom）在創世紀中多次使用（創 4:10；12:18；20:9；29:25 等），在新約中則只有路加使用（路 16:2；徒 14:15），是一種責問。另參 F. Blass, A. Debrunner and R. W. Funk, *A Greek Grammar of the New Testament and Other Early Christian Literature* (Chicago, IL: University of Chicago Press, 1961), BDF§299; Norland, *Luke 9:21-18:34*, 797; Fitzmyer, *The Gospel According to Luke X-XXIV*, 1100; I. H. Marshall, *The Gospel of Luke: a commentary on the Greek text* (New International Greek Testament Commentary; Grand Rapids, MI: Eerdmans, 1978), 617.

[86] 原文中動詞 ἀπόδος 二單簡過命主 αποδιδωμι，交付。簡過命令表示一個要開始的動作。

[87] Bock, *Luke 9:51-24:53*, 1328.

面臨失業危機，管家不得不為自己的將來打算。第 3 節中管家的獨白生動地表現了他面對危機時的內心最大關注。這獨白中，主句是 τί ποιήσω;（我將來做甚麼呢？）[88] 換句話說，這獨白的重點在其將來可以做甚麼來維生。後面 ὅτι 引導的原因從句補充說明管家有此一問的原因是主人已經決定了開除他。管家自答：「鋤地嘛，無力；討飯嘛，怕羞（αἰσχύνομαι, dishonour）。」鋤地是艱苦的體力勞動，作為「白領」的管家自認不能勝任鋤地的工作，而且在榮辱文化中，當管家的變成鋤地的，顯然是一件丟份的事。[89] 討飯就更是一件讓人倍感羞辱的事了，尤其對一個原有相當榮耀地位的管家來說。[90] 因此，危機中的管家必須竭力另尋生路。

3. 轉機（「轉」，16:4-7）：管家想到解決危機的辦法並行動

管家很快就想到一個「好辦法」，可以解決他所面臨的危機。那就是趁他被開除的消息尚未傳開，手中的權力尚未交出之前，減免那些債戶所欠主人的債項，以期在他被開除之後，可以得到這些債戶的回報，接他到他們

---

[88] ποιήσω 一單將來陳主，ποιέω，做。進行性將來式（progressive future）：What am I going to do?

[89] 參 Ndekha, "I am not strong to dig and I am afraid to beg," 2-3. 而 Plummer 認為這是一個「習語」（common idioms），見 A. Plummer, *A critical and exegetical commentary on the gospel according to S. Luke*, 2nd. ed., International critical commentary (Edinburgh: T & T Clark, 1922), 383; E. Schweizer, *The good news according to Luke*, trans. D. E. Green (Atlanta, GA: John Knox Press, 1984), 254.

[90] Ndekha, "I am not strong to dig and I am afraid to beg," 2-3. 這裡的 ἐπαιτέω（乞討, 討飯）一詞只在路 18:35 出現過。Plummer, *A critical and exegetical commentary*, 383; BDAG 357-58.

家裡去（16:4）。[91]「接到他們自己家裡去」的意思是「得到他們的關照或聘用」。[92] 這管家的內心獨白，顯明他減免債戶所欠主人的債項，完全是為了自己的將來打算，不存在為了挽回主人榮譽的任何暗示。[93]

管家立刻將他的計劃付諸行動。他一個一個叫來主人的債戶，大幅度減免他們所欠主人的債項（16:5-7）。有意思的是，管家為何十分清楚卻故意讓債戶自己說出所欠多少。Fitzmyer 認為這是一種心理暗示，為要債戶更加感激他們得到的好處。[94] 從管家減免債戶所欠的內容（油和麥子）及數量來看，這些債戶很可能是佃農；他們按土地租賃合同將收成的一部分交給地主。[95] 這些債務得到減免的佃戶一定會以為這是出於主人的慷慨而感激主人，因為管家被認為是代表主人的旨意行事。[96] 當然債戶也會對「忠實」執行主人旨意減免他們債項的管家表示感謝。

---

[91] 第 4 節的主句是 ἔγνων τί ποιήσω（我知道要做甚麼了），後接 ἵνα 引導的目的狀語從句：「好叫在我從管家職份上被開除之後，他們可以接我到他們自己家裡去。」其中 δέξωνται（接待）採用簡過的虛擬語氣，表示一個「要開始的動作」，暗示這事以前沒有發生過。
[92] Bock, *Luke 9:51-24:53*, 1329.
[93] 但 Landry 和 May 卻主張，管家在面臨被解僱的危機時所採取的行動（16:5-7），首先是要挽回主人榮譽，同時也為自己的將來打算，實在是聰明之舉，參 Landry and May, "Honor Restored," 294. 筆者對 Landry 和 May 這觀點的批判詳見文獻回顧中（第 86-89 頁）。
[94] 參 Fitzmyer, *The Gospel According to Luke X-XXIV*, 1100; Bock, *Luke 9:51-24:53*, 1329. 筆者同意這分析，但必須問的是債戶因此而感激的是誰。
[95] Eck, "Realism and Method," 177-78.
[96] Derrett, *Law in New Testament*, 52; Herzog, *Parables as Subversive Speech*, 243; 斯諾德：《主耶穌的比喻》，782。

學者對 5-7 節中管家的行為有多種不同的解釋，大體上可分為兩大類，一類是將管家的行為從道德上進行合法化；另一類則強調這是管家面臨危機為自己的將來打算而採取的行動，無需將其合法化。通過文獻回顧可以清楚看到：經濟學解釋、社會學解釋和以往的文學進路均屬於前一類；而傳統解釋、諷刺性解釋和文學進路中新近的「轉義」解釋屬於後一類。前一類解釋對比喻主題的理解五花八門，而後一類均理解比喻的主題是關於神國財富觀。前一類解釋無法將比喻與其后的教訓（16:10-13）聯繫起來，而後一類解釋不但將二者聯繫起來而且認為 1-13 節是一個完整的單元。

在前一類解釋中，社會學解釋用榮辱文化來解釋管家在 5-7 節中的行為有相當的說服力，但其將管家的行為合法化的努力得不到經文本身的支援，更在解釋「債戶為何要在管家被解僱後願意接待（聘用）他」的問題上不能自圓其說。[97] 試圖合法化管家行為的經濟學解釋同樣沒有經文支援。相反，若仔細閱讀經文，可見在第 5 節中使用的名詞所有格 "τοῦ κυρίου ἑαυτοῦ" 限定了債戶是「主人自己的」，而且管家的問話 "πόσον ὀφείλεις τῷ κυρίῳ μου"（你欠我主人多少）再次明確債戶所欠的是主人的債。[98] 而 Scott 的文學進路則在對比喻主題的理解上缺乏

---

[97] 詳見本文第 86-89 頁的文獻綜述中，筆者對社會學解釋的評論。
[98] 此外，第 6 節中修飾主要動詞 "δέξαι"（拿來）和 "γράψον"（寫）的副詞 "ταχέως"（立刻）反應管家害怕這被主人知道而計劃落空的焦急心情。這也不利於合法化管家行為的解釋。

文本本身的支援。[99] 因此，按照「正典鑒別」原則，筆者必須否定將管家行為合法化的前一類解釋進路，而選擇後一類解釋進路。但是，這並不表示前一類解釋的研究沒有意義，「正典鑒別」的包容性允許利用任何進路的研究成果。筆者結合本研究的目的，選擇傳統解釋進路，但傳統解釋顯然也有無法忽視的缺陷，就是對比喻的關鍵難點（16:8a）缺乏令人信服的解釋。本文接下來將利用社會學解釋中對猶太-希羅榮辱文化背景的研究成果來解釋該比喻的關鍵難點，以彌補傳統解釋的缺陷。

4. 結果（「合」，8a）：管家得到主人的誇獎

從「起承轉合」的故事發展規律看，8a 節 καὶ ἐπῄνεσεν ὁ κύριος τὸν οἰκονόμον τῆς ἀδικίας ὅτι φρονίμως ἐποίησεν·（那主人就誇獎這不義的管家辦事聰明）[100] 顯然是比喻故事的結果（「合」）或結束語。大多數學者都同意該比喻結束在 8a 節。[101] 按此理解，8a 節中的 κύριος 當是

---

[99] Scott 認為"公正"是比喻的重要主題。 Scott, "A Masters Praise," 174-77; 對 Scott 解釋的批評，參 Mathewson, "The Parable of the Unjust Steward," 31.
[100] 8a 節中的 ὅτι 可理解為作連詞引導原因從句修飾主要動詞 ἐπῄνεσεν（誇獎，稱讚），表達主人誇獎管家的原因；或理解為引導賓語從句或間接引語，表達主人誇獎管家的內容。有趣的是幾乎所有中文譯本好像都是後一種理解，將 8a 譯為「主人就誇獎這不義/不誠實的管家做事聰明/精明/機警」；而幾乎所有英文譯本卻一致地表現出上述第一種理解，都譯為"because"引導的原因從句。但二者所表達的意思沒有本質區別。此外，這裡 φρονίμως（副詞）和 8b 節中的 φρόνιμος（形容詞）沒有負面意思，和新約中其他經文（如 12: 42；林前 10:15；太 7:24； 10: 16； 25:2, 4, 8f 等）一樣表示「聰明」（prudent, wise, shrewd），參 BDAG 1066.
[101] 參見註腳 18。

比喻中的主人而不是主耶穌。[102] 然而該比喻的關鍵難點也在 8a 節：主人為何會誇獎「不義的」管家辦事「聰明」？傳統解釋強調主人所誇獎的是管家在危機中為自己的將來打算之「聰明」，其行為屬不誠實的欺詐行為但不是重點；即傳統解釋採用一種「由弱及強的論證」，以負面例子帶出正面教訓。[103] 然而，傳統解釋顯然未能正面回答這個比喻的關鍵難點。主人在被管家欺詐后的奇怪反應需要一個合理的解釋。

如前所述，新近的社會學解釋中，以榮辱文化解釋管家的行為具有相當強的說服力，只可惜因其試圖將管家的行為合法化而使整個比喻的解釋同經濟學解釋一樣失去了說服力。事實上，如果能放棄對管家行為的合法化，榮辱文化可以用來完美解釋「為何主人會誇獎不義的管家辦事聰明」這個關鍵難點。當得知管家在 5-7 節中的不義行為后，主人面臨兩個選擇。第一，宣告管家減免債項的決定無效，因為他已經被開除，他減免債項的做法是「損人利己」的非法行為。若這樣做，必然激起債戶們甚至整個社區對主人的憤怒，因為管家是主人在財富管理上的全權代表，這種出爾反爾的做法必然受到社會輿論的譴責。因此，這個選擇雖可暫時挽回經濟損失，主人的榮譽卻將遭受極大的傷害。第二，主人為了自己

---

[102] 也有學者如 J. Jeremias 認為 8a 中的 κύριος 指主耶穌。J. Jeremias, *The Parables of Jesus*, 3rd ed. (London：SCM, 1972), 45, 182. 若這樣解釋，比喻就結束在第 7 節，比喻故事失去完整性（沒有 Resolution, "合"）。

[103] Snodgrass, *Stories with Intent*, 416; Mathewson, "The Parable of the Unjust Steward," 29-39; Ireland, *Steward and the Kingdom of God*, 5-47; Joel B. Green, *The Gospel of Luke*, 592-95; 斯諾德：《主耶穌的比喻》, 54-55。

的榮譽和長遠利益而隱忍，接受既成事實，承認管家的做法的確聰明。在「榮譽比財富更重要」的榮辱文化中，主人做出第二種選擇是理所當然。深諳猶太-希羅「榮辱文化」的管家，聰明之處就在於他提前料定了主人的選擇。[104] 身處榮辱文化中的耶穌和他的聽眾，及福音書作者路加和他的原讀者，都應該容易理解比喻中主人的選擇。可見，榮辱文化可以很好地解釋這比喻故事本身的合理性。但尚不足以據此瞭解該比喻如何運作，無法確定比喻本身所要表達的要點，除非接著讀完 8b-13 節。

二、耶穌的評論和應用（16:8b-9）

第 8b 節直譯為「因今世之子應付自己的世代是在光明之子之上」，意譯為「因今世之子應付自己的世代比光明之子更加聰明（和修版）」。[105] 這是路加用轉接連詞 ὅτι（因為）所帶出的主耶穌對比喻故事結局（16:8a）的評論。這裡關於「今世之子」的話顯然指向比喻中管家面對失業危機知道為自己將來打算的聰明做法，並將其與「光明之子」（面對末世危機如何為自己永恆的將來打算）進行比較，且評論說「今世之子...比光明之子更加聰明。」耶穌的評論隱含著對光明之子的責備和批評。換句話說，8b 節隱含著一種「由弱及強的論證」：今世

---

[104] 參 Hans J. B. Combrink, "A Social-Scientific Perspective on the Parable of the 'Unjust' Steward (Lk16:1-8a)," *Neotestamentica* 30.2 (1996): 302-03.

[105] 8b 節中的「聰明」是形容詞形式，與 8a 節中副詞形式的「聰明」，12:42 所用來形容忠心按時分糧的管家以及十個童女比喻中用來形容預備了燈油的五個童女的（太 25:2, 4, 8, 9）是同一個詞——φρόνιμος，后兩個比喻的主旨都是要人預備迎接主再來，參 Georg Bertram, "φρόνιμος", in *Theological Dictionary of New Testament* ed. G. Kittel and G Friedrich; trans. G. W. Bromiley (Grand Rapids, MI: Eerdmans, 1988), 9:234.

之子（面對失業危機）尚且知道使用所管理的財富為自己的將來打算，光明之子（面對末世危機）豈不更當在財富的管理和使用上為自己永恆的將來打算嗎？這就是傳統解釋的邏輯。這解釋與後文（16:19-31）及前文（12:13-34）中耶穌以神國財富觀為主題的講道要點具有「內在一致性」。

Schellenberg 在新近的研究中引進「轉義」（Metalepsis）的文學概念來解決比喻故事與其嵌入的路加原敘述層面之間的衝突。[106] 其解釋結果與傳統解釋完全一致。Schellenberg 解釋說，路加在這裡透過 8b 節引入另一個主（耶穌），並匯出第 9 節的應用和 10-13 節的引申教訓，實現了兩個不同敘述層面間的逾越，從而解決了兩個敘述層面間的衝突。[107] 這新近的解釋與傳統解釋殊途同歸，是對傳統解釋的有力支援。

路加在主耶穌對比喻的評論（16:8b）之後，然引入主耶穌對比喻的應用（16:9）。καὶ ἐγὼ ὑμῖν λέγω（16:9a，我又告訴你們）這片語是在提醒聽眾注意，為強調接下來所要講的這句話的重要性。[108]「你們要用不義的錢財為自己結交朋友，好叫（錢財）無用的時候，你們可以被接到那永恆的帳幕裡去聰明」（16:9b）。特別值得注意的是，這節應用經文與比喻的第 4 節有明顯的平行對應關係，兩節經文不僅句型結構相同，而且有多達4處共5

---

[106] Schellenberg, "Which Master?," 263.
[107] Schellenberg, "Which Master?," 263-265, 282.
[108] Bock, *Luke 9:51-24:53*, 1333. 路加對這片語的使用另見 11:9；13:35b；15:7；18.8, 14 等。

個相同的用詞（見圖2）。而第4節正是比喻故事敘述中隱含比喻要點的「轉」環節；[109] 這顯明第9節是比喻的「原初應用」（original application）而非「主題相關性格言」（thematically related saying）或引申教訓（additional application/implication）。[110]

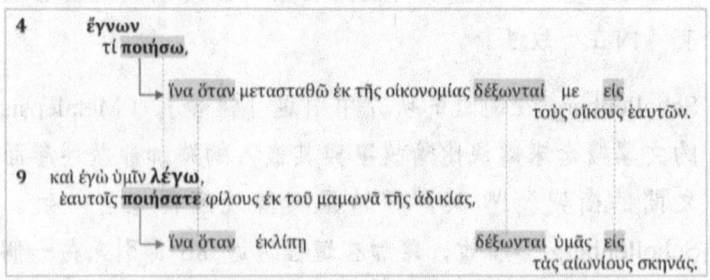

圖2：路16:4與16:9的句型和用詞對比

第9節中 ποιήσατε 採用「簡過」命令，表示「要開始一個動作」，即耶穌命令祂的門徒要開始用不義的錢財結交朋友，暗示這是他們過去沒有做到的，現在要開始這樣做。這與8b節中「責備」光明之子不夠聰明是一致的。μαμωνᾶ（瑪門）是亞蘭文詞語，原意為「人所依靠之物」。[111] 耶穌使用這個詞描述錢財，可能是要用它的原意來暗示錢財是外邦人的依靠之物，與光明之子當依靠的神相對。[112] μαμωνᾶ τῆς ἀδικίας（不義的錢財）呼應上一節「不義的管家」，而後者又對應「今世之子」，因此「不義的錢財」就是「今世的錢財」（worldly wealth）

---

[109] 吳慧芬和劉崇賜：《聖經詮釋》，223-24。
[110] 筆者認為9節和10-13節雖不宜分割，卻是不同層次的應用；不贊同Bock等將9-13節一同歸於比喻的引申應用。參Bock, *Luke 9:51-24:53*, 1333.
[111] Fitzmyer, *The Gospel According to Luke X-XXIV*, 1110.
[112] 鮑維均：《路加福音（卷下）》，150。

的意思。[113] 但這裡 τῆς ἀδικίας 也可理解為「結果的所有格」，即常「導致不義的」錢財。[114] ὅταν ἐκλίπῃ 可譯為「當（錢財）用盡/無用（to fail, end）的時候」；[115] 其最可能的意思是人死亡的時候或世界結束的時候。從與財富主題相關的上下文（12:16-21；16:19-31）看，這兩種可能都有。事實上，二者沒有實際的差別，因都是人完全不能選擇的。[116]

第 9 節是理解這個比喻如何運作的關鍵。透過這節經文，耶穌將比喻的要點引向神國財富觀：門徒/神國子民是神的財富管家（就像比喻中受託管理主人財產的管家），在末世危機中當為自己永恆的將來打算（就像比喻中面臨失業危機的管家為自己今生的將來打算），用受託管理的財富接濟有需要的人[117]（就像比喻中的管家減免佃戶的債項），好叫錢財無用的時候可以被接到永恆的帳幕中去[118]（就像比喻中的管家在失業后可以被接到債戶

---

[113] 鮑維均：《路加福音（卷下）》，150。
[114] 換句話說，不是錢財本身有什麼不義，而是它容易導致人的不義；引誘人悖逆神而去侍奉它（參 13 節）。
[115] Moisés Silva, ed., "λείπω" in *New International Dictionary of New Testament Theology and Exegesis* (Grand Rapids, MI: Zondervan, 2014), 3:102.
[116] 斯諾德：《主耶穌的比喻》，802。
[117] 耶穌在本節的意思不僅是要門徒接濟窮人，更是要我們善用財富在神國的事工上。這理解也可從 11 節中得到，參馮蔭坤：《擘開生命之餅》，54。
[118] 這裡「接」這個動作的發出者是誰？學者認為可能是受接濟的「朋友」、天使、或神自己。但原文採用的是被動語態 δέξωνται ὑμᾶς（你們可以被接），未標明「接」這個動作的發出者；可見誰是「接」這個動作的發出者不是重點。這很可能是隱藏動作發出者神自己的委婉說法（另見 6:38；12:20, 48；14:35 等）。從神學角度，也應是神接我們進永恆居所（約 14:3）。但三種選擇無本質差異，因為能進永恆帳幕的都是已經被神接納的，無論是人還是天使都是代表神來迎接「你們」，參 Bock, *Luke 9:51-24:53*, 1334；斯諾德：《主耶穌的比喻》，802-03；鮑維均：《路加福音（卷下）》，150-51。

家裡去）。這正是路加著作乃至整本聖經所教導的神國財富觀；顯明本解釋合乎「正典鑒別」原則。到此，耶穌進一步的引申教訓（16:10-13）就順理成章了。

三、比喻的引申教訓（16:10-13）

第 10-13 節是耶穌對這個比喻的引申教訓，圍繞「忠心」（πιστὸς）這一主題展開。其中，10-12 節是一組平行對偶言訓，並與上文 1-9 節和下文 13 節透過「財富」主題密切關聯。從圖 3 可見：「最小的事」（16:10）、「不義的錢財」（16:11）和「別人的東西」（16:12）縱向平行對應，分別橫向對應於「大事」、「真實的錢財」和「自己的東西」。前者指神國子民在地上暫時託管的財富，後者指其在天上的永恆財富（12:33；19:17；申 8:18）。[119] 這組對偶言訓的要點是，人在屬世的錢財上忠心才能得著天上的永恆財富。

在第 10 節中，10a 節和 10b 節是同一個意思的正反表達，「忠心」（πιστὸς）與「不義」（ἄδικός）成為反義詞。換句話說，「忠心」是「義」（δίκαιος）的近義詞。[120] 因此，10 節教導「忠心」的品格。有這品格的人無論在小事還是大事上都必「忠心」，反之亦然。主人所要求管家或神所要求祂子民的豈不正是他的「忠心」嗎（林前 4:2）？[121] 一個人是否有「忠心」的品格從小事上即可反映出來。第 11 節是第 10 節所講道理的例證，由 οὖν

---

[119] 鮑維均：《路加福音（卷下）》，152。
[120] 參註腳 82 和 83。
[121] 參 Bock, *Luke 9:51-24:53*, 1335; Marshall, *The Gospel of Luke*, 623.

（所以）引導，使聽眾回到比喻所要表達的神國財富觀主題，其直譯為「所以，若是你們在不義的錢財上不忠心，誰會把那真實的託付給你們呢？」。這裡「託付」（πιστεύσει）一詞表明神國子民不過是受神所托的「財富管家」的觀念。人若在神所託付的像錢財這樣短暫而虛空的小事上不忠心，神豈會將祂未來國度里永恆而真實的大事託付給我們呢？

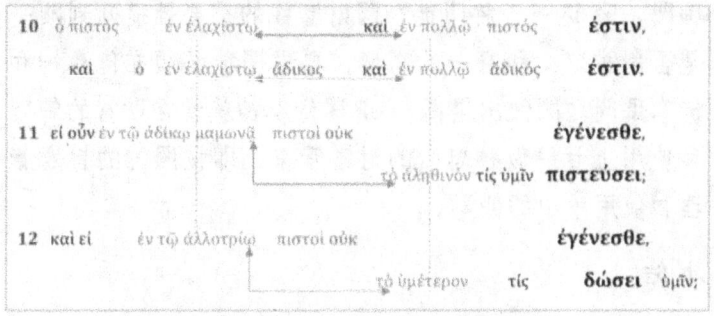

圖 3：路 16:10-12 的平行對偶關係

第 12 節進一步從「管家職份」的角度論證神對子民「忠心」的要求，直譯為「若是你們在別人的（東西）上不忠心，誰還會把你們自己的（東西）給你們呢？」作為神的財富管家，我們所擁有的只是財富的管理和使用權而非主權。若我們不能忠心按照神的旨意管理和使用祂託付我們的錢財，神豈會把那本屬於我們的東西，就是祂在創世以來為我們所預備的（太 25:34），給我們呢？[122]

---

[122] 耶穌在 10-12 節的教訓與 19 章「十錠銀子的比喻」（路 19:17）和馬太福音 25 章「按才受託的比喻」（太 25:21, 23）中所體現的神對他僕人（管家）的忠心要求完全一致。

第13節是這個比喻引申教訓的結尾和高潮，其內容與馬太福音6章24節完全相同。這是路加和馬太共同大量使用的耶穌言訓（即所謂「Q底本」）之一。路加和馬太在使用共同的耶穌言訓時，常將其置於不同的上下文處境，各有不同的應用和目的。[123] 路加將這段耶穌言訓放在該比喻引申教訓的結尾，所要強調的是門徒必須專一事奉神，做神忠心的財富管家，而不能又侍奉神又事奉瑪門。[124] 這一下將門徒神國財富觀的重要性提升到關乎是否對神忠心和專一的高度，要求門徒必須在侍奉神和侍奉瑪門之間做出選擇。選擇侍奉神就當在財富的管理和使用上甘願做神忠心的財富管家，即按照神的旨意管理和使用手中的錢財。

小結

對路加福音16章1-13節的難解比喻，本研究透過猶太-希羅榮辱文化背景解釋了比喻故事本身（16:1-8a）的合理性，而比喻如何運作，即路加如何從比喻故事透過耶穌的評論（16:8b）導向比喻的應用（16:9），本研究採取了傳統解釋進路，並引入「轉義」文學概念作其支援。如傳統解釋所理解的，該比喻隱含著一種「由弱及強的論證」：不義的管家/今世之子（面對失業危機）尚且知

---

[123] 德席爾瓦：《21世紀基督教新約導論》，345-46。而馬太將這段耶穌的教訓放在「積財寶在天」和「不要為世上的事憂慮」之間，更多是在教導門徒當有屬天的價值觀。可見二者應用耶穌這段教訓的上下文處境不同，應用目的稍有差異，但二者使用這段教訓的目的並不矛盾，而是具有高度的內在一致性（正典鑒別）。
[124] 這裡將瑪門擬人化，好像它可能成為信徒心中排拒神的偶像，參 L. T. Johnson, *The literary function of possessions in Luke-Acts*, SBL Dissertation Series (Missoula: Scholars Press, 1977), 158; Bock, *Luke 9:51-24:53*, 1336.

道使用所管理的財富為自己今生的將來打算，基督的門徒/光明之子（面對末世危機）豈不更當在財富的管理和使用上為自己永恆的將來打算嗎？是的，門徒是神的財富管家，在末世危機中當為自己永恆的將來打算，用受託管理的財富接濟有需要的人，好叫錢財無用的時候可以被接到永恆的帳幕中去（16:9）。比喻的引申教訓（16:10-13），則是圍繞在「忠心」這一神對其「財富管家」的基本要求而展開，完全順理成章，顯明 1-13 節是一個完整的單元。整段經文圍繞「錢財」、「管家」和「忠心」三個關鍵詞彙，所表達的要點是：基督徒當在錢財的使用上為自己永恆的將來打算，做神忠心的財富管家。其目的是要建立門徒的神國財富觀：基督徒是神所託付的財富管家，當忠心地遵照神的旨意管理和使用財富。

正典鑒別：詮釋結果評鑒

本文接下來擬評鑒以上對「不義管家比喻」（16:1-13）重新詮釋後所總結出的經文要點[125]與聖經中其他相關經文的合一性，即總結分析筆者透過對這段經文的詮釋所呈現的財富觀[126]是否與聖經的其他相關教導一致。

一、舊約中有關神國子民財富觀的經文

舊約中摩西律法規定，神的子民中若借錢給困苦貧乏人，不可如放貸向他取利（出 22:25；利 25:35-37；申

---

[125] 基督徒當在錢財的使用上為自己永恆的將來打算，作神忠心的財富管家。
[126] 基督徒是神所託付的財富管家，當忠心地遵照神的旨意管理和使用財富。

23:19)。尼希米嚴厲斥責違背這律法的猶太人（參尼5）。律法中關於「禧年」的規定，不僅是為了防止在神的子民中過度的貧富差距和財富世襲所帶來的不公，同時也充分反映了神才是財富之主，子民不過是神的財富管家的觀念（參利 25: 8-55）。正如耶和華所說，「地不可永賣，因為地是我的；你們在我面前是客旅，是寄居的」（利 25:23）。詩人也說，「地和其中所充滿的，世界和住在其間的，都屬耶和華」（詩 24: 1）。每個神的子民只不過是神所託付的在世上短暫的一任財富管家。

箴言說，「遭怒的日子錢財無益；唯有公義能救人脫離死亡」（11:4）、「有施捨的，錢財增加；吝惜過度，反致貧乏」（11:24）、「耶和華的名是堅固台，義人奔入，便得安穩；富足人的財物是他的堅固城，在他心裡，猶如高牆忠心」（18:10-11）、「你要以財務和一切初熟的土產尊榮耶和華，這樣你的倉房必充滿有餘，你的酒醡有新酒盈溢」（3:9-10）。這些智慧箴言體現了神國的財富觀。神國子民當拜耶和華，拜瑪門是外邦人的虛妄行為，先知以賽亞呼喚神的子民遠離偶像敬拜神（賽 46）。

二、新約中有關門徒財富觀的經文

耶穌在撒種的比喻中告訴門徒，「錢財的迷惑」是人聽了神的道卻結不出果實的一個重要原因（路 8:14；太 13:22；可 4: 19）。但錢財本身並非邪惡，「貪財」才是萬惡之源，有人因「貪念錢財」背離信仰，就用許多愁

苦把自己刺透了（提前 6:10）。為錢財賣主的加略人猶大走上絕路就是一個典型例子（太 27:5）。有錢人進神國難不是因為錢財本身，而是因為他們「倚靠錢財」，不能按照神的旨意使用錢財（路 18:18-25；可 10:17-25）。路加福音中，耶穌在「財主和拉撒路」（16:19-31）及「無知財主的比喻」（12:16-21）中以兩個負面的例子傳達了與本段經文（16:1-13）相同的神國財富觀，警告門徒在財富的管理和使用上要汲取那無知和無憐憫財主的教訓。耶穌要求門徒慷慨周濟窮人，積財在天（12:32-34）。保羅的教導與耶穌完全一致（林后 10:8-9；徒 20:35）。在路加福音中還有多處經文（1:52-53；3:10-11；4:18；6:20-21，24-25；12:16-21；12:12-14）支援該比喻在第 9 節中所呈現的神國財富觀。[127]

彼得說，「人人要照自己所得的恩賜彼此服事，作神各種恩賜的好管家」（彼前 4:10）。財富也是神的恩賜之一，雖然各人所受的財富恩賜多少不同，但都應當作神的財富好管家。甚麼才是神眼中的好管家呢？或者說神對祂的管家有甚麼要求呢？保羅說，神「所求於管家的，是要他忠心」（林前 4:2）。新約中「忠心」一詞常常與「管家」或「僕人」[128] 聯繫在一起，如：耶穌關於誰是

---

[127] 參 F. J. Moore, "The Parable of the Unjust Steward," *Anglican Theological Review*, 47.1 (1965): 103-104.
[128] 在聖經中僕人（δοῦλος）是比管家（οἰκονόμος）更大的概念，管家都是主人的僕人，但僕人不一定是管家。路加有時混用這兩個詞指同一個人（如路 12:42-46），而馬太、馬可、約翰不使用「管家」一詞，馬太在路加使用「管家」一詞的平行經文中使用「僕人」這個詞。新約出現 οἰκονόμος（管家）共 9 次，其中路加 4 次，保羅 4 次，彼得 1 次。οἰκονομία（管家職分，管家職責）共 9 次，其中路加 3 次，保羅 6 次。

忠心有見識的管家/僕人的教導（12:42-46；太 24:45-51）；在「按才受託的比喻」中那又良善又忠心的僕人（太 25:14-30）；及「十錠銀子的比喻」中在小事上忠心的良善僕人（19:11-17）等。[129]

希伯來書教導信徒「不可貪愛錢財，要以自己所有的為滿足」（來 13:5a）。雅各把不以實際行動慷慨說明有需要的弟兄姊妹的基督徒視為沒有真信心（雅 2:14-17）；並嚴厲斥責那些在這末世只知積攢錢財，欺壓工人的富足人（雅 5:1-5）。保羅不但教導提摩太不可貪愛錢財（提前 6:6-10），而且要求他在教會中教導門徒正確的財富觀。他說：「你要囑咐那些今世富足的人，不要自高，也不要倚靠無定的錢財；只要倚靠那厚賜百物給我們享用的神。又要囑咐他們行善，在好事上富足，甘心施捨，樂意供給人，為自己積成美好的根基，預備將來，叫他們持定那真正的生命」（提前 6:17-19）。總之，從以上對聖經中有關神國財富觀的主要經文的綜述中，可以十分清楚地看見，透過本研究對這段難解經文的重新詮釋所呈現的財富觀與聖經中其他相關經文具有明確的內在一致性。

結論與應用

為了幫助門徒建立合乎聖經的財富觀，本研究採用「正典鑒別」原則評估不義管家比喻的各類解釋並重新詮釋了路加福音 16 章 1-13 節。最後總結出該比喻的要點是：

---

[129] 「良善」的原文 ἀγαθός 就是「好」意思，因此，「忠心又良善的僕人」可譯為「忠心的好僕人」。

如鷹攪巢、如燕蓓雛

基督徒在錢財的使用上當為自己永恆的將來打算，做神忠心的財富管家。與聖經中其他相關教導一致，這段經文所呈現的財富觀是：基督徒是神所託付的財富管家，當忠心地遵照神的旨意管理和使用財富。

今天的教會比初代教會更需要反覆教導神國子民的財富觀。使徒行傳所記載的門徒變賣田產凡物公用的教會生活情景（徒 2:44-45；4:32-37），以及為聖徒的需要慷慨捐獻的熱情（徒 11:29），真實地反映了初代教會門徒的財富觀，而亞拿尼亞和撒非喇的故事警告門徒在錢財的管理上不可欺哄錢財的真正主人（徒 5:1-11）。在今天的教會中，信徒在錢財上無疑比初代教會要富足很多，但能夠按照神的旨意管理和使用錢財的實在不多。究其原因，很大程度上可能由於教會缺乏相關教導，未能說明信徒建立起合乎聖經的財富觀。律法主義式地強調十一奉獻，不符合聖經教導的神國財富觀；實踐也證明其不能使大多數信徒甘心樂意地遵行這規條。按照本研究重新詮釋「不義管家」比喻後所總結出的要點，教會可從加強信徒在以下四個方面的認識著手，說明信徒建立合乎聖經的財富觀。

第一，門徒是神所託付的財富管家。門徒必須明白，我們對手中的財富沒有主權，一切主權在於神；我們只不過是祂的財富管家，受祂所託管理和使用手中的財富。正如神在造人之初所託付我們的，要我們「管理」祂所創造的一切財富（創 1:26）。換句話說，教會應當幫助門徒增強「管家意識」。是的，神賜給我們權柄叫我們

可以自由地使用我們管理的財富，但教會應當時常提醒門徒，有一天我們都必須在財富的主人面前交賬。無論我們在地上「擁有」多少財富，我們都最多只能做一任短短幾十年的財富管家。我們能夠在地上管理多少財富、管理多長時間都不是由我們決定的，而是財富的主人，也是我們的生命之主——神的主權決定。打碎我們心中自己好像是財富主人的幻覺，還原我們財富管家的本來身份，是建立神國子民財富觀的基礎。

第二，我們在地上的財富管理權隨時可能失去。錢財對我們終有無用的時候（16:9），而且我們不知道這「時刻」何時臨到。我們不知道自己何時離開這個世界，更不知道這個世界何時結束。但可以肯定的是，這「時刻」正一天天逼近，很快就會臨到我們，沒有一個基督徒會否定這個事實。然而，我們的行為卻反映我們缺乏這種「危機意識」。我們中間很多人就像那無知的財主（12:16-21）一樣，拼命為自己積攢地上的財富卻在神面前貧窮，似乎意識不到我們隨時有可能離世，失去地上財富管理權的現實危機。

第三，神所要求管家的無非是忠心。作為神的財富管家，最重要的是對神忠心。在財富管理上的忠心，就是遵照神的旨意管理和使用祂的財富。在神的眼中或從永恆的角度，錢財只不過是最小的事、短暫而虛空，且不是屬於我們自己的東西。然而，若我們不能在錢財的管理上忠心，神豈會將大事、真實的錢財、就是祂為我們預備的真正屬於我們的東西給我們呢（16:10-12）？當我們

不能忠心於神的旨意管理和使用財富時，錢財很容易變成我們的侍奉物件。因此，又想侍奉瑪門又想侍奉神，腳踏兩隻船，是教會中存在的普遍現象。這種現象反映我們對神的信心軟弱，缺乏忠心。

第四，如何管理財富事關永恆將來。基督的門徒，神的財富管家，忠心地按照神的旨意管理和使用財富不僅是作為管家當盡的責任和義務，而且事關我們永恆的將來。這並不是說基督徒在財富的管理和使用上的表現將決定其是否得救上天堂，雖然的確有部份學者對這比喻的解釋得出這樣「因行為稱義」式的結論。[130] 然而，如何使用錢財的確是我們信心的一個重要的試金石。我們的信仰若不影響我們的財富觀，那我們信仰的真實性真值得懷疑。[131] 若我們的信仰是真實的，就必然對永恆充滿盼望，就應當在錢財的使用上為永恆的將來打算，為要在向主交賬的那日得著榮耀的獎賞。

總之，作為基督的門徒、神國的子民，我們怎樣看待、管理和使用手中財富，反映我們有怎樣的財富觀。主耶穌透過這個比喻教導我們，應當明白自己只不過是神在地上的財富管家，受託暫時管理神的財富。我們在財富的管理和使用上應當聰明地為自己永恆的將來打算，就是要忠心遵行神的旨意，慷慨接濟那些有需要的人，尤

---

[130] 參 Durkin, "A Cultural Reading of Luke 16:1-9," 18; Delbert Burkett, "The Parable of the Unrighteous Steward (Luke 16: 1-9): A Prudent Use of Mammon," *New Testament Studies* 64.3 (2018): 336, 340, 342; 楊硯： "路加對羅馬社會關係與管家職分的重新詮釋——'不義管家的比喻'（路 16:1-13）與對羅馬社會有錢人的勸導，"《聖經文學研究》7（2013）：400。

[131] 馮蔭坤：《擘開生命之餅》，54。

其是那些在神國事工中的錢財需要。這不僅是我們作為財富管家當盡的義務，而且攸關我們將來在天上的獎賞。

如鷹攪巢、如燕覆雛

希伯來書對舊約詩篇的援用

吳羅瑜

引言

希伯來書開宗明義地說:「神在古時候,曾經多次用種種方法,藉著[眾]先知向我們的祖先說話;在這末後的日子,卻藉著他的兒子向我們說話。」(來1:1新譯本)這顯示了先知在神啟示中的重要性,難怪書中會援用舊約的先知書。但作者也聲明神是「用種種方法」(πολυτρόπως)來啟示,意味舊約聖經的不同體裁都可以是神啟示的媒介,因此希伯來書所援用的舊約經文中包括了詩篇,也並不稀奇。

在討論希伯來書如何援用舊約詩篇之前,我們有必要對何為「援用」稍作澄清。筆者所謂的「援用」,可以粗略分為「引述」(citation)、「暗指」/影射(allusions)、「迴響」(echoes)三類。[1] 所謂「引述」,通常有顯示引述的公式語,[2] 而且引句裡字詞的組合形式、次序,均與前人的作品相同。所謂「暗指」/影射,是表示所用的字眼、語法、主題等元素,見於前人的作品,可能是後人刻意的模仿。至於「迴響」,則暗指的程度較輕,可能只是後人不經意的用語。

---

[1] 見 Stephen Moyise, *The Old Testament in the New: An Introduction* (London: Bloomsbury & T & T Clark, 2015), 6-8.
[2] 例如可 1:2(書上記著說);太 2:15(這是要應驗);來 2:6(某處證明說),3:7(聖靈有話說),5:6(又有一處說)。

我們在此還須聲明本文的進路：a) 首先顯示詩篇對希伯來書的重要性；b) 繼而舉例說明希伯來書對詩篇的引句如何有別於舊約詩篇出處的希伯來文經文；c) 指出希伯來書釋經的方法、神學跟當日猶太人釋經的相似之處；d) 也指出希伯來書釋經的方法、神學跟當日猶太人釋經的迥異，而與早期教會一脈相承；e) 最後探討希伯來書援用詩篇手法的傳承與創新，以及對新約神學及基督徒信仰生活的貢獻。

I. 詩篇對希伯來書的重要性

首先，詩篇對希伯來書的重要性，正符合詩篇對於整體新約聖經的重要性。這重要性見於希伯來書引述舊約的次數中詩篇所佔的比例。[3] 同樣，詩篇的重要性也見於希伯來書的舊約引文字數中詩篇所佔的比例。[4]

也許更重要的是，詩篇的引述對希伯來書的脈絡發展發揮了關鍵性的作用。以下對照表可資證明。

---

[3] 37次的舊約引文中，14次引自詩篇；參 Moyise, *Old Testament in the New*, 149。類似的現象是，在眾多出土的死海古卷中，出現最多抄本的聖經書卷，計有創世記、申命記、以賽亞書、詩篇。

[4] 新約的舊約引文中，詩篇的字數佔了 47%；參 Steve Moyise, *The Later New Testament Writings and Scripture: The Old Testament in Acts, Hebrews, the Catholic Epistles and Revelation* (Grand Rapids, MI: Baker Academic, 2012), 81.

希伯來書分段與引述或暗指詩篇及舊約其他經文之處的對照表

（括弧內章節見七十士譯本，*斜體*代表經文暗指舊約某處）

希伯來書分段	希伯來書經節	引用/暗指詩篇經文	要點	另外引用/暗指的舊約經文
全書引言	*1:3*	*110 (109):1*	神子坐在神右邊	
神子超越天使 (1:4-14)	1:5	2:7	基督身為神子	撒下 7:14 代上 17:13
	1:6	89:27 *(88:28)* 97 (96):7	長子，神的使者拜祂	申 32:43 (LXX)
	1:7	104:4 (103:4)	天使如風如火	
	1:8-9	45:6-7 (44:7-8)	神子超越的公義國度	
	1:10-12	102:25-27 (101:26-28)	永存的神子與有窮盡的受造界	
	1:13	110 (109):1	子坐神右邊等仇敵降服	
超越的人子作救恩元帥 (2:5-18)	2:6-8	8:4-6(5-7)	人子的降卑與高升	
	2:12	22:22 (21:23)	人子與人類認同	賽 8:17-18 (來 2:13 兒女)
基督超越摩西（律法）、約書亞（安息） (3:1-4:13)	3:7-11; 4:3, 7	95(94):7-11	曠野以色列人不信而亡的鑒戒、進安息的應許	民 12:7(3:2, 5) 創 2:2 （來 4:4 神的安息）

希伯來書分段	希伯來書經節	引用/暗指詩篇經文	要點	另外引用/暗指的舊約經文
基督超越亞倫體系的大祭司 (4:14-7:28)	5:5	2:7	神設立兒子	
	5:6, 10; 6:20; 7:11,17, 21	110(109):4	神設立像麥基洗德的大祭司	創 22:16-17 (來 6:13-14 神起誓賜福給亞伯拉罕)； 創 14:17-20 (來 7:1-2 論麥基洗德)
新約超越舊約，基督超越的獻祭 (8:1-10:31)	10:5-7, 8, 9	40:6-8 (39:7-9)	神子以肉身（非祭物）遵行神旨	出 25:40 (來 8:5 會幕屬天樣式) 耶 31:31-34 預告新約 (來 8:8-12; 10:16-17) 出 24:8 (來 9:20 立約的血)
	10:30 下	135(134):14	主審判祂百姓	申 32:35-36 (來 10:30 上，神報應)
堅持奔走信心道路 (10:32-13:35)	12:2	110(109):1	基督坐在神右邊	賽 26:20（一點時候） 哈 2:3-4 (來 10:37-38 不延遲) 創 5:24; 21:12; 47:31 (來 11:5,18, 21 先賢)
	12:14	34:14(33:15)	追求和睦與聖潔	箴 3:11-12 (來 12:5-6 主的管教) 出 19:12-13; 申 9:19 (來 12:20-21 西乃山)； 該 2:6 (來 12:26 神震動天地)
	13:6	118(117):6	神隨時幫助，大可放心	申 31:6, 8 (來 13:5 神不撇棄)

我們從這個對照表可以曉得，希伯來書往往圍繞某幾節詩篇引文來發展，包括詩篇 8 篇 4-6 節（來 2:5-18）；95 篇 7-10 節（來 3:1-4:13）；110 篇 4 節（來 4:14-7:28；引述和暗指共五次[5]）；40 篇 6-8 節（來 10:5-9）；而詩篇 110 篇 1 節則貫穿著整本希伯來書，並在希伯來書 1 章 3 節，13 節與 12 章 2 節前後呼應。

II. 希伯來書對詩篇的引述如何有別於舊約詩篇的希伯來文經文

A. 在字眼上的差別

人若小心研讀希伯來書的經文，很容易發現，有些引句的字眼有別於中英文聖經詩篇裡的原句。最顯著的例子是，希伯來書 10 章 5 節的「你曾給我**預備了身體**」，有別於引文出處詩篇 40 篇 6 節的「你已經**開通我的耳朵**」。這個差別該如何理解？難道希伯來書的作者為要證明基督取了肉身來世間，貿然篡改了聖經？要解開我們的疑團，首先要知道舊約聖經的流傳歷史。原來，希伯來書的引文出自七十士希臘文譯本（LXX）裡的詩篇，而中英文聖經裡的詩篇經文則主要譯自希伯來文的馬索拉經文（Masoretic Text, MT）。

所謂 LXX，相傳摩西五經約於主前250年在埃及的亞歷山太城，由七十位文士從希伯來文譯為希臘文，其餘舊約經卷隨後陸續由不同人翻譯，抄本廣泛流傳，統稱七十士譯本。便西拉智訓（Ecclesiasticus）的序言顯示，

---

[5] 賴建國，《舊約中的彌賽亞預言》(香港：天道，2013)，399。

希伯來文正典三部分（律法、先知、聖卷）的希臘文譯本在主前二世紀初葉已通行。

至於 MT，希伯來文聖經原先只寫有輔音/子音（consonants），沒有標出元音/母音（vowels），沒有標點符號，也沒有斷句。經文歷來由文士保存、抄寫，稍加標記，並口頭傳授對經文的正確解釋。主後500至1000年期間，負責保存經文的文士（masoretes），對經文加上元音/母音、標點符號、旁註，所確立的經文今日通稱馬索拉經文。

接著的問題是，希伯來書的引句在10章5節是否準確地抄錄了LXX的希臘文寫法？學者今天多主張LXX原有σῶμα（身體）這個字，而希伯來書的作者並無擅自修改LXX的字眼。[6] 不僅如此，學者今天多認為希伯來書一般忠實地引用他所根據的LXX底本。[7] LXX在此跟MT的分歧可能是因為用了意譯方法（以整體代替部分），但也可能譯自比MT更古更佳的希伯來文抄本的異文。[8] 事

---

[6] Martin Karrer, "LXX Psalm 39:7-10 in Hebrews 10:5-7" in *Psalms and Hebrews: Studies in Reception*, ed. Dirk J. Human and Gert J. Steyn (New York: T & T Clark International, 2010), 126-46; Georg A. Walser, *OT Quotations in Hebrews: Studies in Their Textual and Contextual Background*, WUNT 2/356 (Tübingen: Mohr Siebeck, 2013), 91, 95, 98. 認為希伯來書改動了LXX用字的學者，有Karen J. Jobes and Moisés Silva, *Invitation to the Septuagint*, 2nd ed. (Grand Rapids, MI: Baker Academic, 2015), 217-19; 潘文隆：「詩篇40在希伯來書10的詮釋：新約引用舊約的案例」，《中台神學論集》，3 (2011.09): 228-248。反對潘文隆看法者，見李志秋：「回應詩篇40在希伯來書10的詮釋：新約引用舊約的案例」，《中台神學論集》，3 (2011.09): 252-269。

[7] Susan E. Docherty, *The Use of the Old Testament in Hebrews* (Tübingen: Mohr Siebeck, 2009), 140-42; David Linicum, "Citations in the New Testament," in *The Oxford Handbook of the Septuagint*, ed. Alison G. Salvesen and Timothy Michael Law (Oxford: Oxford University Press, 2021), 531.

[8] Martin Karrer, "The Epistle to the Hebrews and the Septuagint," in *Septuagint Research: Issues and Challenges in the Study of Greek Jewish Scriptures*, ed.

實上，希臘文的LXX往往準確地翻譯希伯來文原文，也有證據顯示，LXX有時比MT保存了更好的希伯來文底本（*Vorlage*），以致有時比MT更優勝。[9] 所以，今日不同語言的舊約聖經大體上譯自MT，只是譯者偶爾也會認為，其他抄本或古譯本在經文某處保存了較原始的異文，因而採用跟MT不同的譯法。

此外，有證據顯示，MT透過不同的元音標示，有時修改了原先帶有彌賽亞色彩的字眼，而LXX則保存了傳統正確的理解。涉及詩篇的例子，包括詩篇22篇16節（LXX: **他們扎了**; MT: **像獅子**）；詩篇72篇5節（LXX:「太陽還存，月亮還在，**他必持續**，直到萬代」；MT:「太陽還存，月亮還在，**人要敬畏你**，直到萬代」）。[10]

Wolfgang Kraus and Glenn Wooden (Atlanta, GA: Society of Biblical Literature, 2006), 336-53 (348-49); Karrer, "LXX Psalm 39:7-10," 126-46 (142-43); G. J. Steyn, *A Quest for the Assumed LXX Vorlage of the Explicit Quotations in Hebrews*, FRLANT 235 (Göttingen: Vanderhoeck & Ruprecht, 2011), 283-97; Eugene Ulrich, "The Scrolls from the Judean Desert and the Septuagint," in *Oxford Handbook of the Septuagint*, 435-448 (443) 論及對申32:43的翻譯。

[9]Peter J. Gentry, "The Text of the Old Testament," *Journal of The Evangelical Theological Society* 52.1 (March 2009): 19-45 (31), 論及詩 145:13 [MT 缺以nun字母開首的句子]；賽53:8 [MT一字尾缺漏字母taw]）。值得注意的是，註7、8、9所提到的學者之所以認為LXX有時採用了比MT更好的底本，是因為LXX的異文(reading)也見於死海附近出土、比原始MT (proto-MT)更早的古卷或殘篇中。

[10]賴建國，《舊約中的彌賽亞預言》, 33; Michael Rydelnik, *The Messianic Hope: Is the Hebrew Bible Really Messianic?* (Nashville, TN: B & H, 2010), 34-46. Rydelnik 特別表明，猶太曠野 Nahal Hever 附近出土的一頁希伯來文殘篇（大概來自主後50-68年），上面抄有詩 22:17，符合 LXX 的翻譯（他們扎了），而有別於 MT 的寫法。MT 可能改變了原先經文的其他例子，見於民 24:7；撒下 23:1；賽 9:6。Rydelnik 還指出，撒下 23:1 應翻譯為: "he gave prophetic oracles 'concerning the Messiah of the God of Jacob, the Delightful One of the songs of

根據以上說明，當我們發現希伯來書中有些引句的字眼有別於中英文聖經詩篇裡的原句時，不用大驚小怪，甚至對作者心存懷疑，而是應該耐心地找出可有的解釋。

B. 引句在指涉（reference）及語境（context）方面的差別

上段有關字眼上的差異，涉及經文鑑別學的範疇，但希伯來書的引句也可能在句子的次序、上下文的語境，以及所描述的對象等方面，有別於舊約原處的 MT 經文。舉例來說，比起所引述論到世人的詩篇 8 篇 4-8 節，希伯來書 2 章 6-8 節顯然有所省略，更容易把引文用在基督身上。[11] 此外，在舊約原先的文脈裡，詩篇 2 章 7 節和 45 篇 6-7 節應是對以色列君王的描述，但在希伯來書都被用作對基督的描述（來 1: 5, 8-9），而詩篇 97 篇 7 節和 102 篇 25-27 節看似是對神的稱頌，卻在希伯來書也被用作對基督的稱頌（來 1:6, 10-12）。這裡所舉的例子，顯然超出抄本與經文鑑別學的範疇，而牽涉詮釋學的領域了。今日的讀者讀到這些差別，可能感到困惑不解：到底希伯來書的作者，是隨意引用舊約經文，抑或背後有原則可遵從？[12] 最重要的是，當日他的讀者會否認同他

Israel.'" 事實上，早於第二世紀，殉道者游斯丁已曾指責猶太宗教領袖改動了 LXX 的經文（*Dialogue with Trypho* 71-73）。

[11] 見吳慧儀，「希伯來書二章 6 至 8 節上—新約中的釋經案例」，《中國神學研究院期刊》，24（1998）：189-215。

[12] 學者們對這些現象有不同的描述與解釋，綜合的介紹見 Stephen Moyer, "The Psalm Quotations of Hebrews 1: A Hermeneutic Free Zone?" *Tyndale Bulletin* 50.1 (1999): 3-22. 一個有趣的比方，見於 Kenneth Berding and Jonathan Lunde, ed., *Three Views on the New Testament Use of the Old Testament* (Grand Rapids, MI: Zondervan, 2007), 8-9.

引述和解釋舊約經文的做法?要解答這些問題,我們必須探討希伯來書釋經的方法和神學跟當日猶太人釋經的異同。

III. 希伯來書釋經的方法、神學跟當日猶太人釋經的相似

從希伯來書的標題看來,教會歷來認為這卷書是寫給猶太人的。雖然今日有學者主張,這卷書也是以外邦人為寫作對象,[13] 但這不是主流的看法。多數學者也認為,在作者的心目中,讀者是信主已有一段年日的猶太基督徒。他們因信仰基督的緣故,曾遭受不少困難,以致當中有人心萌退意,有離棄基督真道、返回猶太教的危險,所以作者多番引用聖經,以表明基督如何遠比猶太教優越,藉此勉勵讀者堅持下去而不氣餒。[14] 在這背景下,作者解釋聖經時,在前設、方法,和神學論點各方面,必然(也必須)是當日猶太人可以接受,至少可以理解的。

要知道當日猶太人解經的前設、方法,和神學論點,今日學者們就有必要涉獵不同類別的猶太作品,包括(1)拉比著述,如他勒目(Talmud,猶太法典)、他爾根(Targum,亞蘭文聖經意譯)、米大示(Midrashim,解

---

[13] 例如得席爾瓦:《21世紀基督教新約導論》,紀榮智和李望遠譯(臺灣新北市:校園書房,2013),866-68。
[14] 例如馮蔭坤著,《希伯來書(卷上)》,天道聖經註釋(香港:天道書樓,1995),12-15, 18-21; Gareth Lee Cockerill, *The Epistle to the Hebrews*, New International Commentary on the New Testament (Grand Rapids, MI: Eerdmans, 2012), 19-23; 歐白恩:《希伯來書詮釋》,陳志文譯,麥種聖經註釋(Pasadena, CA: 美國麥種傳道會,2013),61-64。

經作品);(2)教派著述,如死海古卷;以及(3)第一世紀個別作者的著作,如斐羅(Philo),約瑟夫(Josephus)的作品。[15] 以下,我們即根據學者們對這些猶太人作品的知識,加上新約聖經中,不經意地反映一般猶太人想法的經文,來說明希伯來書在前設、神學論點和方法上,與猶太人解經的相似之處。

A. 相似的釋經前設

(i) 聖經是神的話,是寫下來的文本(來 3:7),這也意味著:(a) 聖經的意思不一定限於經文作者的視野或原意,可有更豐富的意思(sensus plenior)或指涉(參約 11:49-51);[16] (b) 不同經文之間會有融貫性(coherence);(c) 經文對後世有持續的適切性(ongoing relevance)。[17]

(ii) 多首詩篇與大衛有關,希伯來書所引用的詩篇中,MT 和 LXX 的標題都提到是大衛作品的,包括:第 8、22、

---

[15] 這些猶太作品的寫作年分,以及對新約研究的重要性,見 Richard Bauckham, "The Relevance of Extracanonical Jewish Texts to New Testament Study," in *Hearing the New Testament: Strategies for Interpretation*, ed. Joel B. Green, 2nd ed. (Grand Rapids, MI: Eerdmans, 2010), 65-84.

[16] 拉比猶太教假設經文所蘊藏的隱蔽意思,可透過他們的米大示釋經法發掘出來。有些教派則相信,神把經文隱蔽的意思向他們教派的創始人顯明了。今日學者普遍接受 Raymond Brown 對 *sensus plenior* 的定義,見 Berding and Lunde, *Three Views*, 13-18。一般福音派學者也多少同意,在解釋舊約經文時,新約聖經的作者們會假設經文可有更豐富的意思或指涉的前題;見同書 235-36。對 *sensus plenior* 的審慎看法,見 Douglas Moo 文 "The Problem of *Sensus Plenior*," in *Hermeneutics, Authority and Canon*, ed. D. A. Carson and John D. Woodbridge (Grand Rapids, MI: Zondervan, 1986), 179-211。另參新約一些經文有關奧秘的討論,見畢爾和卡森:"導論",于卉等譯,《新約引用舊約(上)》潘秋松編, (South Pasadena, CA: 美國麥種傳道會, 2013), 8。

[17] Docherty, *Old Testament in Hebrews*, 176-81, 204.

40、110篇，另外 LXX 在第 95、97、104 篇的開始也有 τῷ Δανιδ 這字眼，表明是屬大衛的作品（來 4:7 同樣稱大衛為第 95 篇的作者）。（雖然詩篇第 2 篇的標題沒有說作者是大衛，但猶太人往往持這看法，參徒 4:25。）

（iii） 大衛是詩人、受神感動而寫作（撒下 23:1-2; 來 3:7; 4:7 引詩 95:7-11；參徒 4:25 引詩 2:1-2）。[18]

（iv） 希臘文的七十士譯本在詩篇 21 篇（=MT22）和 39 篇（=MT40）首節，除像 MT 指明是大衛作品（τῷ Δανιδ）之外，更聲稱指向末期（εἰς τὸς τέλος）。

（v） 詩篇已有將創造與出埃及這兩個主題相連的先例（74:12-17; 95:1-11; 136:1-26；見來 4:3-5）。

（vi） 希伯來聖經已有預表存在；[19] 所謂「預表」這現象（typology），是指神施行救贖的歷史會呈現前後一貫性、相應性，既有之前的預表（type；見林前 10:6 的τύποι），也有日後的對範（antitype；見彼前 3:21 的ἀντίτυπος）；可牽涉人物、事件、物件。[20] 人物方面的

---

[18] 猶太人聲稱詩篇第 110 篇是大衛在聖靈感動下的作品，見 David C. Mitchell, *The Message of the Psalter: An Eschatological Programme in the Book of Psalms*, rep. ed. (Newton Mearns, Scotland: Campbell Publications, 2017) :25, 31; Craig A. Evans, "The Aramaic Psalter and the New Testament: Praising the Lord in History and Prophecy," in *From Prophecy to Testament: The Function of the OT in the NT*, ed. Craig A. Evans (Peabody, MA: Hendrickson, 2004), 85-86.
[19] 這兒對預表的定義和例子，參 Moyise, *Old Testament in the New*, 16-17. 這是 D.L.Baker 所倡、廣為人接受的定義，也引於 Douglas Moo, "Problems of *Sensus Plenior*," 195. 另見 Berding and Lunde, *Three Views*, 18-22, 240.
[20] 按 Gregory Beale 的分析，真正的預表與對範除了有堪可比擬的元素之外，更是在舊約的脈絡中有預示（foreshadowing）、前瞻（forward-looking）的元素，而在新約的脈絡中有增進、強化的元素（'escalation' or 'heightening' element）；見 G. K. Beale, *Handbook on the New Testament Use of the Old Testament* (Grand

例子有摩西（申 18:15-18）、大衛（何 3:5; 耶 30:9; 結 34:23-24; 37:24-25）（見下段）。事件的例子包括：創造（賽 65:17-25），出埃及（賽 11:11-16; 43:16; 何 1:11; 彌 7:15-20）。至於物件，西奈預表錫安（詩 68:16-18），所羅門的聖殿預表了末後的新聖殿（結 40-48）。另外，以賽亞書中，先知本人和家人被形容為「預兆」（אֹתוֹת / σημεῖα；分別見於 MT、LXX）（賽 8:1-3, 18）。從巴比倫回歸猶太地的人中，大祭司約書亞被先知撒迦利亞稱為「*大衛的苗裔*」（亞 6:12-13）。

B. 相似的神學論點

（i） 承接舊約的做法，接受個人與群體的雙關性（corporate personality），例如，雅各、以色列等名字，既指個人，也指他們的後裔。[21]

（ii） 當日至少有一些猶太人，跟希伯來書（和新約其他書卷）的作者，持有相似的罪觀和救贖論，例如認為亞當的罪遺害後世（以斯拉四書 3:21），無辜者（如以撒甘願當燔祭）的血可有代贖功效。[22]

Rapids, MI: Baker Academic, 2012), 13-18. 但也有學者否認舊約的作者有意設下這種預表，並認為是後人回顧過往才發現預表的存在；見 Berding and Lunde, *Three Views*, 235-36.

[21] Darrell Bock 提到，新約與猶太教有三個相同的前設：1) 聖經是神的話；2) 個人與群體有雙關性；3) 歷史有重現的模式（預表與相應的對範）；見 Berding and Lunde, *Three Views*, 111.

[22] Pseudo-Philo, *Liber Antiquitatum Biblicarum* 18:5; cf. 32:3; 40:2; Josephus, *Ant.* 1:13-2:4; Targum Jonathan on Gen 22:12; *b. Yoma* 5a; *Mekilta d'R. Shimon* 4; 見於 Susan Docherty, "New Testament Scriptural Interpretation in its Early Jewish Context: Reflections on the *Status Quaestionis* and Future Directions," *Novum Testamentum* 57.1 (2015): 1-19 (13).

（iii）當時的猶太人對末日將出現的彌賽亞式人物有多種的期待，包括君王、祭司、先知、屬天人物（某程度上反映於約 1:19-21）。[23] 但大多數猶太人，跟希伯來書（和新約其他書卷）的作者都認為，大衛王朝的願景尚未實現，有待將來或末日彌賽亞來完成（反映於路 3:15; 參可 11:10; 路 19:38）。[24] 按學者一般給予「彌賽亞」君王的定義，「將來上帝要從大衛的裔中膏立一位英明的君王，當他來臨時要除盡罪惡，得勝仇敵，以公義和真理統治全世界，帶來永久和平及繁榮富庶的黃金盛世。」[25] 雖然有人以為彌賽亞可能是指歷史人物，但是多數的學者把彌賽亞看成一個末世的人物，而且其治理的範圍與時間早已超過地上的君王所能達成（例如，詩七十二篇所述）。

（iv）從 LXX 的翻譯可知，有些猶太人早已認為，在某些經文中，除了耶和華之外，有另一位也被稱為「神」、「主」。例如在詩篇 45 篇 6-7 節，這位君王先被作者稱呼為神，[26] 繼而被另一位也被稱為神者膏抹；在詩篇

---

[23] Darrell L. Bock：〈彌賽亞/彌賽亞主義〉，《神學釋經詞典》（香港：漢語聖經公會，2014），469-70; Kenneth E. Pomykala, "Messianism," in *The Eerdman Dictionary of Early Judaism*, ed. John J. Collins and Daniel C. Harlow (Grand Rapids, MI: Eerdmans, 2010), 938-42.
[24] 見上文對 4QFlorilegium 的簡述；另外，巴比倫他勒目 (*b. Ber.* 34b) 記載了約哈難拉比 (Rabbi Johanan) 的名言：「每位先知都只是在預告彌賽亞的日子。」綜合討論，見 Rydelnik, *The Messianic Hope*, 70, 94; 賴特：《新約與神的子民》，左心泰譯（臺灣新北市：校園書房，2013），390-407。
[25] 賴建國：《舊約中的彌賽亞預言》，36 註 31，他參考了 Samson H. Levey, *The Messiah: An Aramaic Interpretation: The Messianic Exegesis of the Targum* (Cincinnati, OH: Hebrew Union College Jewish Institute of Religion, 1974), xix.
[26] Mitchell, *The Message of the Psalter*, 246; 詩篇的他彌根亞蘭文意譯，和 Theodotion 對詩篇的希臘文翻譯，也是把 45:6 的 *elohim*「神」字理解為呼

110篇1節，作者大衛本人顯然不是主，因他是在稱呼另一人為主，說耶和華邀請這位主坐在祂右邊，等候仇敵降服。事實上，在論及彌賽亞的詩篇（包括希伯來書沒有引用的第 72 和 89 篇）中，就算彌賽亞君王沒有被稱為「神」或「主」，但他的統治權柄、該受到的尊崇，跟耶和華神的權位分別不大。[27] 另外，詩篇 102 篇不錯標明是某困苦人的祈禱，而從 MT 的經文看來，第 25-27 節似是這人訴諸神的創造及永恆不變，來呼求神伸以援手，但是 LXX（101:26-28）的翻譯卻顯示了不同理解的可能性，即神在回答這位困苦人的禱告，稱他為主，指出他創造天地及永恆不變的神性。[28]

（v）當日有猶太人似乎根據以賽亞書（賽 29:38; 35:5-6; 61:3）的預言，認為彌賽亞時代將有醫治和叫死人復活的神蹟奇事發生（4Q 521 II, 7-12; 約 7:31）。耶穌回覆施洗約翰的詢問時，是訴諸同樣的前設（見太 11:2-6; 路 7:18-23）。[29] 使徒行傳對耶穌生平事工的描述，同樣提到他所行的神蹟奇事（徒 2:22; 10:38），而使徒們廣行神蹟奇事這點，也獲希伯來書強調（2:4）。

格；見 Harold W. Attridge, *The Epistle to the Hebrews*, Hermeneia (Philadelphia, PA: Fortress, 1989), 58.
[27] 見 Mitchell, *The Message of the Psalter*, 264-65; Stephen Moyer, "Psalm Quotations of Hebrews 1," 18-19, 20.
[28] F. F. Bruce, *Hebrews*, New International Commentary on the New Testament (Grand Rapids, MI: Eerdmans, 1964), 22; Allen P. Ross, *Psalms Vol. 3*, (Grand Rapids, MI: Kregel, 2011), 208, fn 27; 類似但稍不同的解釋，見 Stephen Moyer, "Psalm Quotations of Hebrews 1," 19-20.
[29] 見 4Q 521 II, 7-12; 對照約 7:31。耶穌回覆施洗約翰的詢問時，也是訴諸同樣的前設（見太 11:2-6; 路 7:18-23）；參 Docherty, "Early Jewish Context," 13.

（vi）當日有一些猶太人，跟希伯來書（和新約其他書卷）的作者，持有相似的末日論（Eschatology）：如上所述，LXX 的一些詩篇標題有 εἰς τὸ τέλος 字眼。居於死海旁的昆蘭團體更相信，他們正活在世界歷史的最後階段，末日的事情已經開始展開，神末日的審判、義人的救贖很快就會來臨。[30] 最終，神子民將享「安息」，不再受仇敵的攪擾。[31]

C. 相似的釋經方法

（i）猶太人和希伯來書的作者，都曾按人物名字或頭銜的字源（etymology），來加以發揮，（如見創 49:8, 16, 22; 來 7:2）。

（ii）猶太教流行的米大示著作（Midrashim），是引用相當長或完整的聖經片段，採用米大示式釋經法，對關鍵字詞和片語作出解釋，並流傳後世的作品。[32] 而米大示式釋經法的一些特徵，亦見於希伯來書[33]：

➤ 在聖經不同抄本的異文中作出選擇，以便更好地表明有關經文的適切性。[34]

---

[30] Moyise, *Old Testament in the New*, 13; 新約類似的看法，見太 3:2; 路 4:21; 林前 10:11。
[31] 末後安息的主題，見於 4QFlorilegium; 4Q372。
[32] Docherty, *Old Testament in Hebrews*, 113.
[33] 吳慧儀，「希伯來書二章 6 至 8 節」; Berding and Lunde, *3 Views*, 26-27.
[34] Docherty, *Old Testament in Hebrews*, 129; Docherty, "Early Jewish Context," 5-6, 18-19.

> 按字面去理解經文明說的或沒說的東西（來 7:3 根據創 14 的記載，形容麥基洗德是「無生之始，無命之終」）。³⁵

> 省略不必要的字眼，或按行文的需要，稍微改動原先經文的字眼、次序（如：來 2:6-8 對詩 8: 5-7 的引述；來 10:5-7 對詩 40: 6-8 的引述）。³⁶

> 圍繞關鍵性字詞的獨特意思來發展（見來 2:8 基於「服在...之下」[ὑποτάσσω] 的論據 ）。³⁷

> 使用雙關語（在來 2:7, 希臘文的 βραχύς 可有「一點兒」和「暫時」雙重意思）。

> 把第一人稱說話的句子用於新的經文脈絡裏，使講者、聽者、說話的時間都可能變得不同，但句子本身卻保存不變。³⁸

> 藉著類似的字眼或概念，把不同出處的經文相連起來，例如死海古卷之一的「選文集」（4QFlorilegium） 根據神對大衛的應許，把撒母耳記下 7 章 12-14 節連於大衛的苗裔、阿摩司書 9 章 11 節，以及詩篇 2 篇 1 節。同樣，希伯來書 1 章 5 節根據父子關係的字眼，把詩篇 2 篇 7 節連於撒母耳記下 7 章 14 節。希伯來書 1 章 5-14 節更是一連引述了七段經文（當中六段出自詩篇），以表明基督

---

³⁵ 有解經家認為麥基洗德是基督在舊約時候的化身，但這解釋相當牽強，並引來另一些的難題。再者，猶太作家斐羅也曾把他的論點建基於經文的緘默；見 Moyise, *Old Testament in the New*, 20。

³⁶ 吳慧儀，「希伯來書二章 6 至 8 節」，192-96; Karrer, "LXX Psalm 39:7-10," 138-39（討論來 10:5-7）。

³⁷ Docherty, "Early Jewish Context," 15,16。

³⁸ Karrer, "Hebrews and the Septuagint," 341; Docherty, "Early Jewish Context," 15,16, 18。若無寫明引述公式，改動引句的幅度可能更大，

超越天使,就像猶太拉比的 haraz 原則,把珍珠用繩子串起來一樣。[39] 再後,希伯來書3章7節至4章11節根據安息的觀念,把詩篇95篇7-11節連於創世記2章2節。

(iii) 猶太人和希伯來書的作者,都把一些詩篇視為有關彌賽亞的經文。這些經文被希伯來書的作者援用於基督身上,而被不少猶太人視為論及彌賽亞的詩篇,包括第2、22、45、110、118篇。[40] 其中,第110篇尤為顯著,有學者指出,但以理書7章13-14節對貌似人子者的高升、獲賜國度權柄、得享榮耀的描述,是取材自詩篇110篇1節,而撒迦利亞書6章9-15節中,大祭司約書亞獲頒王冠,作為預兆,是根據詩篇110篇1節和4節的意象。[41]

(iv) 猶太人和希伯來書的作者,都會把涉及彌賽亞的詩篇連於詩篇以外另一些有關的經文。上文已提到4QFlorilegium 選文集如何把數處經文連在一起,當中既有詩篇22篇1節的引句,也提及大衛的苗裔(暗指賽11:1; 亞6:12),並引述神將興起那已倒塌的大衛帳幕這

---

[39] Motyer, "The Psalm Quotations of Hebrews 1," 13.
[40] 參 Mitchell, *The Message of the Psalter*, 2003:28, 248, 259ff; Rydelnik, *The Messianic Hope*, 168, 181, 184; 賴建國,《舊約中的彌賽亞預言》, 362, 387; Evans, "The Aramaic Psalter," 86. 雖然詩篇第40篇的標題說是大衛的作品, LXX 又聲明是關乎終末 (εἰς τὸς τέλος),但猶太人似乎不確定這首詩是否論到彌賽亞;見 Walser, *OT Quotations in Hebrews*, 99。
[41] Mitchell, *The Message of the Psalter*, 259, 264-65; 賴建國《舊約中的彌賽亞預言》, 398; Rydelnik, *The Messianic Hope*, 182-83 (他認為詩110:1先是引發了詩80:17的句子,從而影響及但以理)。

預言（摩 9:11），可知都是涉及彌賽亞的經文。這也是希伯來書 1 章 5-12 節的做法。[42]

IV. 希伯來書釋經的方法、神學跟當日猶太人釋經的迥異：與早期教會一脈相承

1) 當然，希伯來書的作者跟早期教會一樣，秉承著耶穌的教導和眾使徒的信仰，強調舊約聖經都指向耶穌（見路 24:25-27; 44-46; 約 5:45-47; 徒 3:18; 7:52; 17:10-15; 18:24-28; 26:22-23）。詩篇中作者或君王說的話（尤其是第一人稱「我」的話），在新約中有時成了耶穌對父神說的話（如太 27:46//可 15:34 [引詩 22:1]；約 2:17 [引詩 69:9]），這現象同樣見於希伯來書（見下段）。相應的是，在詩篇中，神對受膏君的話（詩 2:7），是耶穌受洗時，天上來的聲音所暗指的經文之一（太 3:17; 可 1:11; 路 3: 21-22），更被保羅引述，表明為耶穌復活時神對他說的話（徒 13:33-34; 羅 1:4）。

2) 希伯來書的作者跟早期教會一樣，因相信耶穌是彌賽亞，在解釋舊約聖經上，與猶太人有迥異之處，包括某程度的「解構」釋經法：指出舊約經文本身有含糊或難解之處，聲稱唯有在基督裡才能圓滿解答。[43] 例如，希伯來書 2 章 8 節引用詩篇 8 篇 6 節，繼而聲稱「使萬物…都服在他的腳下」這說法，只適用於基督，而非一般世人（來 2:9）。這種釋經法就類似使徒彼得和保羅引用詩篇 16 篇 10 節，聲稱「不叫你的聖者見朽壞」一語，不

---

[42] Motyer, "The Psalm Quotations of Hebrews 1," 15; Docherty, "Early Jewish Context," 9.
[43] Stephen Motyer, "The Psalm Quotations of Hebrews 1," 15-16.

適用於大衛本人,卻因耶穌從死裡復活,按字面地應驗了,表明耶穌就是基督(徒 2:27-32; 13:35-37)。同樣,彼得指出,大衛並沒有升到天上,所以在詩 110 篇 1 節,大衛口中的「主」,只可能是升了天的耶穌,而非大衛本人(徒 2:32-34)。此外,希伯來書第 8-10 章論述聖殿的不足和有限,承接了司提反的論點(徒 7:49-50),也早見於所羅門獻殿時的禱告(王上 8:27)和以賽亞先知的話(賽 66:1)。至於利未體系獻祭的不足和有限,也早見於不少舊約先知書裡(摩 4:5; 5:21-24; 何 6:6; 耶 7:9-11; 彌 6:6-8; 賽 1:11-17),更有基督的教導(約 4:21-24)。

3) 希伯來書作者跟新約其他作者一樣,在釋經方法上比猶太人嚴謹,例如: a) 顧及舊約經文的脈絡,而非抽離上下文,有別於拉比米大示常見的根據隻字片語的聯想法(atomistic interpretation); b) 又有別於昆蘭團體把舊約經文胡扯到他們身上的別沙釋經法(pesher interpretation); c) 而且顧及舊約經文的歷史,指出預表與對範的呼應,不像斐羅那種天馬行空的寓意釋經法(allegorical interpretation)。[44]

V. 希伯來書援用詩篇手法的傳承與創新,以及對新約神學和信仰生活的貢獻

希伯來書援用詩篇的手法、信息,固然與教會傳統一脈相傳,但也有進一步的推展。

---

[44] Berding and Lunde, *3 Views*, 31.

A. 援用詩篇手法的傳承與創新 （順希伯來書的引用次序）

（i） 對詩 110 篇 1 節的推敲，已見於耶穌的教導（太 22:44// 可 12:36-37//路 20:42-43），以及使徒行傳 2 章 35 節，保羅書信（羅 8:34; 林前 15:25; 弗 1:20; 西 3:1），和彼得書信（彼前 3:22）；但在希伯來書更具有關鍵性的地位：用於全書開卷語的高峰（1:3）、首章聖經引文系列的結尾（1:13）、第 8-10 章的開端和結尾（8:1; 10:12）、以及勸勉段落的開始（12:2）。甚至有學者認為，整卷希伯來書都圍繞著詩篇 110 篇 1 節來論述，可說是對這節經文的「米大示」作品。[45]

（ii） 初期教會已有引用詩篇 2 篇 7 節在基督身上（徒 13:33-34; 羅 1:4），但新約聖經的其他經文沒有像希伯來書 1 章 6-12 節如此引用詩篇 97 章 7 節、104 篇 4 節、45 篇 6-7 節、及 102 篇 25-27 節。

（iii） 新約聖經別處也曾引述或暗指詩篇第八篇，這樣做的人包括：耶穌（太 21:16 [詩 8:2]），保羅（林前 15:27；弗 1:22；腓 3:21 [都暗指詩 8:6]），彼得（彼前 3:22 [暗指詩 8:6]）。在福音書中，「人子」是耶穌慣常的自稱（如見太 8:20; 可 2:28; 8:38; 10:45）；而保羅也以「末後的亞當」這稱號，來形容基督（林前 15:45；參羅 5:14-21）。然而，比起新約聖經別處，希伯來書一方面對詩篇 8 篇 4-6 節作比較詳細的引述，另一方面使用上述

---

[45] Gert J.C. Jordaan and Pieter Nel, "From Priest-King to King-Priest: Psalm 110 and the Basic Structure of Hebrews," in *Psalms and Hebrews: Studies in Reception*, ed. Dirk J. Human and Gert J. Steyn (New York, NY: T & T Clark International, 2010), 229-40.

所謂的「解構原則」，將重點從世人轉移到基督身上，但又說明耶穌的降卑與隨後的高升，是要把神的眾多兒子帶進榮耀（來 2:10），故也是為了人類的緣故，使詩篇第八篇可有雙重的意思。

（iv）比起新約聖經別處，希伯來書有時可能引用同一篇詩篇的另一節，或是附近的經節。例如，希伯來書沒有像馬太和馬可福音那樣（太 27:46//可 15:34），引用詩篇 22 篇 1 節中大衛呼求神不要離棄他的禱告，而是用了詩篇 22 篇 22 節他應許在會眾中稱頌神的承諾（見來 2:12）。就如希伯來書 2 章 13 節不是引述以賽亞書 8 章 14 節有關絆腳的石頭這說法（見於彼前 2:8），而是引述以賽亞書 8 章 18 節先知論兒女的話；希伯來書 13 章 6 節不是引述詩篇 118 篇 22-23 節有關匠人所棄之石頭一語（太 21:42; 徒 4:11; 彼前 2:7），而是詩篇 118 篇 6 節有關神保守子民的確據。

（v）在今人所知早期猶太教和早期教會的作品中，如此引用詩篇 95 篇（LXX 94）的經文，首見於希伯來書（來 3:7-11; 4: 3, 7）。[46]

（vi）新約聖經中只有希伯來書引述詩篇 110 篇 4 節，包括在希伯來書 5 章 6 節與詩篇 2 篇 7 節同時引用，然後陸續再暗指（5:10; 6:20），並在第七章予以發揮。

---

[46] Gert J. Steyn, "The Reception of Psalm 95 (94):7-11 in Hebrews 3-4," in *Psalms and Hebrews: Studies in Reception*, ed. Dirk J. Human and Gert J. Steyn (New York, NY: T & T Clark International, 2010), 194-228 (226).

（vii）早期教會中，希伯來書的作者可能是引述詩篇 40 篇 6-8 節，把經文連到基督道成肉身的第一人。[47]

B. 希伯來書之援用詩篇對新約神學和信仰生活的獨特貢獻（按系統神學的次序）

（i）基督的神性（尤見於來 1:1-13）：

新約聖經對基督作較詳盡的解釋和思考的經文中，希伯來書第一章是理解基督化一神論（Christological monotheism）最重要的經文之一，因它匯聚了猶太人對神獨特身分的定義，而聲明基督符合了全部主要的成分。與此同時，它也清楚說明了早期基督論如何是個釋經偉業，熟練地運用了當日猶太人詮釋聖經時普遍接納的方法。[48]

書中所描繪的基督的神性，計有祂（a）創造世界（來 1:2, 10，引述詩 102:25）；（b）統管萬有，包括天使（來 1:2, 7，引述詩 104:4），並在天上坐寶座（來 1:3, 8，引述詩 45:6）；（c）將於末日掌權（來 1:6，暗指詩 89:27，引述詩 97:7；申 32:4、來 1:2, 13，先後暗指及引述詩 110:1）；（d）永恆不變（來 1:2, 12，引述詩 102:26-27、再於來 13:8 重申），而天地則將會像舊衣服被捲起來，並被震動（來 12:26-27，暗指該 2:6-7, 21）；

---

[47] 參 Karrer, "LXX Psalm 39:7-10," 135-36.
[48] Richard Bauckham, "Monotheism and Christology in Hebrews 1," in *Early Jewish and Christian* Monotheism, ed. Loren T. Stuckenbruck and Wendy E.S. North, JSNT Suppl. Series 263 (London: T & T Clark International, 2004), 167-85 (168-69); Richard Bauckham, "The Divinity of Jesus Christ in the Epistle to the Hebrews," in *The Epistle to the Hebrews and Christian Theology*, ed. Richard Bauckham (Grand Rapids, MI: Eerdmans, 2009), 15-36. 參 4QFlorilegium (4Q174) 的解經。

(e) 承受耶和華/雅巍（YHWH）之名（來 1:3），遠超天使之名分；(f) 配受所有受造物（包括天使）敬拜（來 1:6，引述詩 97:7; 申 32:43）。

(ii) 基督的真實人性

新約聖經別處也提到基督來到世上（如約 1:9-11; 11:27; 提前 1:15），並強調耶穌肉身的真實性（約 4:6; 19:34; 約一 1:1-2; 4:2），但希伯來書更指出他受過各樣的試探（4:15），又生動地描述耶穌如何「大聲哀哭，流淚禱告，懇求那能救他免死的主，就因他的虔誠蒙了應允」，並因所受的苦難學了順從，得以完全（來 5:7-8）。希伯來書且透過引用詩篇（詩 40:6-8，引於來 10:5-7），表明是神為基督預備身體，以取代動物祭牲，而他本人也樂意遵行神在經卷上所聲明的旨意。

(iii) 基督的代贖工作

耶穌在設立主餐時，已把新約連於他的身體和血（林前 11:25; 路 22:20; 可 14:24），新約聖經也有多處把基督看作祭物（如弗 5:2）、挽回祭（如羅 3:25; 約一 2:1-2）、代贖羊羔（如約 1:29; 林前 5:7），但希伯來書更根據詩篇 110 篇 4 節，在第七至十章大力證明，神設立基督為像麥基洗德那樣的大祭司，意味著非利未體系的新祭司制度體系已成立，先前一年一度贖罪日的禮儀只是預表，基督是更美的大祭司，一次獻上自己的身體和寶血作了更美的祭物。作者又根據詩篇 110 篇 1 節，表明基督進到天上更美的聖所供職（來 8:1-2）。祭司制度的改變，表明律法已被取替，先前的約變得過時陳舊（隱見於林

後 3:6；羅 11:27），新約已告成立，正如耶 31:31-34 所預告的，基督作了更美之約的中保，而這正是基督來到世上所達成的使命（來 10:5-7，引詩 40: 6-8）。

(iv) 基督持續的大祭司工作

新約聖經別處也提到基督在天上為信徒代求（略見於羅 8:34），又說祂作神和人之間的中保（提前 2:5；約一 2:1），但希伯來書更刻劃基督在肉身時如何受過各樣的試探，卻沒有犯罪，因而祂體恤我們的軟弱（來 4: 15-16），而祂的聖潔、升上高天，是如何適合所有尋求祂幫助的信徒，能拯救他們到底，帶領他們在今生及死後進到神面前（來 7:25-26；9:24, 27-28；12:2）。

(v) 基督徒的實際生活

➢ 基督徒的人生是個旅程，終點是榮耀（2: 10），真正的安息（4:3, 11），錫安山（12:22-24；參詩 2:6）。
➢ 基督徒須堅持信心，若中途放棄，離開基督真道，就後果嚴重，有如曠野一代以色列人的收場（來 3-4；參詩 95:7-11）。
➢ 基督的超越和偉大連到基督徒的特大福氣與權利，但也意味著背棄真道的特大危險（來 2:1-3；6: 4-8；10:26-29；12:25-28）。
➢ 基督徒的人生旅程上，基督的角色一方面是創始成終者、幫助者（來4:15-16；12:2），另一方面祂也是模範：希伯來書中，基督所說的話出自猶太人的聖經，因他順

從神，並與人類認同，便作基督徒順從神的楷模與先鋒。⁴⁹

結論

總括本文，我們首先從希伯來書引用詩篇的次數、字數、關鍵性，顯示詩篇對希伯來書的重要性。繼而我們舉例說明了，希伯來書對詩篇的引句，有時如何不同於舊約詩篇出處的希伯來文經文，這可能是因為作者所引述的是 LXX 希臘文譯本的經文，也可能是由於引句在指涉（reference）及語境（context）方面跟詩篇出處的差別。為要曉得作者這種做法能否說服當日的猶太人讀者，我們接著指出，希伯來書釋經的前設、神學、方法跟當日猶太人的釋經有不少相似之處，但與此同時，因為作者有別於多數猶太人，宣認耶穌是大家引頸以待的彌賽亞，所以他秉承了早期教會的做法，表明舊約經文（尤其是彌賽亞詩篇）如何只有透過耶穌的生平和言行，才可有圓滿的解釋。然而，作者的做法和神學不僅跟早期教會一脈相承，更是有進一步的推展，包括首次引用了某些詩篇的經文，對大眾熟悉的詩篇予以基督化的解釋，所以希伯來書在建構新約神學、提供基督徒信仰生活指南多方面，都作出了極大的貢獻[50]，難怪在神的護理之下，希伯來書終被廣大教會接受，納入新約正典之列，而且直到今日，仍是深受信徒珍愛的一卷新約聖經。

---

[49] 尤見 Harold W. Attridge, "The Psalms in Hebrews," in *The Psalms in the New Testament*, ed. Steve Moyise and Maarten J. J. Menken (London: T & T Clark, 20024), 197-212 (208, 212).
[50] Karrer, "LXX Psalm 39:7-10," 130.

約翰・衛斯理與英格蘭教會的微妙關係[1]

廖玉強

前言

凡是跟陳廷忠牧師有過接觸和共事的人都不難察覺他是一位獨特的學者、牧者、老師和同工。他不是一位墨守成規和安於現狀的服事者。換言之，他有夢想並努力實踐願景的人。在聖經原則許可的範疇裡他總是毫不猶豫地勇於挑戰困難和陳腐的規範，為神學院開闢新方向。筆者與陳牧師共事多年，在研究約翰・衛斯理與英格蘭教會的關係中，欣然發現陳牧師骨子裡邊確實散發了類似衛斯理的革新骨氣，那就是「忠於上帝，勇求更新」的決心。願將此文與陳牧師和讀者們共勉。

引論

約翰・衛斯理（簡稱衛斯理）有一個夢想：作為一本書的人，又博覽群書和掌握英國時事和社會動態，在愛教會的大前提下，想嘗試透過自己在英格蘭教會內部所發動的復興運動來更新教會。當然，他的夢想是經過一段漫長時間的醞釀才逐漸形成的。[2] 本文將從歷史的進程來理解衛斯理對英格蘭教會的激情和夢想。

---

[1] 此文章乃發表於臺北 2018 年第六屆世界衛理宗神學研討會的部分內容。全文題目是"衛斯理約翰與英格蘭教會：忠心與革新的選擇。"
[2] James H. Rigg, *The Churchmanship of John Wesley and the Relations of Wesleyan Methodism to the Church of England*, (original date and publisher unknown—London: Forgotten Books, classic reprint, 2015), 83-84. 也參 Albert C. Outler, ed. *John* Wesley (New York, NY: Oxford University Press, 1964), 173, 錄

本論

凡研究衛斯理的學者們在某個程度上都不可能不同意貝克爾（Frank Baker）[3]對衛斯理受到英格蘭（安立甘）教會具深度和全面影響的主張。這影響當然也包括他的教會觀。[4]

我們知道雖然衛斯理的祖輩們（父母的父母親）都有清教徒的背景，但是，其父母親—撒母耳和蘇珊娜，卻在成年的時候就轉入成為英格蘭教會的會員，並效忠于執政黨（Tories 托利黨，後來被稱為保守黨）。[5]

然而，受到清教徒深遠影響的父母，在嚴謹的基督化家庭生活中，刻意或潛移默化的塑造了衛斯理的靈性，包括影響他對生活和事物平衡的判斷和處理的原則，例如他曉得要在基要事物上絕對順從權柄，也知道在非基要的課題的上採取自由的處理方法。這兩個原則後來一直

於 J. Duane Beals, "John Wesley's Concept of the Church," *Wesleyan Theological Journal* 9 (1974): 30.

[3] 參 Frank Baker, *John Wesley and the Church of England*, (Nashville & New York: Abingdon Press, 1970). 此文章廣泛的參考了貝克爾的寫作路綫。筆者認為這本著作雖然是寫於60年代，但其對衛斯理和英格蘭教會的關係的探究的全面和深入性，至今仍然沒有其他學者的著作可以取代。實際上，新近研究關於衛斯理與安立甘教會關係的課題的學者甚少，其中一位就是單克爾 (Danker)。單克爾要論證的也只不過是兩造關係張力的一個層面，既是政治性超越神學性的主張。參：Ryan Nicholas Danker, *Wesley and the Anglicans*, (Downers Grove, IL: IVP Academic, 2016).

[4] Baker, *John Wesley and the Church of England*, 2. 貝克爾強調說歐洲大陸的改革者們在教會觀上反而沒有像英格蘭教會那樣直接影響到衛斯理的思想。

[5] Richard P. Heitzenrater, *Wesley and the People Called Methodists*, (Nashville, TN: Abingdon Press, 1995), 27.

的影響衛斯理的生命和事奉，⁶ 當然包括他與英格蘭教會所建立的微妙關係。

在察特公學和牛津大學期間，牧者和聖經教授們接替了父母的角色，給與衛斯理在靈性、聖經基礎和英格蘭教會教義上的指導和栽培，讓他意識到理解上帝的旨意唯獨靠賴聖經，因它乃享有至高的權威。其次是依靠上帝所設立的教會，再來就是上帝所賦予人類的理性。⁷

1728 年，衛斯理在牛津被按立為英格蘭教會的牧者（Priest）。之后，他從 1729 年開始回到牛津大學帶領小組（聖社）的事工。因爲聖社事工的現實牧養的需要，貝克爾，察覺到衛斯理逐漸採取比較創新和務實的牧養方式，從而豐富了他的教會牧養概念。因此，在尋求上帝旨意的過程裏面，他除了回到聖經、理性、傳統外也考慮經歷的層面。⁸

在牛津的日子裏，衛斯理也比較勇於隨著自己良心自由的引導而不惜違背固有的權柄，他問說：「難道基督徒不能對規則享有一點自由嗎？（1）放棄那些我們不再需要的審慎規則？（2）在特殊情況下，暫停那些我們需要的規則；（3）改變那些我們不需要的規則因為我們的靈魂狀態改變了？」⁹

---

⁶ 貝克爾有精闢的闡述。Baker, *John Wesley and the Church of England*, 7-11.
⁷ Baker, *John Wesley and the Church of England*, 11-13.
⁸ Baker, *John Wesley and the Church of England*, 24.
⁹ *Letters* VIII. 268-269—引自 Baker, *John Wesley and the Church of England*, 38.

從這一點來看，在牛津的日子裏，衛斯理在教會的概念上和一般的思想上絕不是一位墨守成規的教條主義者。

1735 年，在美洲喬治亞殖民地的宣教期間，衛斯理進一步的富化了他的教會觀。在一個陌生的地方，面對許多異教徒，衛斯理一方面嚴謹，有時過於嚴謹的按照英格蘭教會的方式執行他的牧養宣教任務。在另一方面，他也比較勇於更新和嘗試新的方式來帶領他們，例如，組織會社、善用平信徒和唱聖詩（非詩篇的）等。顯然，在喬治亞的莫拉維基督徒（1735 年起）的神學和靈性給與衛斯理不小的衝擊。他們對得救的把握、敬虔的生活、即興的講道和禱告等等對衛斯理產生長遠的影響。他從莫拉維基督徒的身上所學習的敬虔思想和經歷，再一次的加深了他早已從初期教會那裏領悟有關個人與神親密關係的重要性，以及從他家鄉和牛津所學習和經歷的虔誠生活的基礎。這一切都在塑造著衛斯理的神學和生命。儘管在這期間受到別人的誤解甚至控訴，貝克爾認為，衛斯理其實絕非要與英格蘭教會對立或分離，而是要復興英格蘭教會或嘗試去建立一所在英格蘭教會之下的模範堂會。[10]

回到英國后，在 1738 年 5 月 24 日那天，衛斯理經歷了重生，確實的明白和體會到救恩不是靠宗教的行動和努力的敬虔生活，而是靠賴神在基督裏的恩典。從那時起，他勇於傳講因信稱義並在聖靈同證下的救恩──基督的

---

[10] Baker, *John Wesley and the Church of England*, ch.3.

福音，而宗教和敬虔的行為不是得救的條件，而是得救後的果子。以下是衛斯理的見證：

> 「我因與這些可愛的人們[德國莫拉維基督徒]交談而感到非常受安慰和鼓舞，以至於當我回到英國後，我更有決心用我的生命來證明上帝恩典的福音。我的意願仍然是要在教堂裡傳道，而不是在任何其他地方傳道；但是現在我的道路鋪滿了許多障礙物。一些神職人員反對這個因信得救的『新教義』…因此，[我]被排除在教堂門外。[我]不敢沉默，只能在露天的地方傳道；我起初如此做並非出於自願的，而是因著需要；但後來我有許多理由去羨慕用此方式去崇拜上帝，因我確信這是上帝智慧的供應，為無數的人們…開啓了一扇門，讓他們聽到上帝大能的拯救。」[11]

這樣的救恩觀和教會觀顯然不是英格蘭教會一時能完全接受的。因此，衛斯理在有意無意中把自己放在一個與英格蘭教會對立的地位上。[12] 很自然的，許多的英格蘭教會開始禁止衛斯理傳講信息。在面對英格蘭教會的排擠時，衛斯理提出抗議，他寫著說：

> 「聖經中的上帝命令我，根據我的能力去指導愚昧人、改變惡人、肯定賢達的人…但是有人禁止我在別人的牧區做這些事…我現在沒有屬於我自己的牧區，也許以後都沒有。那麼我要聽上帝的還是人的呢？…我已經委身於傳講福音的使命，如果我不傳福音，我

---

[11] *Works*, 13: 307-308. Short History of the People called Methodists.
[12] Baker, *John Wesley and the Church of England*, 54-57. 也參 Beals. "John Wesley's Concept of the Church," 29.

就有禍了。但根據你提出的原則，我應該在那裏宣講福音呢？...現在請讓我告訴你我在這件事情上的原則：<u>全世界都是我的牧區</u>。我的意思是在這樣廣大的範圍裏，在任何地方，我有權利，也有責任；向一切願意聽的人，宣告快樂的救恩資訊，這是上帝召我來的工作。」[筆者的強調][13]

自1729年起，衛斯理就已經啟動他的更新英格蘭教會的計劃；他在莫拉維信徒——伯勒爾弟兄的協助下，透過會社（Societies）的成立將信徒組織起來，建立他們的靈性。但是，這會社並不能取代教會的崇拜聚會。衛斯理於1781年回顧說，

「循道衛理宗主義的第一次崛起是在1729年11月，當時我們四個人在牛津見面；第二次是在1736年4月在薩凡納[美洲喬治亞]，當時有二三十個人在我家裡聚會；最後一次是在倫敦[1738年5月1日]，在這一天，我們四五十人同意在每週三晚上聚會，目的是為了自由對話，並在開始和結束時唱詩和祈禱。在我們所有的步驟中，我們都獲得了伯勒爾（Peter Boehler）的大力協助，伯勒爾是一位優秀的年輕人，屬於莫拉維的團體。」[14]

後來，會社、班會（class）和小隊（bands）的組織也迅速的在英國不同地區，如布里斯托（Bristol）等城市發

---

[13] 筆者的翻譯。參 *Journal* 11: 217-218，錄於 Baker, *John Wesley and the Church of England*, 63.
[14] *Works*, 13: 307. Short History of the People called Methodists. 也參 Baker, *John Wesley and the Church of England*, 74.

展起來。[15] 面對著英格蘭教會對他分裂教會的指控，衛斯理理直氣壯地作出辯護。他的辯護也基本上道出當時英格蘭教會的危機和衛斯理內心的焦慮。衛斯理指出，

「但是如果你的意思是促使基督徒彼此分裂，它不是。因為（1）在未參加之前，他們不是基督徒，他們大多是赤裸裸的異教徒。（2）他們也不是真基督徒…他們是酗酒的基督徒！咒罵的基督徒！撒謊的基督徒！如果他們是基督徒的話，他們應該是邪魔的基督徒…（4）如果你說，『他們當中也有一些真正的基督徒在牧區，而你們卻破壞了他們之間的團契。』那我會這樣來回答：既然沒有的事就不可能遭受破壞。有那一些真正的基督徒曾經與他們有過這樣的團契呢？誰又以愛關照過他們呢？誰曾在愛中衡量他們的成長呢？誰曾不時的勸勉他們呢？誰與他們也為他們的需要祈禱呢？這才是基督徒的團契啊！可是它在哪裡可以找到呢？向東、西、南、北看一看，你試一試說出一個牧區的名字，這樣的團契可以在裏找到嗎？…他們的基督徒關係是如何的呢？他們有屬靈的交往嗎？他們有為彼此的靈魂而守望嗎？你如此嚴肅的說我們摧毀那些從未有過的東西，這不是在開玩笑嗎？那事實的真相與你所說的恰恰相反：我們在那些團契被徹底摧毀的地方設立了基督徒團契，而它的果子就是和平、喜樂、仁愛和渴慕善言和善行的熱情。」[16]

---

[15] 詳情可參 Works, 8:248-274. A Plain Account of the People Called Methodists. 也參 Heitzenrater, *Wesley and the People Called Methodists*, 全書。

[16] *Works*, 8: 251-252. A Plain Account of the People Called Methodists.

從 1739 年開始，衛斯理因著不斷增長的牧養需要，接受未被英格蘭教會按立的平信徒在會社、班會和小隊的領導服侍，甚至講道。當然，在面對挑戰時，衛斯理極力的為平信徒傳道人（Lay Preachers）做出辯護。他從初期教會、宗教改革期等時期，提出許多傳講信息的平信徒領袖并未被按立的例證來支持他的立場。[17]

總的來說，衛斯理在英國的會社牧養的聯係系統，加上平信徒傳道人的功能確實助長了循道衛理宗的復興運動。[18]

面對著各種謠言、攻擊和批判，本著向英格蘭教會和國家闡釋和辯護循道衛理宗主義的原則和實踐方法，衛斯理於是在 1744 年出版了一本小冊子，取名爲《向擁有理性與宗教的人士的一個懇請》（An Earnest Appeal to Men of Reason and Religion）。在這小冊子的開頭，衛斯理開宗明義地指出真信仰的特質：

> 「（2）我們看到無數愚蠢和悲痛在我們人類中，看到無宗教信仰的人士或有宗教但無生命的人士的狀態，我們為此感到悲傷。如果我們可以說服某些人，讓他擁有更好的宗教信仰——<u>一個配得上是上帝賜予的宗教信仰</u>——我們將會感到極大的喜樂。<u>我們認為這種信仰的本質無非就是愛——愛上帝和愛全人類</u>；盡心、盡性、盡力去愛上帝。因為祂首先愛我們，這就成為我們所得到的一切美好的東西，以及我們希望享受的所有美好的

---

[17] *Works*, 8: 221-222. A Farther Appeal to Men of Reason and Religion.
[18] Baker, *John Wesley and the Church of England*, 81.

> 事物的泉源…我們相信這種愛是為解決世界上所有邪惡，所提供永遠有效的補救措施…
> <u>（4）這個我們渴慕建立在世上的宗教信仰，一個以仁愛、喜樂、與平安的信仰，深深坐落在靈魂的深處，但又透過它的果子呈現在外面…</u>」[筆者的強調][19]

顯然，衛斯理的服侍，他的循道衛理宗精神，他與英格蘭教會的微妙關係，恰恰反映了上述的目標的落實和兌現。

上述關於衛斯理與英格蘭教會之間的關係已經開始顯得有一點複雜。不過，從開始到最終的精彩的結局是有一個相對漫長的發展過程。以下是兩者關係進一步惡化的過程簡述：

首先，對於衛斯理來說，作為英格蘭教會的一份子，衛斯理當然明白和接受英格蘭教會39條信綱，特別是關於教會定義的第19條：「凡是誠心相信的人，聚集成會，傳講神的正道，遵守基督的命令以施行聖禮，不遺棄聖禮中的要事，那麼這便是基督有形的教會。」[20]

1744年，在他出版的文獻裏：《向擁有理性與宗教的人士的一個懇請》，衛斯理嘗試闡明有形教會的本質是甚麼。他闡述說：

---

[19] *Works*, 8: 3, 4. An Earnest Appeal to Men of Reason and Religion.
[20] 聖公會第19條信綱。第19條信綱的原文如下：XIX. OF THE CHURCH-- THE visible Church of Christ is a congregation of faithful men, in the which the pure Word of God is preached, and the Sacraments be duly ministered according to Christ's ordinance in all those things that of necessity are requisite to the same…

「三件事對於一個有形的教會是必不可少的，第一：活的信仰；沒有它，事實上，根本就沒有教會，無論是看得見的或看不見的。 其次：講道，並因此聽到上帝的純正的話語，否則信心會衰退並死亡。 第三，聖禮的適當執行——上帝增加信心的普通手段。」[21]

顯然，他的強調是對前面所分析的當時英格蘭教會的一般低落的靈性狀態的一個提醒。我們將看到，這是衛斯理一生所強調的。

例如，在 1785 年當衛斯理正式頒佈一個使循道衛理宗主義運動合法地位的宣言契約（Deed of Declaration）[22]之後，他仍然重申和確認了這個教會的定義。[23] 究竟他是如何做到的呢？

在 1744 年 6 月 27 日的會議記錄裏邊，被問及是否要與英格蘭教會分離時，衛斯理回答說：「我們沒有這樣的構想；爲了良心的緣故，我們經常會出席[英格蘭教會]聆聽聖言和領受聖禮（餐）。」[24]

---

[21] 筆者翻譯。John Wesley, "An Earnest Appeal to Men of Reason and Religion," Works, 8: 31.
[22] 這一份隨後提交倫敦法院的法律的文件是衛斯理於 1784 年 2 月 28 日所起草的，其目的是要合法化循道會運動的結構。在條文裏邊，有由衛斯理選出的 100 位傳教士作爲該組織的決策團體的名單。爲了教會未來在英美兩地的發展，這是一個必然的結果，而衛斯理與英格蘭教會的分裂就因此不可避免地出現了。此文件可參 The Works of the Reverend John Wesley, M.A. Volume 4 (e-book) （New York, NY: J Emory & B. Waugh, 1831）, 753-759. 對於此文件的解說和評論，可參 Samuel J. Rogal, "Legalizing Methodism: John Wesley's Deed of Declaration and the Language of the Law," Methodist History 44.2 (2006): 105-114.
[23] 參 Kenneth Collins, "John Wesley's Concept of the Ministerial Office," Wesleyan Theological Journal 23.1 (1988): 107-108.
[24] Works, 8: 280.

在1745年12月27日的日記裏邊，衛斯理在回應賀爾先生（Hall）誠懇的要求衛斯理兄弟兩正式放棄英格蘭教會時明顯的不認同他的觀點，例如在給於信徒施洗和聖餐的議題上，衛斯理堅決認為除非獲得主教們的授權，他們是不會那麼做的。[25]

可是衛斯理也持守著一個重要的原則，他指出，「我們宣告，（1）我們會服從英格蘭教會的所有法規，只要我們的良心是感覺安全的。（2）在同樣的條件下，我們會順從主教們作為教會法規的執行者。不過，他們那些與法規相違的意旨，我們就不能服從了。」[26] 接下來，衛斯理引用三個循道會運動實際牧養的例子來闡明他的原則：第一個是戶外的講道、第二是允許平信徒傳道人的職份、第三是給與會社立定的規則與指引。他認為這一些是完全不抵觸英格蘭教會的法規的。[27]

1746年6月17日，在回覆一位牧者徹茲（Church）對他控訴的信時，衛斯理為自己對英格蘭教會的尊敬和忠心作出強烈的辯護。他說：

> 「我確實這樣說…我不敢放棄與英格蘭教會的相交關係。作為一位牧者，我教導她的教義、我使用她的職位、我遵照她的規則、我承受因與她的關係而遭受的責備…如果事實是如此，為何有常識的人還那麼大膽的指控說我放棄英格蘭教會呢？…整個事件是這樣

---

[25] *Works*, 2: 4 Journal.
[26] *Works*, 2: 5 Journal.
[27] *Works*, 2. 5, 6 Journal.

的：(1)我經常使用即興的禱告方式。(2)無論在哪裏,只要能夠,我就傳講福音。(3)那一些願意活出福音的人,我會指導他們如何彼此守望...這一些並不能證明我不是英格蘭教會的會友或牧者,除非我被驅逐或我自己放棄與她的關係,或不承認她的教義和不參與她的擘餅聚會和禱告...」[28]

1755年5月6日的日記裏,記載了年會[29]在里德斯(Leeds)召開的情況。當時,衛斯理給與出席的所有傳道人充分時間和機會針對關於是否要離開英格蘭教會的事宜做出回應,三天過後,他們一致同意的結論是:「無論是否合法,分離是不方便或不實際的(not expedient)。」[30]

在1746年和1755年間,有兩本著作對衛斯理的教會觀,特別是對長牧的職責內容帶來顛覆性的影響。第一本著作是科尹(Lord Peter King)的《一個對原初教會的章程、法規、合一和敬拜的探討》。在此1691年的著作裏,作者主張初期教會的長老和監督其實是屬於同等的職份的。換言之,他們都可以享有執行按立的權力。第二本著作是斯提凌弗利特(Edward Stillingfleet)於1659年出版的《和平提議》。作者在提到監督制和長老制的複合時否認基督曾經賜下或規定任何一種神聖的教會體制。從1755年起,儘管衛斯理從上述的著作中領悟到聖經並不

---

[28] Works, 8: 444. Principles of A Methodist Farther Explained.
[29] 循道會第一屆的年會是於1744年在倫敦方得理(舊鑄造局)召開。其中一項任務是劃分教區。
[30] Works, 2: 329 Journal.

限制長牧的職責範疇或事工，但是他裹足不前，沒有採取任何行動，因爲知道這個概念比較前衛，不是很多英格蘭教會的人可以接受的來的。[31]

幾年後，於 1758 年，當衛斯理還掙扎在自己所領悟的新概念中，出版了一份說明書，取名爲《反對與英格蘭教會分離的原因》（Reasons Against A Separation from the Church of England）。在此說明書裏邊，衛斯理勾勒出爲何循道衛理宗不方便或無益與英格蘭教會分離的各種原因。簡單來說，當時衛斯理認爲，不管合不合法，分離是既不榮神也不益人的選擇。[32]

可是，匿藏在衛斯理內心的這個新概念，正等待著一個契機的出現。這個契機就出現在 1780 年當衛斯理被倫敦主教羅福博士（Dr Lowth）拒絕他有關按立合適人選到美國工場的請求時。因著確實的需要，衛斯理終於在 1784 年 9 月 1 日按立了兩位牧者到美國去服侍。

正如貝克爾所認爲的，1784 年是衛斯理與英格蘭教會在關係上無法回頭的決裂年。[33] 在 1784 年 9 月 1 日衛斯理的日記裏，衛斯理描繪那個歷史性的一刻，「現在我已經很清楚了，於是我向前邁進長期以來在我腦海裏醞釀

---

[31] 參 Telford, Letters, 7:238; 3:182 錄於 Collins, "John Wesley's Concept of the Ministerial Office," 115-116.
[32] John Wesley, *Reasons Against a Separation from the Church of England* (London: Publication agency unknown, 1758).
[33] Baker, *John Wesley and the Church of England*, 218.

的一步，指派[按立]華特科特（Mr Whatcoat）和瓦希（Mr Vasey）去牧養美洲困苦流離的羊群。」³⁴

後來衛斯理也在他的一篇短文裏提到，「爲了這個真實的需要，我邁出了過去多年來爲了和平和安靜而不敢邁出的一步；我使用了這個我確信是大牧者和教會大主教所賦予我的權柄。」³⁵

根據分析，衛斯理這股勇氣，除了來自工場實際的需要外，也相信來自同一年，1784年2月28日，他的另一個歷史性壯舉，即是他草擬一份循道衛理宗議會的宣言契約（Deed of Declaration）。³⁶ 契約的部分條例摘錄如下：「[上述的100位傳道人]，作為上帝聖言的傳講者和解釋者，在衛斯理·約翰的關懷和聯繫下，在本日當天已經確實的成爲上述議會的成員...其中提到並載有稱為循道衛理宗人士議會的詞語（Conference of the people called Methodists）；而且前面提到的這些前輩和他們的繼承人是被選的，並且被視為那被稱爲是循道衛理宗的人士的議會（the Conference of the people called Methodists）。」³⁷

這份受法律承認的宣言契約能保障後衛斯理時代循道衛理宗議會的合法地位。衛斯理解釋說：「你會看到我爲了這絕對有必要的宣言契約而承受了所有的痛苦，我一

---

³⁴ *Works*, 4: 288. Journal. 也參 Baker, *John Wesley and the Church of England*, 266.
³⁵ *Works*, 13:256. Of the Separation from the Church.
³⁶ 此宣言契約錄於 *Works*, 4: 503-512.
³⁷ John Wesley's Deed of Declaration in *The Works of the Reverend John Wesley, M.A. Volume 4* (e-book), 756.

直在為它，不是為自己而努力（對我個人而言是毫無私人利益的），為了整個循道衛理宗能夠像太陽和月亮那樣有一個可以長遠持續下去的基礎。只要他們繼續憑信心而行，並通過所做的展示他們的信仰，否則我祈求上帝從世界根除這個紀念他們的事物。」[38]

明顯的，衛斯理1784年第一次按立牧者的行動使他鋪平了往後循道衛理宗按立牧者的道路。他先後為美國、蘇格蘭、紐芬蘭以及後來的英國（1788年）按立了27位所需要的牧者。

然而，就算到了這個關鍵點上，當被人評論為「按立等同分離」（Ordination is Separation）的時刻，衛斯理還是堅持他的立場，即是他絕對不與英格蘭教會分離。衛斯理解釋說，「不管怎樣，在美國和蘇格蘭所做的[指按立]並不是要與英格蘭教會分離。」[39]

大約在離世前的兩年，在1789年5月4日的講道中，衛斯理道出了他與英格蘭教會相處相交的神學原則，他說：

> 「我不敢與英國教會分離，我相信這樣做是在犯罪；另一方面，我也認為如果不與英格蘭教會有所不同也是在犯罪。我說，把這兩個原則放在一起，首先，我不會離開英格蘭教會；然而，其次，<u>在必要的情況下，我將</u>

---

[38] *Works*, 13:248-250. Thoughts About Some Late Occurrences. 在此，可以追溯此宣言契約的起因與發展。
[39] *Works*, 13: 257. Of Separation from the Church.

與她不一樣（這兩者我都不斷地公開宣稱五十年以上）。」[筆者的強調][40]

最後，在同一年，1789年12月，衛斯理再一次堅決的申辯說：

「我從來沒有任何與英格蘭教會分離的構想；我現在也沒有這樣的構想。當我不在的時候，我不相信循道衛理宗總體上有此計劃。我會盡我所能阻止這樣的事件發生…我再次宣佈：『無論是活著或是死亡，我都屬于英格蘭教會的一個成員。』」[41]

結論：

衛斯理不是活在真空裏邊的人，他在十八世紀英格蘭的處境、成長背景、家庭教育、正規教育、神學裝備、教會團體生活、信仰與服侍生活等都間接或直接的塑造了他的靈性和思想。在改革的過程中他面對不少來自英格蘭教會領導層、循道衛理宗圈內和其他外人的壓力或逼迫。從英格蘭教會的角度來看，他是一個不按規則辦事，不忠於教會法規傳統的人。可是，他始終持守著一貫的神學立場和作風，一個更高的統一原則，就是周旋在服從英格蘭教會、按照實際需要做調試和忠於聖經的指引的張力原則下來革新教會和社會。這種具深度朦朧和彈性的處理手法，雖然不能討好所有的人，卻是衛斯理辦好教會獨特和有效的方法論。

---

[40] *Works*, 7: 279. 此乃講章第115篇（Ministerial Office）於 Cork, May 4, 1789。
[41] *Works*, 13: 273, 274. Farther Thoughts of Separation from the Church.

神學詮釋「你們心靈固然願意，肉體卻軟弱了」

池峪鋒

引言

彼得和其他門徒立志要跟隨耶穌到底，不計一切代價。當耶穌預言門徒們將被分散時，彼得回答說：「我就是必須和你同死，也總不能不認你！」（太 26:33）[1] 耶穌對彼得大膽的回應似乎相當令人沮喪：「我實在告訴你：今夜雞叫以先，你要三次不認我」（太 26:34）。但彼得再次重申他的誓言，這次他甚至以自己的生命發誓：「我就是必須和你同死，也總不能不認你。」（太 26:35a）彼得不是獨自這樣說，因為「眾門徒都是這樣說」（太 26:35b）。他們渴望為耶穌的使命犧牲生命，即使當時他們可能還不明白為耶穌而死的真正含義。[2]

門徒們跟隨耶穌並為他捨棄生命的決心是明顯的。他們堅決要做「正確的事」。他們的情感熾熱如火，就像詩歌中唱的：「我已經決定跟隨主耶穌，我已經決定跟隨主耶穌……永不回頭，永不回頭。」然而，當我們的眼目轉向耶穌的時候，他似乎非常苦惱和沮喪，甚至憂傷欲死（太 26:37-38）——這與門徒們的情感相反。耶穌是否因為知道自己即將死亡才如此表現？如果是這樣，

---

[1] 本文使用《現代標點和合本》，除非另有說明。
[2] Stanley Hauerwas, *Matthew*, Brazos Theological Commentary on the Bible (Grand Rapids, MI: Brazos, 2006), 221.

耶穌難道不應該對門徒們願意與他一同死而感到興奮或安慰嗎？難道這不是耶穌對他的追隨者所希望的嗎：「若有人要跟從我，就當捨己，背起他的十字架來跟從我。因為凡要救自己生命的，必喪掉生命；凡為我喪掉生命的，必得著生命」（太 16:24-25）？接下來的敘述引領我們進入著名的客西馬尼園場景，那裡有禱告（或是沒有）的事件，也是門徒、人子和父神意願的交匯之處（太 26:36-46）。

本章的目的是探討耶穌這句著名的陳述「你們心靈(pneuma)固然願意，肉體卻軟弱了」（太 26:41b；可 14:38b）中「靈」可能具有的意義。了解到底這「靈(pneuma)」一詞究竟是指人的靈，還是聖靈。原文的直譯是：「靈固然[是]願意的，但肉體[是]軟弱的。」³ 中文和合本加上「你們心...」，但原文沒有明文說是人（或門徒）的靈。因此，本文提出對這個「靈」的三重神學理解。首先，筆者將根據五本學術界認可的聖經註釋書，簡要回顧「人的靈與肉體」的傳統詮釋。接著，本文將從三重神學觀（人、靈和基督）出發，根據聖經的「神人合一作者(divine-human authorship)」和經文的「更豐富意義(sensus plenior; "fuller meaning")」的解經原則，⁴ 重點探討馬太福音 26 章 41b 節中「靈」的概念。

---

³ τὸ μὲν πνεῦμα πρόθυμον ἡ δὲ σὰρξ ἀσθενής (literally: Indeed, the spirit is willing, but the flesh is weak). 路加福音 22:39-46 中也描述了客西馬尼園的事件，但沒有「靈固然願意，但肉體軟弱」這句話。

⁴ Peter L. H. Tie, "Spirit, Scripture, Saints, and Seminary: Toward a Reappropriation of 'Spirit Illumination' in 'Scripture Interpretation' for Seminarians," in *Spirit Wind: The Doctrine of the Holy Spirit in Global Theology:*

這個新提議的目的是展示這個「靈」（也就是聖靈）的神學詮釋如何更好地捕捉耶穌「靈是願意的，但肉體是軟弱的」的陳述，並最後闡明其中的三重實踐意涵。

經典的觀點：「人的靈與其肉體之間的張力」

大多數聖經學者認為馬太福音 26 章 41b 節中的「靈」指的是「人的靈」，即人的「心靈」、「意向」、「態度」等（相對於「肉體」或「身體」）。總之，人內部存在著一種靈與肉體之間的張力。以下是五位聖經學者試圖解釋「靈」和「肉體」是指向當時門徒（或人類）狀態的引文：

- 克雷格·布隆伯格(Craig L. Blomberg)：「人的靈有好的意向，但肉體⋯⋯是軟弱的。也許耶穌的這番話是保羅對『肉體』特殊用法的資料來源之一。」[5]
- 格蘭特·奧斯本(Grant R. Osborne)：「門徒們想要順服耶穌，從心靈深處做正確的事，但他們外在的肉體卻缺乏力量⋯⋯πρόθυμον 意味著「準備、渴望或渴望」做某事。它表示良善的意願和願意做上帝所要求的事情。因此，耶穌是在說門徒們

A Chinese Perspective, ed. Peter L. H. Tie and Justin T. T. Tan (Eugene, OR: Pickwick, 2020), 3-5, 14-19.
[5] Craig L. Blomberg, *Matthew*, The New American Commentary 22 (Nashville, TN: Broadman, 1992), 396.

願意保持清醒，並做他所要求的，但卻缺乏他們自身的力量。」[6]

- 大衛·特納(David L. Turner)：「他們在馬太福音 26 章 35b 節中的抗議表明了他們『靈』的願望(參詩篇 51:12)，但卻無法在他們的主面臨世上最後且最困難的時刻，與他一起保持警醒。這表明了他們肉體的軟弱（羅 6:19；參羅 8:4-17；加 5:16-24）…但靈性的警醒可以克服人的軟弱（參羅 13:11-14）。」[7]

- 約翰·諾蘭 (John Nolland)：「『靈[是]願意的』是區別門徒與其他許多人的特點。他們渴望與耶穌，以及他的使命聯繫在一起，他們之前也剛剛宣稱願意為他而死（太 26:35）…但對於他們來說，背後總有一種需要，他們最終要將自己的意念歸服於神的心意。」[8]

- 里昂·莫里斯 (Leon Morris)：「耶穌認識到門徒們想要按照他的要求行事，但他們力量不夠。他們的肉體讓他們失望。有人曾指出，在耶穌展示出心靈戰勝肉體的同時，門徒們卻表現出肉體戰勝心靈的情況……因人性的脆弱，禱告永遠是必須

---

[6] Grant R. Osborne, *Matthew*, Zondervan Exegetical Commentary on the New Testament (Grand Rapids, MI: Zondervan, 2010), 980-981.
[7] David L. Turner, *Matthew*, Baker Exegetical Commentary on the New Testament (Grand Rapids, MI: Baker, 2008), 632.
[8] John Nolland, *The Gospel of Matthew*, New International Greek Testament Commentary (Grand Rapids, MI: Eerdmans, 2005), 1102.

的。只有願意還不夠,還必須伴隨著持久的禱告。」[9]

以上提到的五位聖經學者足以幫助我們總結「靈願意」的意思是門徒「願意的態度」,例如:「良善的意圖」(Blomberg),「盼望順服耶穌,在他們的靈深處做正確的事情;善意和願意做神所要求的事情」(Osborne;包括 Morris);「心靈的願意(參詩 51:12)」(Turner);[10]「熱切地與耶穌和他的使命聯繫在一起……他們為他而死的準備」(Nolland)。

這些學者觀察到人的「靈」和「肉體」之間存在著真實的衝突。人的「靈」通常被認為是比「肉體」或「身體」更「堅強」的元素。正如特納在實踐層面上的結論:「靈性的警醒可以克服人的軟弱」。總的來說,儘管對於「肉體」(σὰρξ, sarx)的含義存在一定的模糊性,[11] 這

---

[9] Leon Morris, *The Gospel According to Matthew*, Pillar New Testament Commentary (Grand Rapids, MI: Eerdmans,1992), 670.

[10] 有趣的是,筆者觀察到在詩篇 51:12 中被認為是人「樂意的靈」(πνεύματι ἡγεμονικῷ, pneumati hēgemonikō) 可能指的是前一節 (51:11) 中的聖靈:「不要丟棄我,使我離開你的面,不要從我收回你的聖靈。求你使我仍得救恩之樂,賜我樂意的靈扶持我。」BDAG (《新約及早期基督教希臘文大詞典》) 指出,ἡγεμονικός (hēgemonikos) 一詞具有「監督、引導、領導的能力」的含義;因此,它可以被翻譯為「賜引導的聖靈扶持我」,而不是指人「樂意的靈」(參詩篇 51:12, ESV、NIV 譯本)。W. Arndt, F. W. Danker, and F. W. Gingrich, "Ηγεμονικός," in *A Greek-English lexicon of the New Testament and Other Early Christian Literature*, 3rd. ed./Logos Software ed. (University of Chicago Press, 2000), 433. 參 Mitchell Dahood, *Psalm II, 51-100*, The Anchor Bible 17, 3rd. ed. (Garden City, NY: Doubleday, 1968), 7-8。這個討論超出了本章的範圍。

[11] 奧斯本將 σὰρξ 解釋為「外在的肉體」,代表人的無能或脆弱 (Osborne, Matthew, 980-1)。莫里斯在這方面更清楚:σὰρξ 指的是「肉體」和「脆弱的人性」(Morris, *Matthew*, 670)。布隆伯格表示,「在這種情況下,『肉體』最

神學詮釋「你們心靈固然願意,肉體卻軟弱了」

些釋經學者都同意門徒在「心靈」上是「願意」——渴望做主所要求的——為耶穌的使命甘願犧牲生命（太26:35b），但他們的「肉體」無法維持他們的意願。因此，耶穌陳述了門徒所表現出的明顯且普遍的人類狀態：「人的心靈願意，然而肉體軟弱」（太 26:41b）。現在，在回顧了傳統的「人的靈與肉體之張力」觀點之後，我們轉向三重神學詮釋。

三重神學詮釋：人、聖靈和基督觀

人觀

我們討論的核心問題是：這裡（太 26:41b）的「靈」是否指人與其「肉體」衝突的「靈」，即「靈與肉體的二元對立」？為了回答這個問題，我們需要更仔細地觀察馬太福音和其他福音書，甚至其他新約著作（尤其是羅馬書 7 章）來尋得線索。而筆者的初步研究表明，福音書作者和保羅都幾乎沒有展現人「靈與肉體」的衝突。

馬太福音 10 章 28 節意味着了人性的兩面：「那殺身體(σῶμα, sōma)不能殺害靈魂(ψυχή, psychē)的，不要怕他們；唯有能把身體(σῶμα)和靈魂(ψυχή)都滅在地獄裡的，正要怕他」（太 10:28）。然而，這節經文並不能用作解釋馬太福音 26 章 41b 節的有效參考，因為：1) 前者使用了 ψυχή(psychē)和 σῶμα(sōma)，而不是 πνεῦμα(pneuma)和 σάρξ(sarx)，儘管這些詞在某些情況下是可以互換或

有可能指的是有罪的人性，但也包括脆弱的身體（想要睡覺的身體）」(Blomberg, *Matthew*, 396)。

如鷹攪巢、如燕孵雛

同義的;¹² 2) 馬太福音 10 章 28 節更多講述的是靈魂和身體的合一性,而不是一個人的靈魂與肉體之間的張力。

另一個可能顯示人的靈與肉體對立的例子是約翰福音 6 章 63 節:「叫人活著的乃是靈,肉是無益的。我對你們所說的話就是靈,就是生命。」奧斯本觀察到,在四福音書中,約翰福音 6 章 63 節(除太 26:41b;可 14:38b 之外)是唯一一個顯示「靈與肉體對立」的例子。¹³ 然而,如果奧斯本將這裡的「靈」(約 6:63)解釋為「人的靈」,這就暗示著「人的靈賦予自己生命」。在約翰福音 6 章的背景下,這可能意味著「人的靈」能夠提供「永生」。這樣的解釋在教義上是災難性的。儘管奧斯本並沒有明確將馬太福音 26 章 41b 節中的「靈」指定為人的靈還是聖靈,但他卻馬上將「靈與肉體對立的概念」與保羅在羅馬書 8 章關於聖靈和人的肉體的教導聯繫起來:「這(太 26:41b 和可 14:38b)和約翰福音 6 章 63 節是福音書中僅有的靈與肉體對立的例子,但它在保羅的書信中得到了進一步的發展。保羅在羅馬書 8 章中將『靈(πνεῦμα; pneuma)』用於聖靈,從而對比在聖靈裡的生命和靠著自己的力量的生命。」¹⁴ 總之,奧斯本並未

---

¹² Cooper 主張:「在兩[新舊]約中,當提到人類時,nephesh 和 ruach 以及它們的希臘對應詞 psuche 和 pneuma 的語義範圍是獨特但卻是重疊的...肉體 (basar, sarx) 和身體或有機體 (soma) 的術語同樣以獨特但重疊的方式使用,具有個人靈性和生理功能...」John W. Cooper, "Scripture and Philosophy on the Unity of Body and Soul: An Integrative Method for Theological Anthropology," in *The Ashgate Research Companion to Theological Anthropology*, ed. Joshua R. Farris and Charles Taliaferro (New York, NY: Routledge, 2015), 31。
¹³ Osborne, *Matthew*, 980.
¹⁴ Osborne, *Matthew*, 980.

神學詮釋「你們心靈固然願意,肉體卻軟弱了」

給出明確的結論,到底馬太福音 26:41b 中的「靈」指的是人的靈還是聖靈。[15]

有人可能認為,傳統的「靈與肉體的張力」觀點可能把羅馬書 7 章作為支持自己立場的關鍵經文。然而有趣的是,上述五位新約學者中沒有一位將馬太福音 26 章 41b 節與保羅在羅馬書 7 章中內心鬥爭的明確陳述聯繫起來:「因為我所做的,我自己不明白;我所願意的,我並不做;我所恨惡的,我倒去做⋯因為立志為善由得我,只是行出來由不得我。故此,我所願意的善,我反不做;我所不願意的惡,我倒去做。」(羅 7:15, 18b-19)這些學者沒有做如此聯繫,可能的原因之一是,儘管羅馬書 7:5, 18, 25 節中經常提到人的肉體(σὰρξ),但除了 7:6b,保羅在羅馬書 7 章中並未使用 πνεῦμα(pneuma)這個詞來指代人的「靈」。而 7:6b 很可能指的是聖靈,而不是指人的「心靈」。因此,在羅馬書 7 章中並沒有明確提到「靈與肉體」的對立。戈登·費依 (Gordon Fee) 明確表示:「無論其他方面如何,這段經文[羅馬書7章]並不描述信徒內部在肉體和聖靈之間的鬥爭[如羅馬書8章],而是描述了[一個非信徒]在罪和肉體的控制下,處在律法下的情況。」[16] 保羅對於個人內心鬥爭的論證基於「罪性」的事實(羅 7:17b, 20b),即一個人「在信基督之前,

---

[15] 馬太福音 5:3 中的「poor in spirit 靈貧窮」(靈被理解為一個人的「態度或心境」);以及馬太福音 27:50 中的「gave up his spirit 交付他的靈」(靈被理解為耶穌的生命力)。Nolland 認為這兩個例子對於解釋馬太福音 26 章 41b 節中的「靈」沒有幫助;參 Nolland, *Gospel of Matthew*, 1100 fn187.

[16] Gordon D. Fee, *God's Empowering Presence: The Holy Spirit in the Letters of Paul* (Peabody, MA: Hendrickson, 1994), 513. 斜體為原作所標識。

以及在基督之外」，[17] 其道德上無法達到神律法的標準（羅 7:14）。[18] 更重要的是，保羅在羅馬書 8 章中接續的論述（見下）顯示，這本質上不是一個人的「靈與肉體」之間的鬥爭，而是一場持續的「聖靈的意願」和「人（肉身）的意思」之間的戰爭（例如，羅 8:5-6, 9-13）。[19]

從人論角度，福音書作者（或保羅）沒有提供任何線索可以幫助我們確定馬太福音 26 章 41b 節中與「肉體」對立的「靈」是人的靈，還是神的靈。本文接下來的部分將嘗試從聖靈的角度來詮釋馬太福音 26 章 41b 節中的「靈」，尤其是根據保羅在羅馬書 8 章和加拉太書 5 章的相關內容來討論。

聖靈觀

諾蘭知道確定馬太福音 26 章 41b 節中「靈」的含義是困難的。它可以指「生命力」或「各種能力和態度」，就像在舊約中一樣；或者指一個人內部的兩個對立的靈（或衝動），這觀點在死海古卷中有所體現。[20] 有人可能會提出，耶穌的這句話「靈願意，肉體軟弱」，或許

---

[17] Fee, *God's Empowering Presence*, 511.
[18] Colin G. Kruse, *Paul's Letter to the Romans*, Pillar New Testament Commentary (Grand Rapids, MI: Eerdmans, 2012), 305-8.
[19] 新約學者認為羅馬書 6:1–8:39 是一個獨特的文學單元，因此可以根據其直接且相關的背景（即羅馬書 8 章）來解釋保羅在羅馬書 7 章中的「內在掙扎」。費依 (Fee) 認為：「在 8:5-8 節中，保羅最終對肉體和聖靈之間的對比進行了陳述，但其中沒有絲毫提及基督徒內心的掙扎。」Fee, *God's Empowering Presence*, 499, 514-5.
[20] Nolland, *Gospel of Matthew*, 1102.

神學詮釋「你們心靈固然願意，肉體卻軟弱了」

是保羅發展「聖靈與肉體對立」神學的基礎。[21] 接下來，我們將簡要評論保羅在羅馬書 8 章和加拉太書 5 章中有關「聖靈與肉體的鬥爭」的相關經文，並將其置於馬太福音 26 章 41b 節的背景之下。

對於羅馬書 8:1-17，施賴納恩 (Schreiner) 正確地評論道：基督徒「不再在肉體中，卻在*聖靈*中。肉體的本性傾向是體貼肉體的事物並實現其慾望。同樣地，那些有聖靈的人按照聖靈的意願行事。保羅意識到已然和未然的張力；因此，他提醒信徒身體的復活仍然是未來的（8:10-11）。」[22] 也許有人會主張，保羅對於「聖靈」(*pneuma*)與「肉體」(*sarx*)的使用是從馬太福音 26 章 41b 節 (或可 14:38b)「發展」而來。然而，保羅對於這些詞的使用是非常明確的。在「靈與肉體的對立」中，「靈」(πνεῦμα, *pneuma*)指的是聖靈；對於「肉體」(σὰρξ, *sarx*)，它似乎具有雙重的含義：一方面指某種邪惡的力量，奴役和引誘人；另一方面指人的「肉體」——人性的罪惡狀態（包括身體和靈魂）。諾蘭觀察到馬太和保羅之間的區別：「保羅進一步指出『肉體』是透過人類身體的慾望和願望工作的邪惡力量。馬太福音26章41節中的『肉

---

[21] Blomberg, *Matthew*, 396. 布隆伯格只暗示了馬太福音 26 章 41b 節和保羅之間在「肉體」方面的聯繫或發展：「也許耶穌的這句話是保羅形成其特有對'肉體'使用的來源之一。」但他並沒有指出馬太福音 26 章 41b 節和保羅的著作（例如，羅 8 章和加 5 章）之間有關「靈與肉體」之張力的聯繫。

[22] Thomas R. Schreiner, *Romans*, 2nd. ed., Baker Exegetical Commentary on the New Testament (Grand Rapids, MI: Baker, 2018), 393. 斜體為筆者的強調。在羅馬書 8 章 10 節中，對比「身體」(σῶμα, *sōma*) 和「靈」(πνεῦμα, *pneuma*)，後者可能指的是聖靈，而不是人的「靈」：「然而，基督若在你們裡面，身體因罪而死，聖靈是生命因為義」（ESV譯本）；「聖靈賜生命因為義」（CSB譯本）。

體」並不像保羅的用法（如果是的話，困難在於肉體應該是強大的，而不是軟弱的）。」²³ 諾蘭也會認同保羅書信中「肉體」的另一種含義，即人類本性的罪惡狀態。²⁴ 在這種含義中，「肉體」可以被認為是「軟弱的」，即無法達到律法或神的旨意的能力（羅 8:3）。這樣，馬太福音 26 章 41b 節中的「但肉體軟弱」(ἡ δὲ σὰρξ ἀσθενής) 和羅馬書 8 章 3 節中的「既因肉體軟弱」(ἠσθένει διὰ τῆς σαρκός) 是一致的。如果是這樣，我們該如何看待馬太福音和保羅關於「靈」(pneuma)的緊密聯繫？

對於保羅來說，人的「肉體」與神的「聖靈」之間存在著持續的鬥爭。²⁵ 但正如前面所提到的，聖經學者卻常引用馬太福音 26 章 41 節作為保羅「聖靈與肉體對立」神學的基礎。如果是這樣的話，他們必須考慮從「人的靈與肉體的鬥爭」到「聖靈與肉體的鬥爭」這個概念上的顯著遷移。諾蘭正確地觀察到：「[關於人的靈與肉體之爭]保羅並無可比性。保羅有一套獨特的使用『肉體』的方式，與之相對的是『聖靈』（如：羅 8:9）。那麼馬太福音 26 章 41 節的位置又在哪裡呢？」²⁶

---

²³ Nolland, *Gospel of Matthew*, 1102.
²⁴ 施賴納恩,將羅馬書 8:3a 中的「肉體」解釋為「未重生的人類」，參 Schreiner, *Romans*, 394。
²⁵ 關於羅馬書 7 和 8 章，伯克魯爾 (Berkouwer) 也觀察到「保羅思想中 *sarx*（和 *sōma*）與 *pneuma* 之間的對比並不是指的身體和靈魂之間的對比。」G. C. Berkouwer, *Man: The Image of God, Studies in Dogmatics* (Grand Rapids, MI: Eerdmans, 1962), 205.
²⁶ Nolland, *Gospel of Matthew*, 1102.

神學詮釋「你們心靈固然願意，肉體卻軟弱了」

保羅在加拉太書 5:16-18 的教導中也沒有暗示任何在人內部的靈與肉體之爭，而是展現神的聖靈與人的肉體之間的對立。²⁷ 朗根克爾(Longenecker)對同一段經文的解釋掌握了保羅的論點：

> 然而，在每個信徒背後，保羅看到有兩股試圖控制他思想和行為的倫理力量：一邊是有位格的聖靈；另一邊是具人格化的「肉體」……「肉體」和「聖靈」彼此截然對立，結果就是人在「肉體」中無法做自己知道是對的事（即只按自己的指引和純粹人性的方向活），而這只有在「聖靈」中才能做到（即當他根據神聖靈的引導，活在「基督裡」的新現實中時）。²⁸

保羅在加拉太書 5 章和羅馬書 8 章中對聖靈與肉體的使用是一致的，因此我們可以得出結論：馬太福音中關於人的靈與肉體的張力和保羅關於聖靈與肉體的鬥爭，兩者之間不存在對應之處。我們因此必須處理這個重要問題：福音書作者和保羅在「（聖）靈與肉體」的張力上是否存在不一致性？

正如大部分聖經學者所指出的，馬太的 *pneuma*（太 26:41b）很可能指的是人的「靈」（思想狀態），這個「靈」是「願意」和「渴望」的，並且有「做某事的慾

---

²⁷ 經文上下文背景，「我說，你們當順著聖靈而行，就不放縱肉體的情慾了。因為情慾和聖靈相爭，聖靈和情慾相爭，這兩個是彼此相敵，使你們不能做所願意做的。但你們若被聖靈引導，就不在律法以下。」（加 5:16-18）
²⁸ Richard N. Longenecker, *Galatians*, Word Bible Commentary 41 (Dallas, TX: Word, 1990), 245.

如鷹攪巢、如燕挼雛

望」。傳統的解釋是，門徒願意為耶穌而死，但他們因過於疲累和軟弱而無法禱告（如 26:43b 所述，「因為他們的眼睛困倦」）。我們也可以這樣說：門徒的「靈願意[禱告]，但肉體軟弱[於禱告]」。即使他們知道禱告是「正確」的事，但由於身體疲憊，他們卻沒有這樣做。

[29] 然而，果真是身體上的疲勞擊敗了他們的意願，導致他們無法禱告嗎？這真的是人自身或內在的鬥爭，人的「靈」是「願意」，但「肉體」是「軟弱」嗎？他們當時可能確實是身體虛弱，但他們也曾經整夜不睡覺地捕魚（路 5:5）。我們可以理解，門徒必須整夜工作，因為他們的生計取決於收獲。在另一個場合，即使在夜間的海上暴風雨中（可 4:35），他們也完全不累；而諷刺的是，耶穌卻早早就休息了。他們必須把耶穌叫醒，因為他們的生命取決於他。

我們可以合理推斷，這不是因為身體力量的問題，而更多是因為內心的「願意」、「急切」或「渴望」而驅使著身體行動的問題。例如，如果目標是完成研究論文、看電影、玩電子遊戲、照顧臨終的病人或謀生——我們真正想要的的東西（出於願望或渴想）或實際必須完成的事情（出於需要或義務），我們有些人可以整夜不睡。我們可能身體虛弱，但「願意」、「渴望」、「需求」或「責任」促使我們堅持下去。因此，關於門徒「困倦」的狀態，很可能比起「軟弱的肉體」（如「眼睛困倦」

---

[29] GOD'S WORD® Translation 傳達的就是這個意思：「你想做正確的事，但你很軟弱（"You want to do what's right, but you're weak"）。」參 https://biblehub.com/gwt/matthew/26.htm.

神學詮釋「你們心靈固然願意，肉體卻軟弱了」

（太 26:43）或「因為憂愁都睡著了」（路 22:45），「不願意的靈」（或者至少不夠願意去禱告）更能解釋他們為何充滿倦意而沒有禱告。

在馬太福音 26 章 41 節的上下文中，門徒們「熱切」或「願意」為基督捨命（太 26:33, 35），但同時，他們拒絕相信耶穌有關他們將要「跌倒」的話語（或預言）（太:26:31, 34）。如果我們將「靈是願意的」解釋為門徒（尤其是彼得）追隨基督，甚至為之捨命的「願意」，那麼顯而易見地，他們的願意是一種出於人自信的「渴望」或「熱情」，卻忽視或不信耶穌的話語。這種熱情對應了隆格內克對保羅關於「肉體」的解釋，即「只按自己的指引和純粹人性的方向活」。[30] 他們的願意似乎是自我導向的，而非受聖靈引導的。從這個角度來看，如果我們將「靈是願意的」解釋為門徒只是「渴望」或「願意做某事」或「知道應該做甚麼」，那麼他們的願意實際上是自我導向的意志。根據保羅關於「聖靈與肉體」鬥爭的觀點，這實際上是「在肉體中」，而不是「在聖靈中」。如果他們一開始就更「願意」相信耶穌有關他們即將「跌倒」的話語，他們將更「願意」按耶穌的吩咐禱告（太 26:41）。換言之，如果馬太福音 26 章 41b 節中的「靈」指的是門徒的「靈」，那麼「靈是願意的」一詞具有負面的意味，即門徒的「靈」願意實際上是自我導向的願意，是不完全而有缺欠的。從這個意義上說，他們的「靈」和「肉體」都是「軟弱」的。

---

[30] Longenecker, *Galations*, 245.

讓我們從耶穌自己的禱告方式（基督的角度）繼續考察「靈是願意的，但肉體是軟弱的」這一陳述，以進一步評估哪一種解釋更合理；是傳統的「人內在靈與肉體的張力」的意義，還是「神的聖靈與人的肉體衝突」的神學解釋。

基督觀

耶穌本人透過自己的舉止展示了他「肉體」的明顯軟弱，這是他情感的外在表達；他「就憂愁起來，極其難過」（太 26:37b）；「我的靈(*psychē*)甚是憂愁，幾乎要死」（太 26:38a）。與門徒相比，耶穌似乎更不「願意」去死，並表達了更多的「肉體」情感（如憂愁、悲傷、焦慮和/或苦惱）。這似乎表明他非常「不願意」，因他的「肉體」極其「軟弱」（參路 22:44）。耶穌是否在他的「靈」（*psychē* 或「魂」）中如此「軟弱」，[31] 以至於

---

[31] ψυχή（*psychē* 通常翻譯為「魂」）和 πνεῦμα（*penuma* 通常翻譯為「靈」）在定義上是可區分的，但在某些情況下也可以互換使用。例如，馬太引用了先知以賽亞的話：「看哪，我的僕人，我所揀選，我所喜悅的，我所愛戀的，我 'soul, 魂'(ψυχή, *psychē*) 已經喜悅他。」(太 12:18a, ESV 譯本) 如果我們對此作字面解釋，認為上帝有一個「魂」，那麼我們就會完全誤解了該句的意思。這個詞「魂」是耶和華使用的，很可能指的是上帝對基督的愛。正如其他福音書所示，耶穌的情感也與他的「靈」（πνεῦμα, *pneuma*) 有關，而不僅僅是與他的「魂」有關：耶穌「在他的靈裡嘆息」(可 8:12a, ESV 譯本)；「耶穌在靈裡煩憂」(約 13:21a, ESV 譯本)。這幾個例子表明：1) 我們不應該「神聖化」詞語「魂」以限制其在單一含義中；2) 我們不應該僅僅假設詞語「魂」始終指的是「人的魂」，因為這樣做忽略了詞語「魂」也可以用於上帝，更不用說這位完全神-人的耶穌；3) 我們不應該輕易地將耶穌在他的「魂」中的情感解釋為與他的人性相關聯，因此將其與他的神性分離開來。上帝也有情感並表達情感。事實上，上帝和人都有情感；換句話說，擁有情感是人作為按照上帝的形像被創造的一部分。參閱 "Emotions Are Divine" in *The Emotions of God: Making Sense of a God Who Hates, Weeps, and Loves*, ed. David T. Lamb (Downers Grove, IL: IVP, 2022), 1-22.

神学诠释「你們心靈固然願意，肉體卻軟弱了」

表達了「人的」苦惱和焦慮的情感（太 26:38）？莫里斯觀察到，至終「當耶穌顯示靈魂戰勝了肉體，門徒卻表現出了肉體戰勝了靈魂。」[32] 莫里斯的結論表明了人「靈與肉體」的對立。這再次意味著一個人的「靈」比「肉體」更「強大」，勝利似乎依賴於一個人的「靈」。但如果本文之前的評估是正確的，門徒在「靈」中的「願意」實際上是不夠的、自以為是的和自我導向的（換言之，按照保羅的語言，更多地是「在肉體中」）。

然而，聖經對罪的教義教導我們，每個人都在罪裡完全墮落；但是，許多人常常將「罪性的狀態」的概念應用於人的「肉體」，而似乎不包括人的「靈」。我們常常談論肉體的脆弱，似乎它才是撒旦引誘的主要所在，但人的靈或心卻不會是犯罪的起因。不幸的是，這種對「有罪的靈」的忽視導致了人的靈與肉體的二分法觀點，比如莫里斯對「靈勝肉體」的概念。[33]

基督教的教義認為人是一個整體（有靈魂和肉體兩個不同的方面，卻是一個整體的人）。[34] 罪的教義表明整個人都被罪敗壞，包括肉體 (body) 和靈魂 (spirit/soul)。[35] 道成肉身和救恩的教義教導耶穌承擔了整個人類的本性，包括人的肉身和靈魂，以救贖整個人。成聖的教義是關於將我們整個人（身體和靈魂）順服聖靈，以結出聖靈

---

[32] Morris, *Gospel According to Matthew*, 670.
[33] 莫里斯認為「肉體 (flesh)」是指「身體 (physical bodies)」和/或「人性」，參 Morris, *Gospel According to Matthew*, 670.
[34] Cooper, "Scripture and Philosophy on the Unity of Body and Soul," 30-32.
[35] Nolland, *Gospel of Matthew*, 1102.

的果子 (加 5:16-25)。³⁶ 復活的教義指向未來人的靈魂和肉體重新變得完全的事實，從而得以享受永恆的福分。³⁷ 從最初的罪性到最終的榮耀，似乎沒有明顯的靈魂與肉體的衝突，但存在著聖靈與人的「肉體」（即整個人──包括靈魂和肉體）之間的持續鬥爭。後者被罪所扭曲，傾向於按照人的私慾 (desire) 而非聖靈的意願 (desire) 行事。與其強調一個人內在的張力，即肉體與靈魂之間的鬥爭，不如專注於屬靈爭戰的核心思想，即人的意願是否願意順服聖靈的意願（即神的旨意）。

一個例證是，亞當和夏娃墮入誘惑的原因並不僅是他們身體的慾望（就味覺和視覺而言，創 3:6a），³⁸ 而是他們的「靈」或心中的私慾（即對神的知識的佔有慾，創 3:6b），導致他們直接違抗神的旨意和話語（創 2:16-17）。在新約中，馬太（和耶穌）也認識到「心」是人罪性的根源（太 15:18-19），而不是身體。費依(Fee)斷言，「希伯來人無法接受罪存在於肉體中的觀點，因為

---

³⁶ 伯克魯爾明確指出：「保羅不僅談到 psyche 和 sōma 需要成聖，而且還提到了 pneuma（帖前 5:23）。他勸告基督徒要當『潔淨自己』，除去『身體、靈魂 (sarx 和 pneuma) 一切的汙穢從』（林後 7:1）。因此，[保羅對 sarx/sōma 和 pneuma 的]對比顯然不是指身體作為罪的所在，及[人類的]靈魂高於罪。」參 Berkouwer, Man, 205。

³⁷ 參 Millard J. Erickson, *Christian Theology*, 3rd. ed. (Grand Rapids, MI: Baker, 2013), 490-3. 在人的構造方面，埃里克森 (Erickson) 表示：「屬靈和物質元素並不總是可以區分開來，因為人是一個合一的主體；*物質和非物質的本質之間沒有衝突*。然而，這種結合是可分解的；解散發生在死亡時。在復活時，一個結合將再次形成，靈魂（如果我們選擇這樣稱呼它）將再次與身體緊密結合。」(492，斜體為筆者強調部分)

³⁸ 創世記 3:6a 寫道：「於是女人見那棵樹的果子好做食物，也悅人的眼目，且是可喜愛的，能使人有智慧，就摘下果子來吃了。」這與約翰一書 2:16 相對應：「因為凡世界上的事，就像肉體的情慾、眼目的情慾並今生的驕傲，都不是從父來的，乃是從世界來的。」

神學詮釋「你們心靈固然願意，肉體卻軟弱了」

罪的起源在人的內心。」[39] 換句話說，「靈與肉體」的二元對立，或耶穌的「靈」戰勝了他的「肉體」，可能不是理解「靈是願意，但肉體是軟弱的」最佳（或唯一）的方式。

在這裡，禱告是與「靈」(*pneuma*) 和「肉體」(*sarx*) 有關的焦點：「總要警醒禱告......靈固然願意，肉體卻軟弱了」（太 26:41）。耶穌自己在禱告中的堅持顯示了父神的旨意，以及他自己遵從父神計劃的意願：

- 「他就稍往前走，俯伏在地，禱告說：『我父啊！倘若可行，求你叫這杯離開我！然而，不要照我的意思，只要照你的意思。』」(26:39)；[40]
- 「耶穌又離開他們去了。第三次禱告，說的話還是與先前一樣」(26:42)；
- 「耶穌第三次禱告，說的話還是和先前一樣」(26:44)。

與耶穌不同，門徒似乎不「願意」、「熱切」或「渴望」禱告。也許他們當時沒有感覺到迫切需要這樣做，即使他們很可能知道這是「正確」的事情。另一方面，耶穌並沒有顯示出自己的「靈」和「肉體」之間的任何緊張關係（他似乎在兩方面都「軟弱」）。相反，這更像是他的意願（will 或 desire）與父神的意願（will 或 desire）

---

[39] Gordon D. Fee, *Paul, the Spirit, and the People of God* (Peabody, MA: Hendrickson, 1996), 129.
[40] NRSV（1989 年版）中使用了「所要的 (want)」一詞，而非「意思 (will)」。 "My Father, if it is possible, let this cup pass from me; yet not what I want but what you want" (Matt 26:39b).

之間的「鬥爭」。這種情況更符合保羅在羅馬書 8 章 5-6 節中關於聖靈的意願（上帝所要的）與「肉體」的意願（個人所要的）之間的鬥爭。保羅進一步將「靈與肉體鬥爭」的概念與聖靈在人的軟弱中禱告相關聯：「況且，我們的軟弱有聖靈幫助。我們本不曉得當怎樣禱告，只是聖靈親自用說不出來的嘆息替我們禱告。鑒察人心的，曉得聖靈的意思，因為聖靈照著神的旨意替聖徒祈求。」（羅 8:26-27）

基於保羅的教導，或許我們可以主張，當耶穌說「靈願意、肉體軟弱」時，他揭示了一個奇妙的真理（亦是一個應許）——即使門徒在「肉體上軟弱」，但聖靈始終「願意」——這表明聖靈在他們軟弱中為他們禱告的意願。聖靈在門徒「軟弱」（太 26:41b）時「願意」為他們禱告的事實，在此之上保羅可能作更進一步的發展：儘管信徒對神的旨意無知（反映在他們在禱告上的缺欠），但聖靈還是在他們的「軟弱」中「幫助」，照著天父的旨意不斷為他們代禱（羅 8:26-27）。[41]

三重實際含義

在審視了「人的靈與肉體之間對立」的經典觀點，以及從人-靈-基督的三重角度對馬太福音 26 章 41b 節的「靈」作神學詮釋之後，本文得出以下結論：

---

[41] Schreiner, *Romans*, 434-9.

- 因著四福音書並沒有與「人的靈和肉體對立」明確相關的經文，相反，只寫道了人的靈與肉體的合一性——
- 也因著保羅的著作（尤其是羅馬書第 8 章和加拉太書第 5 章），並不存在直接關於「人的靈與肉體對立」的論述，卻只闡述了聖靈與肉體的鬥爭——
- 更因為耶穌本身的「靈」與「肉體」之間並沒有明顯的鬥爭，而我們只看到耶穌的意願與天父的旨意之間的掙扎 (太 26:39)——
- 並因為沒有基督教神學教義直接支持「人的靈和肉體」鬥爭觀點——
- 因此，馬太福音 26:41b 中的「靈」應該更好地被理解為「聖靈」，而非人的「心靈」或「靈」。

隨之得出，將馬太福音 26:41b 中的「靈」解釋為聖靈，具有以下三重實踐意義：[42]

1. ***聖靈的應許，而不是人性內部的衝突。*** 若馬太福音 26 章 41b 節確實指的是聖靈，則這體現出耶穌揭示了聖靈在人類軟弱中積極工作的應許。然而，如果「靈願意」指的是一個人的本性和墮落後的狀態，也就是渴望做某事但無力實行的光景，這是任何人

---

[42] 筆者發現 The Aramiac Bible in Plain English 英文譯本是唯一將馬太福音 26 章 41b 節的 *pnuema* 翻為神的靈 (Spirit)： "The Spirit is ready, but the body is weak." See https://biblehub.com/hpbt/matthew/26.htm.

通過個人經驗或一般啟示都會熟知的情景。[43] 例如，《論語》中有一句話廣為人知：「心有餘，力不足」。[44] 在大多數情況下，這種人性的「心願高，能力低」會導致人們沒有行動，或成為無法做任何事情的藉口，而歸咎於缺乏力量或其他資源。然而，當我們理解馬太福音 26 章 41b 節中的「靈」指的是上帝的聖靈時，這給予我們巨大的安慰和保證，因為終究是上帝的聖靈透過他的子民持續他的旨意或工作，即使他們有害怕或軟弱（參腓 2:12-13）。[45] 聖靈能夠透過我們的軟弱工作，盡管我們在禱告上有虧欠。[46] 然而，這個概念不應成為信徒禱告懶散的藉口，而是提醒我們聖靈的美好應許，即聖靈忠實地為信徒代禱，不論他們是多麼軟弱。

---

[43] Kruse 提供了一個聖經以外的例子清單，這些例子顯示了「古典作者與保羅對人類無法做他們想做的善事，以及無法停止他們不想做的惡事[在羅馬書 7 章中]的描述」有共同之處。Kruse, *Paul's Letter to the Romans*, 312-13.

[44] 或者說「我真的想做，但沒有足夠的資源」。請參閱 https://www.linguee.com/chinese-english/translation/%E5%BF%83%E6%9C%89%E9%A4%98%E8%80%8C%E5%8A%9B%E4%B8%8D%E8%B6%B3.html；這翻譯工具也把「心有餘，力不足」翻譯為 "The spirit is willing but the flesh is weak."

[45] 雖然希臘形容詞 *prothymos*（如在太 26:41b 中，譯為「願意、樂意」）通常指人的「樂意」（例如：代上 28:21；代下 29:31；哈 1:8；馬加比下 4:14；15:9；馬加比三書 5:26），但它也可以應用於上帝，表示上帝的「樂意賜福」。例如：「他們在額上和膀子上應當佩戴那些能彰顯上帝能力、顯示他對他們的善意、彰顯上帝之樂意賜福 [τὸ περὶ αὐτοὺς πρόθυμον τοῦ θεοῦ, 直譯：神對他們的意願/熱忱] 無處不顯眼」。Flavius Josephus, *The Works of Josephus: Complete and Unabridged*, trans. by William Whiston (Peabody, MA: Hendrickson, 1987), 117 (in "Antiquities of the Jews," Book 4, Chapter 8, paragraph 13; or 4:213). Logos Software.

[46] 關於羅馬書 8:27, 舒萊納表示：「因此，信徒應該非常鼓舞，上帝的旨意在他們的生命中得到實現，儘管他們軟弱，無法知道應該如何禱告。上帝的旨意不會因為信徒的軟弱而受阻。它得到實現，因為聖靈為我們代求，並且他的代求總是得到肯定的回應。」參 Schreiner, *Romans*, 439。

神學詮釋「你們心靈固然願意，肉體卻軟弱了」

2. ***禱告作為聖靈的工作，無論人的軟弱如何。*** 耶穌勉勵門徒「總要警醒禱告，免得入了迷惑」（太 26:41a)，這提供了解讀馬太福音 26 章 41b 節的背景。如果馬太福音 26 章 41b 節中的 *pneuma* 指的是聖靈，我們可以解釋這節經文是指「聖靈願意[禱告]，而肉體軟弱[無力禱告]」。因此，這不僅僅關乎門徒為耶穌的使命而願意犧牲生命，或者他們知道該做正確的事卻不去做，而是關於上帝的聖靈為門徒禱告的「願意」，即使他們因為「軟弱」而無法禱告。雖然馬太福音 26 章 41b 節中並沒有明確提到聖靈為門徒代禱，但這可能為保羅在羅馬書 8 章 26-27 節中明確教導聖靈為信徒代禱奠定了基礎。

舒萊納 (Schreiner) 認為，在羅馬書 8 章 26 節中，信徒的「軟弱」特別指的是信徒禱告的「內容 (content)」，而不是「姿態 (manner)」），因為「他們在禱告時對神的旨意沒有充分的理解。由於我們的有限和易犯罪的本性，我們無法完全洞察神的心意」。[47] 雖然舒萊納指出了保羅強調信徒禱告的「內容」，但馬太記述耶穌在客西馬尼園禱告的場景則讓我們看到，耶穌反覆且熱切地作出「簡潔」的禱告（太 26:39, 42, 44)，這表明禱告的「姿態」有時和禱告的「內容」一樣重要。[48] 此外，沒有人

---

[47] Schreiner, *Romans*, 435.
[48] 「姿態」指的是一個人內在態度的表現，它會影響到他或她的外在行為。我們無法完全理解神的旨意，也無法完美地達成他的旨意，這樣的認知則是我們的「姿態」所帶出的結果。米勒 (Millar) 表達得很好：「當我們看到自己無能為力去改變自己或我們的世界時，當我們超越當下、今天和明天的事情，去看上帝一直在我們身上和我們的世界中所做的一切，以及他將如何通

（無論是當時的門徒還是現今的信徒）能完全洞察神的旨意，但這並不意味著禱告不再需要。正是因為人的「有限性和易犯罪的本性」，信徒必須禱告，逐漸接近神的旨意，而不是等到完全理解神的旨意後才開始禱告。門徒可能沒有完全洞察神的全部旨意，但他們至少知道主的一個明確的「旨意」，那就是「警醒禱告」（太 26:41）。信徒的禱告表明他們完全依賴聖靈，而聖靈為信徒的代禱工作則完全獨立於他們的有限性。

聖靈為信徒代禱是一個僅在羅馬書 8 章（根據本文的討論，也在馬太福音 26 章 41b 節與馬可福音的平行記述中稍有）提及的神學概念。通過將馬太福音 26 章 41b 節和羅馬書 8 章 26-27 節並列，筆者對耶穌在客西馬尼所說的話提出的觀點是：聖靈願意為門徒按神的旨意禱告，即使人性「軟弱」無力禱告。儘管神的子民容易隨從「肉體」（「人之所願」），即不願意禱告（心態或姿態）或不知道禱告甚麼（禱告的內容），但聖靈始終按神的旨意準備為他們禱告（「聖靈所願」）。「願意禱告」（姿態）和「禱告按神的旨意」（內容）是居住在信徒心裡的聖靈不間斷的工作（參羅 8:9-11）。

過他的聖靈改變我們和我們的世界時，當我們看到我們多麼需要上帝以他的力量來改變我們，並藉著他的聖靈來改變其他人時，當我們看到這一切時，我們將開始祈禱，並持續祈禱。如果我們理解這一點，那麼它也將徹底改變我們禱告的方式。我們禱告的焦點將越來越多地轉向神在我們身上的工作，以及神在他人生命中的工作。」J. Gary Millar, *Calling on the Name of the Lord: A Biblical Theology of Prayer*, New Studies in Biblical Theology 38 (Downers Grove, IL: InterVarsity, 2016), 236-7.

神學詮釋「你們心靈固然願意，肉體卻軟弱了」

3. ***禱告的目的是讓信徒參與三位一體的交流。*** 雖然耶穌在「肉體」上軟弱,但他堅持向父神禱告(「不要照我的意思,只要照你的意思」),並且他對門徒所說的「[聖]靈願意 [依照神的旨意禱告]」),揭示了上帝三位一體之間的奧秘關係,即父、子和聖靈的旨意並非三個分開的旨意,而是一個合一的心意。[49] 雖然信徒無法完全洞察神的全部旨意,也因此禱告不總是能如願地得到回應,但按照神的旨意代禱,主要是屬於聖子在三位一體關係中的工作(羅 8:34;來 7:25;約一 2:1),他在聖靈中(羅 8:26-27)向著父神禱告。從某種意義上說,耶穌呼召門徒禱告,是一個恩典的呼召,讓他們參與到三位一體內部的交流之中。禱告因此不是一種義務,而是一種特權。禱告不是人的努力,而是三位一體的工作。禱告是上帝計劃中奇妙而神秘的智慧,引導門徒(以及今天的我們)遠離試探(即拒絕神的旨意),並使門徒以及我們的順服之心逐漸成長,貼近神的心意,正如耶穌在客西馬尼園的禱告中所展示的那樣。

耶穌自己不斷地回到禱告中,他的堅持表明他有禱告的「願意」。這種「願意」一定是在「樂意的靈」

---

[49] 如果馬太福音 26 章 41b 節中的 *pneuma* 指的是聖靈,那麼這段在客西馬尼的禱告場景,就與馬太福音其他明確顯示三一神(父、子、聖靈)的段落相得益彰(例如:太 1:20-23 有關馬利亞的感孕;3:16-17 耶穌的浸禮、4:1-11 耶穌的試探;10:19-23 門徒的差遣、12:17-18 基督的應驗、22:41-45 基督的身份、、28:19-20 耶穌的大使命)。Matthias Wenk, "Holy Spirit," in *Dictionary of Jesus and the Gospels*, ed. Joel B. Green, 2nd. ed. (Downers Grove, IL: IVP, 2013), 391.

的催逼下，以符合父神旨意的方式禱告，盡管他的整個人，包括心靈和肉體，都有「軟弱」（太 26:37-38）。[50] 耶穌三次發出類似的（也許是簡潔的）禱告，但他的禱告顯示，他看似「不願意」的想法是在越來越接近或順服於父神的心意。同樣地，無論信徒多麼「軟弱」，他們能夠依靠聖靈的應許和聖子的呼籲持續地在禱告中順服，最終將符合父神的旨意，而不是屈服於拒絕神心意的試探。儘管我們軟弱不堪，但願聖靈激勵、帶領並教導我們禱告。

---

[50] 參 Psalm 51:10-12 (ESV): "Create in me a clean heart, O God, and renew a right spirit within me. Cast me not away from your presence, and take not your Holy Spirit from me. Restore to me the joy of your salvation, and uphold me with a willing spirit." 大衛的詩篇揭示了他向上帝禱告，求聖靈在他裡面恢復一個「樂意的靈」(51:12)，或者是「正直的靈」(51:10)。根據本章的註腳 10 和 40，我們可以合理地說明人「樂意的靈」完全依賴於「樂意的聖靈」。

神學詮釋「你們心靈固然願意，肉體卻軟弱了」

如鷹攪巢、如燕抱雛

用華語述說上帝的作為

林子淳

前言

2019 年和合本聖經出版百週年之際,在墨爾本神學院舉辦了展覽和「上帝說華語講座」,本文修訂自作者在 8 月 30 日會上的發言稿。

一、引言

恰逢在墨爾本神學院舉辦「和合本聖經中譯百年慶」,其主題被定為「聖經中譯與華人文化歷史」,這是一個關乎神學與文化的重要課題。雖然我多年前曾在神學院教授希臘文和釋經,但聖經研究不是我的專長;我也曾在一家基督教出版社主理一個大型的學術經典迻譯計劃多年,但於我來說翻譯更是外行。即便如此,對於此課題,我盡力嘗試與大家一同作一些思考。

二、聖經不準確!

作為一位教義學/系統神學的老師,我經常以一句聽來大逆不道的話提醒同學們(雖然也可能打擊了修讀原文者):「聖經沒有把耶穌的話準確地記錄下來!」這並非一句無根的斷語,而是基於一項歷史事實:耶穌的母語不是希臘語,但新約卻是以希臘語寫成的。我仍然記得多年前曾與東方亞述教會(Assyrian Church of the East)的一些教士交流時,他們頗自豪地稱,耶穌教我們怎樣

禱告，我們現在仍照樣禱告——耶穌的母語應該是亞蘭語，也就是敘利亞語的前身，它們都屬於亞述語系。因此雖然聖經學者耶熱米亞斯（Joachim Jeremias）很早便指出在「希臘文本的背後到處都可以見出……耶穌母語的跡象」，可是他也坦率地承認「將耶穌的話翻譯成希臘文……必然會導致……意義的變化。」[1]

當然我們可以說，聖經不只記載了耶穌的話，也包含了整個由舊約至新約的故事。那麼究竟上帝向他的眾僕人說的是甚麼話？他向希伯來先知說的應該是希伯來話吧？那麼學習希伯來語應該是比較靠譜的吧？可是唸過舊約導論的同學都應該知道，先民大部分應是不懂文字的，所以口述傳統在現代學術研究中才變得十分重要；現代希伯來聖經所倚重的馬所拉抄本（Masoretic text），其實是一個很晚出的文本。再說，上帝與亞伯拉罕、以撒、雅各交談時所說的是甚麼話？大概也是閃族語類吧？怪不得有些學者還得唸阿卡德文、烏加列文等。那麼亞當呢？上帝和他說的是甚麼話？他自己說的又是甚麼話？上帝有母語的嗎？

三、上帝說甚麼話？

或許「上帝說甚麼話？」不是一個很好的說法，這個問題的另一種提法對我們會較為熟悉：「甚麼是上帝的話？」上帝的話不就是聖經嗎？但上過我神學課的同學們或許仍記得我說過的另一句狂話：不！聖經作為上帝

---

[1] Joachim Jeremias, *Rediscovering the Parables* (New York, NY: Charles Scribner's Sons, 1966), 9, 17-18.

的話只是一種間接的說法，它的首先意義不是如此。上帝的話 The Word of God 此一片語也是翻譯，它不應單指到一種說話或文字表述，其原初所指向的應是約翰福音要揭示的 ὁ λόγος θεόυ；因此中文和合本的翻譯要比英文的 The Word of God 來得更好：上帝之道！

我們之所以得清楚聽見上帝之道，不是因為上帝向某些人說了甚麼話，又或從天上丟下了一些篇章給我們誦讀。新約聖經告訴我們：

> 這道成為人身，在我們中間寓居，而我們
> 也見過他的榮光，這榮光如從父來的獨一
> 者，充滿恩典與真理。（約 1:14；自譯）

世人得以明白以至進入真理，正因這由上而來的特殊啟示，就是在基督裏的啟示。他主動的來到世人中間，讓人親眼看見、親耳聽見、親手摸過。是的，上帝把原在他裏頭的話說了出來，用了一種外在和具體的語言讓不配的人碰觸到，耶穌基督就是那起初原有的生命之道（約一 1:1-2）。上帝若不首先把他裏頭的恩言說出，世人根本就無從理解。

四、內在之言

我所唸的和研究的專門範疇是詮釋學（hermeneutics），很難用三言兩語在這裏交代，它似是一個無所不包的領域，而且是一個現代神學與哲學的交匯點。在這個學科中，有一個非常基礎卻重要的問題，就是詮釋學普遍性的基礎在哪裏？在這領域的一部當代重要經典《真理與

方法》(Wahrheit und Methode) 裏,德國大哲人伽達默爾 (Hans-Georg Gadamer) 出人意表地指出,詮釋學普遍性的基礎就在於「內在話語」(verbum interius)。[2] 這答案令人驚訝的地方是,此片語是出於奧古斯丁在表述三位一體教義時使用的術語![3]

伽達默爾在這部現代哲學經典裏用了十多頁,以超濃縮的方法,由道成肉身談及道體基督論 (Logos Christology),通過奧古斯丁和聖多默 (Thomas Aquinas) 思想,最終指向晚期中古靈修神學家庫薩的尼古拉 (Nicolas of Cusa) 的語言觀,引起了神哲學界過去數十年來的深入研究。[4] 我們固然不可能在這裏詳細闡述,但他對其傳記作者、加拿大哲學家格朗丹 (Jean Grondin) 所說的話很值得我們深思:

> 這種普遍性由「內在言說」(ineren Sprache) 所構成,因為一個人不能說出一切,一個人不能表達他心中所想到的一切,即內在邏各斯 (λόγος ἐνδιάθετος),這是我從奧古斯丁的《論三位一體》中學到的,這種經驗是普遍的:內指活動 (actus

---

[2] 伽達默爾著,洪漢鼎譯,《詮釋學 I:真理與方法》(北京:商務,2007),第三部分;格朗丹:《哲學解釋學導論》,何衛平譯(北京:商務,2009),4。
[3] 參奧古斯丁著,周偉馳譯,《論三位一體》(上海:人民,2005),418-419 (第15卷,段20)。
[4] 伽達默爾,《詮釋學 I:真理與方法》,第三部分;另參林子淳,"語言作為詮釋學普遍性的基礎——為何伽達默爾要使用神學?"《中國詮釋學》第16輯(濟南:山東大學出版社,2018),177-191。

signatus）絕不會完全為外述活動（actus exercitus）所涵蓋。⁵

格朗丹也因此受觸發，花了許多時間研究奧古斯丁以及有關內在與外在語言的關係。⁶ 但按此說法，不單中文或英文以至希臘文都不能準確承載上帝之道，因它們皆為外在話語；尤有甚者，連成為了人身的耶穌基督也是如此，因他也是三位一體上帝在歷史中的外顯模式，這也即教義學上經世與內在三位一體論的分別。說白了，從基督教神學傳統來說，上帝的內在言說不就是聖子 λόγος 嗎？外顯的不就是成了人身的耶穌基督嗎？那即連耶穌基督也未能完全啟示上帝的奧秘啊！世人可如何認識主？

五、聖道的見證

以上所說一點不虛，其實耶穌豈不曾對門徒說過：

> 只等真理的聖靈來了，他要引導你們明白一切的真理；因為他不是憑自己說的，乃是把他所聽見的都說出來，並要把將來的事告訴你們。（約 16:13）

三位一體的真神本就是一互愛共融的團契，因此才能有完全的交往。故世人也只有靠賴聖靈的恩助，才能接近這真理的奧秘。順此，歷代基督教傳統皆認定，人類不能通過自己的語言、概念和思維來完全把握上帝的本質，

---

[5] 〈伽達默爾序〉，載格朗丹，《哲學解釋學導論》，5。
[6] 例：Jean Grondin, *Sources of Hermeneutics* (Albany, NY: State University of New York Press, 1995)；格朗丹，《哲學解釋學導論》。

但卻可以經驗他的實在。倘是如此,聖經的本質是甚麼?譯經又是甚麼一回事?

若上帝曾介入歷史並向人顯現自身,則他也必成為人類文化裏的事實,甚至已為我們的書寫論述所承載。若非如此,我們當下之人也不可能閱讀和理解他。對信徒而言,出埃及和基督復活等敘事,正是信仰群體對神聖啟示的原初見證,並已一而再地在聖經與教會傳統中被引述和詮釋,而後世的傳遞者也在這過程中被塑造,因此法國哲人利科(Paul Ricoeur)曾寫道:

> 基督教一直存在著一個詮釋問題,因為基督教是從宣講而來。其始於一個根本性的宣講,堅持上帝國以決定性的方式在耶穌基督裏逼近我們。但這根本性的宣講、這言語,是透過書寫、透過經卷臨到我們的,若要使這見證那根本並奠基性事件之原初言語始終為當代所接受,我們必須恆常地使之恢復為活潑之言。[7]

按這說法,我們甚至應視基督教歷史自身便是一個詮釋問題的歷史,因為基督教將自身表現為一種宣道(kerygma)或向世人發出的一種論述。[8]

按這說法,聖經尤其是新約就是初期信徒對耶穌基督的初始認信,其本質是一種見證文件(*témoignage*,

---

[7] Paul Ricoeur, "Preface to Bultmann", in *The Conflict of Interpretations*, ed. Don Ihde (Evanston, IL: Northwestern University Press, 1974), 382.
[8] Paul Ricoeur, "The Critique of Religion", *Union Seminary Quarterly Review* 28 (1973), 205.

testimony）。[9]對教會來說，聖經詮釋的目的就是要闡釋這些見證，使後繼的讀者能重新確認這原初的信仰，以致他們能繼續傳遞由聖經所載的生命之道。順此，教會傳統認為聖經詮釋應為信徒帶來靈性的模塑，乃是一個非常符合基督教信仰的理念，因為唯有一種被這見證轉化了的生命，才會自覺地承擔傳遞和闡釋聖道的責任。[10]

六、用華語述說上帝

如此看來，從神學的角度，譯經的最終目標與一般文獻真的有所不同，我們不應將其僅置於把原典的文字意義精準地轉譯上，而是要在新的文化織體中把聖言承載和再次宣講。那麼，在和合本誕生一百週年之際，有甚麼是我們值得慶賀的呢？一個譯本能在某一個語言文化圈裏用上百年，而沒有另一個版本在使用上與其等量齊觀或超越它，究竟是喜是憂？

從一般的眼光，或許我們會去追問，這譯本的翻譯水平如何？這當然可以有很多不同的評價，也涉及所關注的是哪一卷書並評判的標準若何。當然，一個譯本能延續被使用這麼長的時間，除了翻譯水平外，肯定也有其他客觀原因。莊柔玉二十年前的研究已經指出，華人新教

---

[9] Lewis S. Mudge 曾有力的指出「見證」概念在利科的聖經詮釋中具有重要位置，參其 "Paul Ricoeur on Biblical Interpretation", *Biblical Research* 24-25 (1979-1980), 50f, 並得到利科的認同（參同一期刊, "A Response", 77）；這方面的分析可參 Jason Lam, "The Religious Dimension of Paul Ricoeur's Post-Hegelian Kantianism", 《漢語基督教學術論評》11 (2011), 109-146。

[10] 參林子淳, "聖經詮釋與生命轉化", 《山道》15 (2005), 25-44。

教會發展至和合本面世時,已非常渴望有一部可靠且能共同使用的譯本;而此譯本產生以後,又碰著中國歷史的巨大變遷,足有半世紀難以再出現共同認可的譯本。當然,在過去數十年來,華人教會是有能力製作其他譯本的,也真的有不同譯本出現過,可是和合本卻是有意識地只作有限修訂,[11]卻在使用的廣泛性上仍然一枝獨秀。這權威性現象反映出華人教會在使用聖經時的一些意識,究竟是好是壞,不容易作簡單評論。[12]然而按照以上的分析,很明確而重要的一件事實,是說華語/漢語/中文的人,可以用自己的語言來理解上帝之道,跟他對談禱告沒有阻礙,生命因此得到轉化,甚至與其他不同地方教會的信徒彼此交往,共同承擔著對後世詮釋和傳遞聖道的使命。

七、結語

我們很難預測再過數十年或一百年後,是否仍然在慶祝和合本的誕生,其地位是否猶如英語的《英皇欽定本》(King James' Version)一樣。這種現象會否發生當然是次要的,但最關鍵的卻已成就在我們當中,就是如以上所說,歷世歷代的基督徒所相信,三位一體的上帝在歷史中的作為,現已藉著一部漢譯經典,讓華人信徒有份

---

[11] 1983年5月聯合聖經公會在港台等地進行座談會,與教會領袖商討修訂和合本的問題,與會者在贊成的同時,「建議修訂幅度越少越好,務使讀者在閱讀時仍感到原來和合本的文體風格」,更建議聖經公會「繼續出版原有之合和本,以供應願意採舊版的同道。」參梁倩儀,"國語和合本的修訂工作",《今日華人教會》1986年12月號,26。
[12] 參莊柔玉,《基督教聖經中文譯本權威現象研究》(香港:國際聖經協會,2000)。

於他的普世使命（*Missio Dei*）中。事實上，從來沒有一種人類語言能窮盡三位一體上帝的奧秘，包括華語、英語、希臘語、希伯來語等。從這個角度，聞道確無分先後，關鍵的是上帝使用了人言與我們說話。然而更重要的卻是聞道以後弘道的深廣，這是一個沒有完結且任重道遠的過程，卻正是在我們慶賀和合本百年壽辰之際，需要提醒和靠著恩典勉力傳承的使命。

如鹰搅巢、如燕抚雏

研究聖經，為「講明意思」

邵施施

前言

童年的記憶中有一位牧師講的《傳道書》系列令我印象深刻：他語調平緩，逐句逐節地解釋經文，應用到日常的生活。但即使年幼也能察覺到他當時的不受歡迎，因為身邊的大人們多在低頭酣睡。進入神學院，學習了講道學，於是我知道那叫「釋經講道」。那位牧師當時在做一件非常基本，卻往往被信徒嚴重忽略的事情：解釋神的話語。而這正是當今教會、團契和各樣事工中最需要的基本功。

講道是解釋神的話語，而非引用神的話語——最初將我吸引到神學院的便是陳廷忠老師對舊約聖經的講解，對於一個從小在教會裡聽著聖經故事長大的「老」信徒而言，發現這個道理是如同冬日春雷！因為太過習慣於聽被引用的經文，就以為這就是聖經的「用法」，如同一種調味劑般被灑在講章上足矣。[1] 閱讀聖經不等同於理解聖經。學習任何的專業都無法只靠通讀教科書就能裝備專業知識，我們還需要專業的老師教導書中的詞彙、用法、實際操作等等。這個道理大家都懂，但論到做基督徒這個「專業」上，貌似就突然變換了標準，認為只要懂得引用最常用的幾處經文就足夠專業了；若是還不

---

[1] 賴若瀚：《食經講道：當代釋經講道手冊》（Sunnyvale, CA：聖言資源中心，2014），25。

夠,那就用禱告和見證來補足。但離開了聖經經文的支持,禱告往往只為了改善眼前的生活,而見證多是生活改善後的個人感言。聖經只是為了幫助人改善生活的嗎?難道不是讓人定睛在永恆嗎?

聖經是需要被解釋的。正如斯托得(John Stott)牧師所說,這受神感動而來的經文在某種程度上是封閉的,因此我們需要彼此合作來解釋經文,而教會正是被召的一個釋經群體。[2] 這不是新約教會的信徒才有的責任,舊約就有專門解釋神話語的人教導百姓,如尼希米記8章8節說:「他們清清楚楚地念神的律法書,講明意思,使百姓明白所念的。」神的律法書不僅被念,還要被講明意思,為了使人明白所念的。這也成了我研究聖經、並不以為滿足的動力,為了能向人講明神話語裡頭的意思。

因為最終目的是為了「講明」,那麼研究聖經就不能成為一項孤芳自賞的藝術,必須考慮聽眾——於是,每一篇講章,每一次查經,於我都成為一個聖經研究的課題。在預備講道和查經的過程中,我基本上專注於做三件事:觀察、解釋和應用。每一步的主要工具就是聖經本身,若有一處經文意味不明,則盡量從其他經文來尋找答案。

觀察

在開始研究一段聖經的經文之前,首先需要很好地理解這段經文在上下文中的安排,然後是更廣泛的全卷書的

---

[2] 羅賓森,拉遜:《講道者工作坊》,林成陸,呂允智譯(E. Brunswick, NJ:更新傳道會,2010年),5.

背景文脈。這意味著要花很多時間閱讀與這段經文相關的經文。若是跳過這一步，會很容易誤解這段話的意思或忽略它的一些微妙之處。

在對作者寫這段經文的目的有了一個很好的整體概念之後，再仔細閱讀經文，注意經文中的細節，例如：和人、何時、何地、為何等。注意經文中出現的名字和地點，並尋找最重要的詞（通常是動詞或關鍵形容詞，有時是連接詞），特別是試圖理解在文本中出現的歷史或地理相關的資料，舊約聖經的參考資料等等。然後需要花時間使用一些古代希伯來語和通用希臘語的知識來理解一段經文在原文中的意思。此時就提出如下的問題：這個詞是甚麼意思？是甚麼句型？到底說了些甚麼？在此刻還不需要擔心「林子」長甚麼樣，只要搞清楚這片「葉子」到底說了甚麼。例如，創世記 17 章 5 節中神將亞伯蘭的名字改為「亞伯拉罕」，從中文和合本的翻譯來看這名字改得無甚道理；但若從希伯來原文看則是大有趣味，在亞伯蘭名字的中間，神插入了祂希伯來語名字（יהוה）結尾處獨特的氣音「ה」。亞伯蘭（אברם）的名字被切開，氣音插入中間成了亞伯拉罕（אברהם）——神與亞伯蘭立約，他成了一個帶有神部分名字的人。

要達到好的研究效果，還必須處理經文中的歷史性問題：經文中的歷史材料和經文背後的歷史問題。往往在我們完全理解聖經的歷史背景之前，很快就把那些事件和用詞放在我們現在的經驗中去看。這樣做也極其容易導致誤解。例如，馬太福音 8 章 22 節中耶穌拒絕了一個門徒

想要回家埋葬父親的請求，這對我們來說似乎是一個合理的要求，不是嗎？誰不應該被允許有一點時間來處理這麼緊急的家庭事務？這使人認為耶穌的回應是嚴厲和冷漠的。但事情並不像我們最初看到的那樣，因為這裡有猶太文化的特殊一面。在一個猶太家庭中，長子為了尊重父親需要留在家中，在父親年老時照顧父親，在家族事業或土地上工作，直到父親去世。對這個人來說這可能還有好幾年的時間，所以他並不是要求短暫的延遲；他是在告訴耶穌，他的家庭責任使他不能按門徒所要求的改變生活方式。這些潛台詞不會出現在經文中，因為在那個時代的讀者群體中，這些根本不需要被解釋；但隔了千年文化的時空，這些經文對現代的讀者而言需要被解釋，這樣耶穌的話語才能被講明。

在研究聖經的三個步驟中，觀察是最重要的，因為它可以防止我過去聽過的錯誤教導所帶來的混淆或偏見。

解釋

完成了觀察步驟後，經文需要繼續被解釋。這是講台上的講員們最常忽略的一步。我經常在講道中聽見講員對經文做一些簡短的觀察，然後直接跳到應用，也就是闡明他當天證道的重點，而沒有花時間來解釋經文。我所說的解釋，是指講員沒有試圖解釋作者在寫這段經文時的實際意思。我相信保羅在寫《羅馬書》的時候並沒有「三點佈道法」，作者也不會想到一段經文在許多世紀後被人廣泛應用。

相反，作者在寫作中只有一個意思和一個目的，除非我們在研究中正確地認出這個意思，否則我們必然會誤解文本。一段經文可以有十種不同的應用方式，這一事實並不意味著作者在寫聖經的時候腦子裡就有這十種應用方式。因此，我們需要非常努力地尋找作者所寫的內容實際上意味著甚麼。傑克曼（David Jackman）牧師在講到釋經的基礎時說：「應當以釋經法尋找出經文最基礎的意義，以不妥協、攪動人心的態度，向著人固有屬世的、墮落的思想挑戰。」[3]

我相信這是正確表達聖經權柄的方式，回到作者的思想，製造文本的原始設定，使它成為一個活生生的事件。無論是保羅寫信給教會，還是耶穌與法利賽人在一起，我們都想把自己和聽眾帶到那裡，這樣我們就在那裡，生活在那裡，看到經文在那個時刻的展開。這意味著我必須做很多背景和上下文的工作——必須製造一個活生生的上下文。這樣做不是試圖把聖經帶到現代，而是試圖把現代帶回聖經。雖然有很多人講要在文化處境中塑造講道，但現實是在用很多現代的術語重新定義聖經。但我相信，作為一個基督使者的使命，絕不是讓人更好的融入這個世界，然而將人從這個世界中分別出來，以聖經重新定義現代文化和文化中的人，使他們生活在聖經中。

---

[3] 羅賓森、拉遜：《講道者工作坊》，281。

研究聖經，為「講明意思」

舉個例子，羅馬書 10 章 13-15 節就是因為脫離了上下文又未經解釋而常常被誤用的經文。這段著名的經文經常被用來教導基督徒為甚麼需要出去傳福音，否則有些人將無法得救。當然，基督徒需要出去宣揚福音，這完全是正確的，然而羅馬書 10 章的主題並不是傳福音。諷刺的是，羅馬書第 9-11 章在一定程度上是在教導相反的觀點，因為保羅正在解釋為甚麼猶太人不願意接受福音，所以用這些經文來教導說，那些沒有聽過福音的人將得不到拯救的說法，實際上是對聖經的錯誤使用。

保羅寫這些話的時候，心中並沒有基督徒傳福音的想法，所以我們也不應該這樣教導。我們應該理解保羅真正的意思，然後正確地教導這段話。如果想教導傳福音，我們應該尋找其他直接談論這個主題的經文，而不是誤用羅馬書中的這些段落。

像羅馬書第 10 章這樣被誤用的經文還有很多，究其原因是讀者沒有花時間去正確理解作者在上下文脈中的主題，[4] 然後在主題的背景下理解經文。這是解釋的步驟，有時需要耐心和勇氣來重思和重解傳統的解說，那些是宗派偏見或傳統的產物，而不是正統的聖經研究。

應用

最後，我努力將一個適當的應用融入每次的講道和查經中。這是目前我最薄弱的領域，有時因為找不到一個好

---

[4] 例如保羅在羅馬書第 9-11 章中的論點是解釋猶太信徒的過去、現在和將來。

如鷹攪巢、如燕范雛

的應用導致我會完全跳過這一步。但並不是所有的教導都需要有直接的應用，因為聖靈會最終負責在信徒心中帶來應用。然而，我相信一個好的應用應當是辛苦研究文脈背後的目標，通過適當的勸勉使信徒生活得更像基督，以回應神話語中的教訓，讓人驚喜地反應說：「原來它的意思正是如此！」人的心思意念被真理日益更新變化，在順服和喜樂中將領受的道理實踐出來。

這一步的誘惑是讓每個應用都個人化，這意味著每個例子都要依賴個人經驗。我發現這並不是一個好的技巧，因為它讓教導聽起來非常以自我為中心，而且聽眾很難在其中看到自己。他們成為被動的受教者，無法將教導與自己的生活聯繫起來。我常常聽到有信徒在聽完分享之後說，「這是你的個人經歷，我未曾經歷過。」這樣的回應仿佛是給原本燒得火熱的濃湯裡澆了一盆冷水。我認為更好的應用是考慮所有人共有的最常見或最具影響力的生活方式，並允許這些例子出現在教導中。這樣，人們就會更經常地在經文中看到自己，簡而言之，就是信息的關聯性。

然而，這種關聯性亦存在名為「實用主義」的危險。「實用」是好東西，但後現代自我中心的實用主義會對信徒的生命帶來長期的破壞性影響。帶著尋找「實用」信息的目的去讀聖經往往是為了改善生活而非追求生命，那麼讀出來的結果就肯定是以人為本且定睛當下的「芝麻」，而代價則是捨棄了以神為本放眼永恆的「寶藏」。

研究聖經，為「講明意思」

事實上，實用主義的聖經應用要比我們想得要廣泛。比如，講到婚姻關係，可以從創世記 2 章講到以弗所書 5 章，講創造的秩序，夫妻的本分……但若結論是「對婚姻的不忠會導致家庭作為最小社會單位的瓦解」，那麼這依舊停留在實用的層面。雖然沒有錯，但它過度強調了基督徒道德在現實中的利益。然而真正的問題是：你相信耶穌基督是道路、真理、生命嗎？祂是道路，那麼只要不跟隨祂的，就是跟隨撒旦；祂是真理，那麼只要否定祂的，就是說謊者；祂是生命，那麼只要是被祂挽回的生命，就是屬於祂的。

凱勒（Timothy Keller）牧師在講到實用主義和道德主義時說：「基督會為你成就，但你得先不計一切地效忠於祂。不是因為祂滿足你（即使祂是如此），你才來到主前，乃是因為祂是真的。若你是為了滿足你的需要才尋找祂，你可能找不著祂，也得不到滿足。成為基督徒不是讓你的計劃得成就，乃是要接受一個全新的計劃——神的旨意。你要順服祂，因為生命屬於祂，祂是你的創造者與救贖主。」[5] 祂是真的，這真實性讓人認識到聖經的權柄，這與個人觀點和見解無關——「神的話語說了甚麼？」這使聖經有真正的權柄，因為話語是從神來的。

---

[5] 羅賓森，拉遜：《講道者工作坊》，198。

結論

就如最初我提到的那位牧師，他那時講的其實就是最樸素，也是最真實有用的道理，是忠於聖經的講道，而受眾卻不多。這也許是對每個基督徒傳道人的挑戰，我們的信息既要扎根在聖經經文的脈絡中，又要與聽眾的生活產生確實的關聯，將信徒的生命帶到福音的相關性與實用性的智慧中間；既要幫助在難處中的肢體經歷試煉，又要向他們宣告基督是主，對生命有絕對的主權。

這既是挑戰，也是我研究聖經的動力。「你當竭力在神面前得蒙喜悅，做無愧的工人，按著正意分解真理的道。」（提後 2:15）——這是墨爾本神學院中文部的座右銘，我相信也當是所有學習聖經的人的警句。

研究聖經，講明意思，傳道人走進經文的甬道裡把寶藏找出來，是不管聽眾們自己翻了多少遍都得不到的，告訴他們「神在這裡到底說了甚麼？」這樣，當講完一段聖經內容後，聽眾們可以看到一些東西，對神在文本中傳達的信息有了深刻的理解，這讓他們感到驚訝，因為他們之前看不見。這對他們來說是很重要的，因為它帶來了真理的力量來影響他們的生活。

研究聖經，為「講明意思」

如鷹攪巢、如燕孵雛

華人教會中的面子文化與僕人領袖模式

徐學峰

序言

二十一世紀的社會正處在迅速發展與轉變的時代，日新月異的世界文化正在影響著教會，教會領袖需要在事奉上調整適應這個時代。當今領導學的書籍比比皆是，但較多專注商業管理方面的組織領導學，基督教的領導學通常也是被分類在教牧管理科目，較多涉及組織領袖學範疇的內容。[1] 這些都是非常值得借鑒學習的，也很重要。但更重要的是耶穌僕人領袖的典範，在任何時代都是教會領袖屬靈原則的根基，非因文化而改變。

今天華人教會不能倖免於世俗面子文化的侵蝕，特別在教牧上，影響實踐僕人式領導的管理模式。「面子是中國人的寶貝」，它幾乎主宰人際與生活的各個層面。[2] 林語堂指出中國人視「面子」比憲法更受人尊敬。[3] 可見，面子在華人的人際交往中扮演的角色何等重要。如今在教會中也同樣有其影響力，甚至在主導教會領袖的人際關係及衝突處理的模式。教會領袖有意無意更多注重維繫人際關係表面的和諧，迴避、掩蓋問題的實質。並礙於面子、及人前的榮譽，不願自我揭露，呈現人前、

---

[1] 沃爾特・賴特：《關係式領導：感染力及服侍的聖經模式》，陳俊莉譯，實戰領導系列（香港：香港證主協會，2017），13。
[2] 易中天：《閒話中國人》（上海：上海文藝出版社，2018），98。
[3] 瞿學偉："中國人的面具人格模式"，《二十一世紀雙月刊》，32（1995）：149。

作者簡介

人後的兩面性，嚴重影響了在群體中的領導力，以及僕人榜樣的作用。[4] 筆者嘗試藉著本文研究，討論在面子文化下所形成的錯誤的人際交往模式對華人教牧管理的影響，並再思實踐耶穌示範的僕人領袖的模式的重要性。

正文

「領導是一種藝術」，[5] 因為領導涉及與群體建立關係，而人際關係就是一種藝術。如今，面子被視為人際關係中一種貨幣，正如華人常說「這不是錢的問題」，通常都是指向面子。[6] 面子是中西方文化中所共有的，[7] 「世界上的人類交往中沒有不需要面子的交際」。[8] 面子的定義可以簡單描述為：一個人除了個體真實的身份、以及在社會中的角色以外，人還有另外一個身份，就是「面子」，即人在交際處境中所扮演的一種人際身份。[9] 中國文化背後的面子有甚麼不同？這個面子文化對華人人際關係產生甚麼樣的負面影響？以至於教會也根株牽連，教會領袖更是身陷其中？

---

[4] Samuel K. Law, "Transforming Face in the Chinese Church," *Journal of Asian Mission* 20.2 (2019): 64-67.
[5] 麥克斯·帝普雷：《僕人的領導思維（原書名：領導的藝術）》，江麗美譯，經營管理 135（臺灣：經濟新潮社，2017），21。
[6] 胡孟君：《面子領導學》，李宛蓉譯（臺北：大是文化，2021），328-329。
[7] 顧曰國："禮貌、語用與文化"，《外語教學與研究》4（1992）：10。
[8] 范婉琳："論跨文化交際中的中西方面子文化差異"，《蘭州教育學院學報》34.8（2018）：95-96。
[9] 蕭麗艷："'面子'在中國『禮』文化和西方文化中的對比"，《井岡山師範學院學報-哲學社會科學》1.25（2004）：22。

中國面子文化

過去半個多世紀,中西方學者對「面子」進行了不懈的研究與探索。如今,面子的研究在社會學、心理學等領域中被廣泛討論。[10] 在榮辱觀、基督教信仰與中國儒家文化對話方面也有一些著書及研究。本文借鑒這些文獻研究進一步發現、認識教會中的「面子」現象。

認識中國面子文化

中西方的面子觀存在很大的差異。1944 年人類學專家胡先縉最早提出,中國人的面子分為「臉」和「面」,分別是指心理和行為,其包含了雙重的含義,前者強調的是人的道德品質,後者是指由個人的成就而獲得社會的尊重。[11] 這一理論引起學術界關注,隨後更是被進一步研究與廣泛應用。[12] 戈夫曼(Erving Goffman)的面子理論表明西方則不同,並沒有區分「臉」與「面」不同的概念。它們呈現是一體的,指人在某一種特定的交際中,對彼此之間認可的一種共同行為準則的遵行。[13] 翟學偉結合戈夫曼的理論指出西方人在社會互動關係中的自我形象的呈現(臉)和他在群體及他人心中的地位(面),

---

[10] 夏娜:"中外論面子:臉與面",《商丘職業技術學院學報》11.6(2012):84。

[11] 最早著書對面子進行論述的是 1894 年美國宣教士明恩傅(Authur H. Smith),在他的《中國人的素質》(Chinese Characteristics)一書中,他發現面子在中國社會的重要地位。參:吳鐵鈞:"面子的定義及其功能的研究綜述",《心理科學》27.4(2004):927;胡先縉:"中國人的面子觀",《人情與面子:中國人的權利遊戲》,黃國光編(北京:中國人民大學出版社,2010),45-46。

[12] 吳鐵鈞:"面子的定義",927-928。

[13] Erving Goffman, "On Face Work," *Psychiatry* 18 (2016):213.

作者簡介

這兩者有「同質性」，是一體的，這與西方基督教文化主張個人主義、人權、自由為主導的社會價值體系相吻合。但與中國不同，在一個重視和講究關係第一的中國社會，「重情輕理」、特殊主義、形式主義，導致原本「同質性」臉面觀轉化為「異質性」，使中國人「不要臉、寧要面子」。[14] 中國這種特有的異質性面子文化的形成受其所處地理環境、商業模式，以及傳統儒家文化的影響。歷史上中國曾自稱所謂「天朝大國」、「天下第一」體現出自恃的心理與張揚的外在表現，非常重視在他人心中的地位（面）。[15] 從文化上，儒家的社會建構一定程度上可以稱為是中國社會的建構。[16] 「禮」是儒家文化重要組成部分，「不知禮，無以立也」，「禮」作為個人行事的準則，按基本禮儀行事才會有面子。孔子也重視「仁」，所謂：「克己復禮為仁」，通過禮儀讓他人感到被尊重、有面子。正所謂「禮儀特殊化的說法其實就是面子」。在如今中國人情關係社會下，人情、關係作為面子的支撐點，所謂「人情大過天，人情緊過

---

[14] 翟學偉："中國人的面具人格模式"，154-156。
[15] 中國是一個地處三面環繞陸地、一面沿海的半封閉內陸國家，與外界世界接觸甚少，自視為世界的中心。這樣的地理位置孕育出中國文化的自發性與獨立性，形成強烈的「自我意識」。另外，中國幾千年來以農業為主，自給自足的模式主導經濟社會，並逐漸形成家族式的集體觀念，個人還就集體，顧忌他人面子。參趙俊："中西面子對比研究"，（碩士論文，四川師範大學，2011）3。
[16] 因為儒家思想並非從孔子才開始，而是始於周公。孔子只是一位集大成者，繼承發揚了堯舜、湯、文、武，將儒家思想系統化。另外，儒學並非探討社會建構學，而是在中國歷史中它參與並指導了中國社會建構的思想，無論從官方政府還是民間百姓，都是以儒家的社會建構來認識、理解、或治理社會或團體。而其他的中國傳統文化影響更多的在生命、宇宙、謀略等方面，而非社會建構方面。翟學偉：《人情、面子與權力的再生》（北京：北京大學出版社，2013），40。

債」、「人熟好辦事」等,這直接導致人情、關係可以成為一種交易的資源。[17]

為此,翟學偉提出了中國人「臉」、「面」的四分模型(圖一):[18]

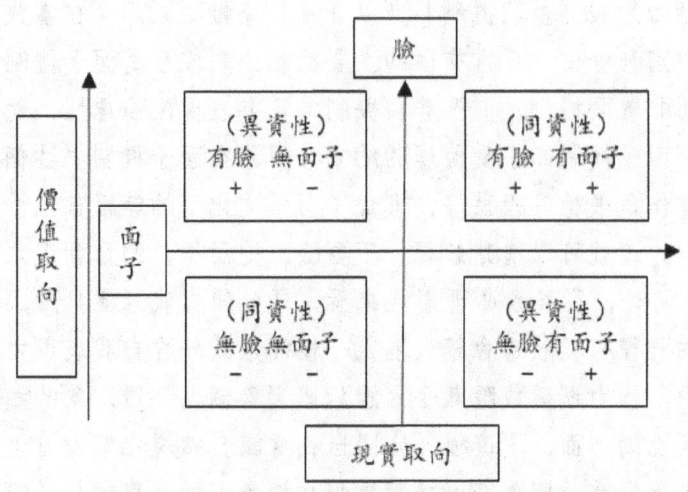

中國人「臉」、「面」的四分模型(圖一)

第一象限同質性有臉、有面子,這種類型與西方文化所宣導的注重個人主義價值體系較吻合,公眾自我形象建立以個人道德為準則。這也是中國古代儒家所崇尚理想君子的品格。第二象限異質性有臉、無面子,屬於講原則、無私類型。這種人往往是得罪人,不能讓別人感到有面子,自己也不能獲得面子。第三象限的類型是同質性的臉、面都不足,屬於社會邊緣人物。第四象限是異質性無臉、有面子,屬於現實主義,處事圓滑,不講原

---

[17] 趙俊:〈中西面子對比研究〉,4-6。
[18] 翟學偉:〈中國人的面具人格模式〉,154。

作者簡介

則,甚至不顧忌「臉」。在人群中左右逢源,在當今社會上如魚得水、受人青睞,非常有面子。[19]

這種臉與面的異化性,在社會上形成了兩種不同類型的日常生活交際機制,被稱為「面子機制」(以「面」為軸心)和「羞恥機制」(以「臉」為軸心)。「在當代中國社會中,日常交往的主要控制機制似乎是面子機制,而非羞恥機制。」[20] 羞恥機制本質上表現出倫理性,然而面子機制卻不受倫理的約束,因為在面子機制中整個運作是根據等級秩序,形成了面子文化下的等級官僚機制。這就可以清楚解釋「不要臉、愛面子」的社會現象。[21] 另外,從社會心理學上來看,「公開自我意識」形成的一種心理狀態會讓人陷入一種從眾的外在自我表現之中,極力迴避或隱藏令人尷尬或影響個人公眾形象的私人性的一面。[22] 這種「公開自我意識」體現在華人身上尤為嚴重,因為華人非常重視在禮儀上被「尊敬」,贏得面子。[23] 柏楊指出,如今所謂「禮義之邦」的中國文化中的「禮」更多是一種虛禮,即面子,[24] 也就是人人為面子而活,甚至自欺欺人。[25]

---

[19] 翟學偉:"中國人的面具人格模式",154-156;趙俊:"中西面子對比研究",16。
[20] 趙峰:"面子、羞恥與權威的運作",《社會學研究》1 (2016):28。
[21] 這一點與西方剛好相反,主導西方社會的是羞恥機制(一種罪感文化)。趙峰:"面子、羞恥與權威的運作",28-46。
[22] Richard J. Crisp 和 Rhiannon N. Turner:《社會心理學》,李政賢譯(臺北:五南圖書出版,2009),8-10。
[23] 呂俊甫:《華人性格研究》,洪蘭和梁若瑜譯(臺北:遠流出版,2001),143、263。
[24] 柏楊:《醜陋的中國人》(北京:人民文學出版社,2018),299-300。
[25] 柏楊:《醜陋的中國人》,307-308。

中國人的面子具有關係性、道德性、等級性，在支配華人的社會行為原則上扮演著極其重要的角色。[26] 無論在社會性、還是個體性，都呈現出積極與消極兩面性的意義。在社會性方面，面子作為一種社會交換資源被利用，在人際中使複雜的社會關係得以穩定維繫。[27] 消極影響是人們甚麼都「講面子」、「愛面子」，為了顧全面子失去原則，甚至觸犯法律。[28] 在個體層面上，面子正是當今中國人一種典型的社會心理現象。面子體現出個體所擁有社會地位與名譽; 面子是個體被尊重和自重的一種外在反映; 面子也是個人道德性追求理想人格和完善自我的內在反映。[29] 同樣，在個體性上也存在消極一面，從魯迅筆下的阿Q到達官貴人，甚麼事都講面子、愛面子，以至於淪為「面子主義」，一種虛偽的道德意識形態。[30]

---

[26] 詹玲萍:"中西文化面子觀的差異及其對文化交際模式的影響"，《武漢理工大學學報（社會科學版）》03.27（2014）：508-509。
[27] 面子作為一種工具，使中國傳統文化中的「仁」與「平等」文化思想應用在社會關係的和諧之中。陳虎強:"論面子觀：一種中國人典型社會心理現象的分析"，《湖南師範大學社會科學學報》1（1999）：113。
[28] 法律面前的人情、賄賂，「馬屁精」在社會上得勢，必然會危害到民族與法治社會的體制，「公僕」會成為「階下囚」，這都是面子下的受害者。陳虎強:"論面子觀"，114。林語堂先生也批判性地指出，面子在準民主社會中所表現出來的是虛偽與特權。在每個人脫下虛偽的面子之前，中國將不能成為真正的民族國家。參吳鐵鈞:"面子的定義"，929。
[29] 這符合中國傳統的「道義」文化倫理，正所謂「餓死事小，失節事大」。參陳虎強:"論面子觀"，114-115。
[30] 陳虎強:"論面子觀"，112。

作者簡介

中國人面子文化影響下的人際關係模式

華人文化具有典型的中國式人際關係和諧手段，以及衝突防禦機制。[31] 它的形成是基於孔子所宣導的「內部和諧應作為一個家的最高價值而被珍視」這一主張，由此延伸發展出以和諧為中心，以人情關係與面子為兩翼的華人文化模式。[32] 黃國光研究指出，華人在處理人際關係及衝突時主要受四個方面的影響：和諧、關係、面子和權利。但解決衝突的軸心是由關係和面子來支撐的，其中關係建構出中國的社會結構模式，而面子則是各關係節點的運行機制。[33] 這種以人情關係與面子所建構的理論模型，被稱為「人情與面子理論運行模式」（見圖二）。筆者採用這個理論，因為它更符合當今華人社會重情輕理的文化現象，雖然應用在教會仍然存在一些方面的局限性，[34] 但它充分體現中西方面子文化的不同，

---

[31] Wenshan Jia, "Facework as a Chinese Conflict-Preventive Mechanism-A Cultural/Discourse Analysis," *Intercultural Communication Studies* 7 (1997-1998): 43.

[32] Kwang-Kuo Hwang, "Guanxi and Mientze: Conflict Resolution in Chinese Society," *Intercultural Communication Studies* 7 (1997-1998): 24-26.

[33] 人際關係預防衝突是以儒家「禮」為原則，正所謂：「禮尚往來」、「先禮後兵」。所以在人情關係、及衝突處理中，為了遵循「禮」的原則，人們應該給予他人尊重，保全別人的面子，因為任何讓別人丟面子的行為都會有損自己的面子，所以中國人在關係與衝突面前首先顧忌的是面子。參 Chen Guo-Ming and William J. Starosta, "Chinese conflict management and resolution: Overview and implications," *Intercultural Communication Studies* 7 (1997-1998): 5-6.

[34] 比如：儘管在教會中彼此都是弟兄姊妹，不應該涉及「人情法則」，但事實上彼此之間還是存在親疏關係的不同，必然涉及到「人情法則」。另外，理論中涉及到「無倫」關係（詳見下文），教會中同樣有尊卑的關係，這樣也無法完全避免「人情法則」。

中國異質化的面子觀所注重的「人情法則」對華人社會、教會的影響。

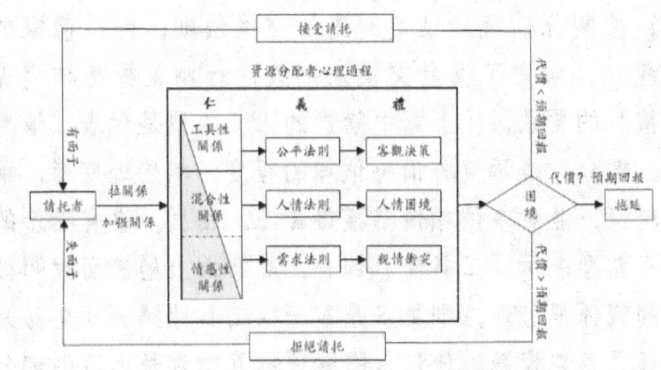

人情與面子理論運行模式（圖二）[35]

這一理論結合了中國人日常社會行為之儒家「庶人理論」，強調君臣、父子、夫妻、兄弟、朋友這五種社會最重要的人際關係，稱為「五倫」。並以「仁、義、禮」的倫理體系強調「尊尊法則」、與「親親法則」，非常好地解釋了中國人的衝突管理和解決方式。[36]

在儒家「仁、義、禮」的倫理體系中，人際交往以「尊尊」和「親親」為原則，前者指地位的尊卑之分，後者指關係的親疏。首先是根據「尊尊」的原則決定誰是資源分配者（尊），誰是是請託者（卑），並根據「親親」的原則決定資源分配的法則。當請託者向資源分配者提

---

[35] 黃國光，《人情與面子：中國人的權利遊戲》（北京：中國人民大學出版社，2010），6，79。
[36] 黃國光，《人情與面子》，77-78。

作者簡介

出請求分配資源時，資源分配者考慮的第一個問題就是：我們之間的關係怎樣？以儒家仁愛的思想表達出的這種雙方互動關係並非一視同仁，是有親疏差異的區分；隨後，按關係的親疏確定對應的交換法則，即：儒家的「義」；確定了互動交換法則後，行為就要應該遵循「禮」的要求。[37] 上圖中陰影的正三角型是代表「情感性」部分，表示雙方情感依賴的程度，越接近底層，情感越深，並更多依賴情感獲得資源。相反，沒有陰影的倒三角型表示「工具性」部分，越靠近上層表面說明彼此的關係很疏遠，則更多是靠一種工具性關係（交易）來獲得各自資源。任何人際關係的互動都是由這兩部分構成的。這兩部分合併，從上到下分別「工具性關係」、「混合性關係」、「情感性關係」，其中每一種都是由工具性及情感性組成，只是比例不同代表親疏關係不同，越在底層「情感性」比例越高，代表關係越親密。上述三種不同的人際關係性質決定了不同社會行為法則，即「公平法則」、「人情法則」、「需求法則」。真正影響華人面子的是「混合性關係」以及與其對應的「人情法則」，並隨之陷入「人情困境」，面對「有面子」與「失面子」的選擇。[38]

---

[37] Hwang, "Guanxi and Mientze," 18-20.
[38] 其中混合性與情感性之間是一條實線分割，儒家思想認為家人與外人之間存在一種難以穿越的心理界限。但工具性與混合性之間（即外人與外人之間）是一條虛線，代表是可以滲透的。行為法則按「禮」的標準比較容易理解，「公平法則」代表一種公平交易，「人情法則」代表這中間因為有情感因素在裡面，「需求法則」以需求為主，因為這種關係非常緊密（比如家人），基本完全以「情感關係」主動。兩年、另外，與西方不同，西方更重

中國人的人際關係分為三類：縱向（群體內）關係、橫向（群體內）關係、和橫向（群體外）關係。並根據這三類人際關係的互動確定了共有主要的十二種處理衝突的模式。[39] 其中，縱向關係（群體內）就是指「五倫」的前四種（父親/兒子、丈夫/妻子、長輩/弟兄、上級/下級）的等級關係。這種關係中處理衝突方式有八種：「寬容」、「忍耐」、「間接溝通」、「對抗」、「敷衍面子」、「照顧他人的面子」、「公開服從」、「私下違抗」。[40] 橫向關係（群體內）雖然不是儒家「五倫」的重點，只有「朋友」屬於橫向關係。但從廣義上，它代表人與人日常生活中一切彼此互動的關係，因此任何一種關係（包括四種縱向關係）都需要這種水平橫向通過兩人互動建立彼此的關係。橫向關係是由「工具性關係」主導的，但在某些情況下也會有「情感性關係」介入，屬於混合關係。在這種關係中處理衝突的方式有兩種，一種是以人情法則互動，就是「給面子」。但如果一方堅持自己的目標不給另一方面子，解決衝突的方式變為「明爭暗鬥」。[41] 橫向關係（群體外），由於這種人際關係發生在群體外與他人的互動，所以是完全通過

視「公平法則」，因此基本不存在「面子」選擇的問題。參黃國光：《人情與面子》，79。

[39] 儒家文化的思想將所有縱向關係假定為群體內關係（這是比較容易理解的，因為縱向關係中：父親/兒子、丈夫/妻子、長輩/弟兄、君/臣皆視為群體內的關係），但橫向關係卻更加廣泛，涉及到與群體內的人群、與群體外人群的兩種關係。參 Hwang, "Guanxi and Mientze," 24-26.

[40] Hwang, "Guanxi and Mientze," 27-31.

[41] 「明爭暗鬥」也就說一方必須妥協，儘管如此，彼此還要假裝通過一些禮節來照顧對方的面子，誰做不到就是沒有修養。參 Hwang, "Guanxi and Mientze," 31-32.

作者簡介

「工具性關係」來滿足某些資源的需要,他們可以在平等的基礎上進行交換。產生衝突通常都比較激烈,處理衝突的方式包括:對抗、調解。[42] 無論哪種關係衝突中的人際關係是動態可以被轉換的,是由彼此互動過程所建構的。比如職場中上下級的關係本屬於縱向關係,但如果下級為了主張自己的利益堅決不服從上級,不顧及人際關係,就會採用「對抗」的處理衝突模式,撕破面子,這時縱向關係就轉化為橫向關係,並且彼此的互動從情感性轉化為工具性。這一切衝突的運作受制於這種人情面子理論運行模式。[43]

胡孟君在她的《面子領導學》中提出:面子是複雜人際關係中一種社交交易的貨幣,這種貨幣是具有可存取的功能,並且你存的越多,遇到問題就更容易化解。[44]「面子代表一個人的自尊、自我價值、身份、聲譽、地位、驕傲、尊嚴。」[45] 一個人一旦成為了領袖,面子就不再屬於自己了。領袖必須在人前要盡可能表現出積極、樂觀,並以此影響身邊的人。[46] 面子領導模式在處理人

---

[42] Hwang, "Guanxi and Mientze," 33-34.
[43] Hwang, "Guanxi and Mientze," 30-31.
[44] 想像一下,面子被當作貨幣,不斷對某人「存進」面子,比如:表揚、贊許。就如同往銀行帳戶中存款一樣,存的越多,自己的面子越大,信任度就越高。相反,「提領」就是向對方提出批判,或不小心讓對方丟了面子。參胡孟君:《面子領導學》,55-56。
[45] 胡孟君:《面子領導學》,34。
[46] 葛‧史密斯:"面子的重要性超過金錢",《面子領導學》之推薦序二,胡孟君著,李宛蓉譯(臺北:大是文化,2021),9。

際關係時，通常以「保全面子」、「給面子」、或「面子回饋」，克服所有的境況，來處理面子的問題。47

面子文化對華人教會的負面影響

這種面子文化背後的關係模式，也根植在華人教會的群體關係中。Jiying Song 在她的研究中指出，教會領袖在教會中有意無意受限於這種面子文化，過於注重個人的聲望、名譽，這對教會群體產生很大的負面影響。由於缺乏對面子文化的瞭解、以及自我僕人身份的認定，導致一些神職人員在自己崗位上的迷失，無法很好地處理教牧關係、以及群體關係。錯誤地用自己在教會各項事工中的努力、及表現來定義身份，並以此為標準來衡量、獲取自以為的榮譽。在教牧管理上常常陷入面子法則中，忽視了自己的領導權利是來自與神，自己不過是受託的僕人來管理教會（可十 44）。但卻錯誤地把自己的意願賦予在這個權利之上來掌控他人，而陷入為了贏得面子或丟面子的人情面子法則的困境中，上演著「給面子」與「不給面子」的「明爭暗鬥」，以及「照顧他人的面子」在外人面前家醜不可外揚。在群體牧養方面礙於面子陷入為個人獲得榮譽而努力事奉的怪圈中，敷衍面子，無法建立與群體的親密關係，即不能很好地牧養，更無法醫治需要說明的教會肢體。48 所以，我們看到受面子

---

47 「保全面子」表示你與他人溝通時需要有包容性，因為世上沒有不顧及別人面子的時候。「給面子」意味著你讓別人感受到被尊重。「面子回饋」，坦然承認自己的錯誤，避免在輸贏對錯上看待問題，並從以往經驗中學習，讓你的選擇影響他人。參胡孟君：《面子領導學》，332-338。
48 Jiying Song, "Understanding Face and Shame: A Servant-Leadership and Face Management Model," *Journal of Pastoral Care & Counselling* 73.1 (2019): 19-20.

的驅使牧者們很容易傾向於公眾面前的自我表現，寧願不斷開展各樣事工，甚至不讓自己有任何的閒暇，但卻隱藏自我、抗拒面對、以及壓抑內心世界，也就是神邀請我們與他相交之處。49

盧家正研究指出，當教會領袖內部出現分歧，由於害怕丟面子蒙羞，而迴避問題，導致矛盾不斷激化，不僅影響到教會群體關係的和睦，也使慕道友對福音產生質疑。50 這一問題的核心就是教會領袖在人情與面子法則面前，害怕自己如果給了別人面子，自己就在會眾面前丟掉面子，失去了影響力，並過度在意權利、等級，阻礙了在矛盾中坦白自己的錯誤並主動和解。51 有意無意中面子文化成為了這些教會僕人領袖的絆腳石。從此研究報告中表明，在教會領袖內部矛盾的處理正是受制於縱向關係（群體內）中的忍耐、間接溝通、敷衍面子；也有橫向關係（群體內）中的給面子。52 在一些「家長式領導」模式下華人教會這種人情面子法則更為嚴重，牧師由上之下控制，包括靈糧供應、關懷、指導、培訓等，較少以僕人身份出現，而是擁有權柄的家長。53 在這樣的人

---

49 參哥登：《心意更新》，葉自菁譯，信徒生活叢書（香港：天道書樓，2002）39-40。
50 Law, "Transforming Face in the Chinese Church," 54-55.
51 Law, "Transforming Face in the Chinese Church," 51, 73.
52 研究報告的案例發現，在長老與牧師的矛盾中存在縱向關係（群體內）中的忍耐處理方式：由於牧師剛剛來到教會不久，面對教會長老採取忍耐的方式。另外其中牧師與長老之間也曾試透過主任牧師作為中間人來協調，這是間接溝通的方式。衝突中當事人都不願意直接面對，只是表明彼此敷衍面子。由於當事人同屬於同一個教會，也涉及到橫向關係（群體內），為了在教會會眾面前不丟臉，所以大家彼此給面子。參 Law, "Transforming Face in the Chinese Church," 60-61.
53 沃爾特‧賴特：《關係式領導》，67。

際關係中，權利與目標很容易被家長製化、個人化，教會其他的會眾容易成為在「人情與面子理論運行模式」下，為了達到目標的工具或資源。[54]

今天，華人教會領袖需要反思，在服事中要學習擺脫面子，活出基督僕人領袖的生命。在這個面子與僕人領袖兩種文化張力中重新堅定自己蒙召身份，不僅是領袖，更重要的是僕人。正如羅伯特·格林利夫（Robert K. Greenleaf）所言：「領袖就是一個容易受創的僕人，就好像需要他的人一樣，也需要人。」[55] 教會領袖也是一群有限的、軟弱的、容易受傷的人蒙神拯救的罪人，就好像我們所關懷牧養的人一樣。不過作為教會領袖蒙召的職事是讓自己成為基督器皿，讓基督無限愛的生命、僕人的生命藉著我們流露出來。僕人領袖觀不是出於世界，更不受限與世俗面子文化，乃是出於道成肉身、捨命救贖罪人的僕人領袖-耶穌基督。[56]

再思僕人領袖

「基督徒領導力是關乎神，並非關乎我們。」[57] 約書亞率領以色列在利非町戰勝亞瑪力人不是靠他自己的領導力，而是摩西在山頂舉起神的仗（出十七10-14）。所以合乎聖經的領袖必須明白基督徒領袖從來不是從我們開

---

[54] 歐格理和麥丹尼：《合神心意的領袖》，陳凱若和黃雅蓓譯（美國：美國福音證主協會，2020），48。
[55] 盧雲：《奉耶穌的名：屬靈領導新紀元》，李露明譯（香港：基道出版社，1993），45。
[56] 盧雲：《奉耶穌的名》，44-45。
[57] 沃爾特·賴特：《關係式領導》，43。

始,而是從神開始,我們不過是神的僕人、是跟隨者,跟隨耶穌基督的腳蹤在其中成長,慢慢我們也有了跟隨者。[58]

僕人領袖的聖經神學教導

在新約中耶穌對門徒關於領袖職事的教導:「你們中間,誰願為大,就必作你們的用人。」(可十 43)這不僅讓當時猶太社會很多人無法理解,包括每個不同時代絕大多數的社會,以及華人社會也是同樣,顛覆了人們對領袖原有的定義。因為「領袖」代表有權利、地位、榮譽、面子,而「僕人」意味著卑微、低下,沒有面子。但對於耶穌來說,顯然「僕人」的定義被賦予了榮譽,在神的國裡,升高首先需要降卑,並且耶穌自己就是最完美的僕人領袖的榜樣(腓二 5-11)。[59] 所以,教會的領導方式需要追尋耶穌的典範,每一個蒙神呼召的領袖必須實踐僕人領袖的模式,這種模式背後的唯一的動機就是作神的僕人。[60] 正如格林里夫的「僕人領導學」理論對僕人領袖的定義指出:「領導者首先必須是僕人,開始是一個人自然地流露出想要服務大眾,以服務為優先;然後,理性地選擇要成為領導者。」[61] 身為領導者,若願意遵行耶穌的命令作僕人服事人,那麼這樣的僕人領導模式必然與「人情面子理論運行模式」產生衝擊。因

---

[58] 沃爾特·賴特:《關係式領導》,21。
[59] 卜睿納和蒲理查:《跟耶穌學領導力》,劉如菁譯(臺灣:天恩出版社,2016),149-151。
[60] 歐格理和麥丹尼:《合神心意的領袖》,60。
[61] 羅伯特·格林里夫:《僕人領導學:僕人領導的理論與實踐》,胡愈寧和周慧珍譯(臺灣:啟示出版,2008),37。

如鷹攪巢、如燕孵雛

為在這種關係中僕人領袖不是「尊」，會友不是「卑」，彼此的關係都是弟兄姊妹，不應存在親疏。因此，所謂「仁」、「義」、」禮」的法則就不適合直接應用在僕人領袖的領導模式中。但是，吊詭的是僕人並沒有削減領袖的內涵，同時被神賦予領導的職事。

僕人領袖的先決條件是知道我是誰。僕人領袖絕不是為了給別人面子小恩小惠使他人服從，更不是為自己的面子在人前威風凜凜爭權奪勢，批評指責使別人順服。耶穌告訴我們僕人領袖第一步是要認清自我。[62] 真正的領袖是服侍別人的人，這是不同與世俗領袖的偉大之處。（可十 42-44）麥克斯·帝普雷（Max De Pree）在他的《僕人的領導思維》中寫道：「領導者必須成為一個僕人，一個債務人。」[63] 所以，面子不能掩蓋教會領袖作為僕人領袖真正的身份，是神的僕人，神才是真正的領袖，藉著耶穌基督呼召、建立他的子民群體（教會）。教會領袖必須清楚地意識到，自己並非是人情與面子理論模式中的「資源的分配者」，神才是一切資源擁有者。另外教會領袖與所有會眾都是弟兄姊妹，在基督里互為肢體。[64] 教會的會友也並非是「請託者」，與教會領袖彼此之間沒有「受託」與「請託」的關係，而是彼此服侍的關係。不是講「人情面子」、「拉關係」，也不是

---

[62] 查理斯C曼茲：《耶穌的領導智慧》，余彬譯（上海：上海三聯書店，2020），26。
[63] 麥克斯·帝普雷：《僕人的領導思維》，28。
[64] 教會也要謹防所謂「教會裡的社會」，利用弟兄彼此屬靈的關係，取悅對方獲得自己社會上的利益。所以，教會中的僕人領袖在牧養上要注重培養群體屬靈生命的洞察力，設立教會紀律，禁止社會功利主義在教會滋生蔓延。

作者簡介

靠著「公平法則」、「人情法則」、「需要法則」來贏得地位、榮譽、面子。教會的領袖所關注是服侍神、服侍人，永遠不忘自己僕人的身份。

使徒保羅要求教會效法他不是因為他的高言大智，不是靠他的學位，乃是因為他的生命中彰顯基督，他的屬靈權柄只是為了服事造就信徒（林後十三 10）。彼得也勸勉教會領袖，務要牧養神的群羊，而不是轄制他們，乃是要作群羊的榜樣（彼前五 1-3）。因此，屬靈權柄是神賜給那些事奉弟兄姊妹的僕人，只有當以僕人的態度來事奉時才有真正的屬靈權柄，這是僕人領袖屬靈的領導原則。[65] 這一原則源於基督捨己愛的生命，它征服了世界，勝過了死亡。耶穌對教會領袖的呼召是我們實踐僕人領袖的模式（可十 43），沒有讓我們有任何其他選擇，或者模糊的地帶，更沒有任何附加條件，而是極為直接明確的說：「正如人子來，不是受人的服事，乃是服事人，並要捨命，作多人的贖價。」（太二十 28）[66]

教會領袖除了是僕人，也是債務人，虧欠甚麼呢？虧欠一則盟約。盟約要將組織或團體中的人聯合在一起，並使每個人在盟約中知道自己應該成為怎樣的人，並帶領他們朝著這個目標邁進。[67] 在教會中，領袖的目的不是為了完成某項任務、指標、自己的榮譽，而是把人帶到

---

[65] 曾立華：《新世代領袖的塑造》，心靈更新系列（香港：天道書樓，2010），104。
[66] 肯·布蘭查和菲爾·豪吉斯：《學耶穌領導》，侯仁義譯，當代管理叢書 06（臺灣：橄欖出版社，2009），30。
[67] 麥克斯·帝普雷：《僕人的領導思維》，31-32。

基督的盟約里，帶領教會信徒回應大使命的託付，宗旨是「使萬民作基督的門徒」，為要得著基督的生命。所以，僕人領袖要持守主牧養群羊（約二十一 16），建立一個生命不斷成熟的群體，這也正是新約保羅書信所強調的（羅八 29；林前十一 1；林后三 18；加三 27；四 19；弗四 13, 23-24；腓一 20-21）。「…為要成全聖徒，各盡其職，建立基督的身體，直等到我們眾人在真道上同歸於一，認識神的兒子，得以長大成人，滿有基督的長成的身量。」（弗四 11-13）這個教會領袖屬靈事奉原則是教會基本和主要的任務，所有的工作、活動以及資源都是為了這個目的，就是教會弟兄姊妹的生命成長像耶穌基督的生命，使神的榮耀透過教會彰顯出來。[68]在整個過程中，教會領袖與弟兄姊妹就不再是領導者與跟隨者的關係，大家都是跟隨者。因為大家都在跟隨真理（耶穌），並有合一的目標異象，彼此真正可以互為肢體，建立彼此信任的屬靈關係。[69]

布魯斯（Alexander Balman Bruce）寫道：「在其他國度里，管理者有特權，可以受人的服侍;但在神的國里，管理者的特權就是服侍人。」[70] 僕人領袖是藉著領導來服侍人，無論在任何呼召的崗位上，總要以僕人謙卑的榜樣的態度而非強權或其它甚麼手段來帶領會眾。正如羅伯特·格林利夫所說的僕人領袖是：「服侍別人和接受別

---

[68] 曾立華：《新世代領袖的塑造》，29-31。
[69] 羅伯特·格林里夫：《僕人領導學》，11, 14。
[70] 孫德生：《領袖》，朱彬和張海雲譯（中國：海南出版社，2016），176。

作者簡介

人的服侍。」⁷¹ 服侍他人是領袖被呼召最光榮、最大的回報。⁷² 僕人領袖應當脫下領導外衣，真實地面對自己的身份，不是這件外衣讓自己有面子受尊敬，而是僕人的真誠。⁷³ 救世軍領袖撒母耳·布蘭格曾說過：「在審判的時候，人們互相加封的頭銜與地位將會一文不值，這是歷史上最具諷刺性的事件之一。」⁷⁴ 教會領袖需要認定持守自己的身份，謹防將「人情面子理論運行模式」應用在教牧管理、及與弟兄姊妹的屬靈生命關係中，否則教會這個屬靈團體的群體關係面臨陷入世俗化關係模式的危險，甚至淪為一個教會形式的社會組織。⁷⁵

僕人領袖的領導模式

道樣就顯明瞭原來僕人領導模式是區別與人情面子的一種新的模式，這種模式中不強調「尊尊」、「親親」的關係，不應看重人情面子交易，更不求資源代價的個人回報，而是效法耶穌基督服事中完全地捨己。所以，在教會中人情與面子的群體關係模式需要被更新轉化，取而代之的是以愛的法則主導的僕人領袖的領導模式。這

---

⁷¹ 羅伯特·格林里夫：《僕人式領導》，徐放和齊桂萍譯（中國：江西人民出版社，2009），9。
⁷² 曾立華：《新世代領袖的塑造》，64。
⁷³ 羅伯特·格林里夫：《僕人式領導》，108。
⁷⁴ 孫德生：《領袖》，5。
⁷⁵ 今天我們看到一些華人教會受到自我榮譽、面子的這種錯位動機驅動，追求一些外在的目標，比如：專注在如何增加教會信徒人數、奉獻、花費、權利等等，甚至一些主日的信息也參雜了自己主觀的目的，而並不是信徒應該知道的資訊。這樣服侍顯然偏離教會事奉的異象目標。參詹姆斯·杭特：《僕人II.：修鍊與實踐》，李紹廷譯（臺灣：商周出版，2010），45。

一模式的建構是基於神的愛的法則,以及耶穌基督僕人的生命作為教會群體共用資源。

耶穌在被釘十字架之前對門徒末了的話是彼此相愛的命令:「你們要彼此相愛,像我愛你們一樣」(約十五12)。跟隨耶穌意味著要捨棄自我、面子、榮譽,而是彼此相愛。「基於僕人式領導是一種愛和服侍的承諾這一觀點」,[76] 僕人服侍的動機必然是出於基督的愛,並是以愛來領導,其目的是使教會弟兄姊妹得著基督的生命。[77] 愛並非只是一種情感,「愛,是推己及人,找尋出別人的需求;同時,也要為了滿足被人所需要而努力著」,[78] 這是詹姆斯·杭特(James C. Hunter)對愛的定義。也就是說,愛成為神藉著耶穌基督放在教會關係中交換法則。在神的家中,弟兄姊妹之間彼此屬靈的關係不是靠面子拉近,而是神的愛。這裏雖然會出現「公平法則」、「需求法則」,但更重要的是「愛的法則」,藉著神的愛彼此相愛,為要得著基督的生命。

---

[76] 威廉·B.特納和德蕾恩·查普爾:《僕人是領導之旅》,徐放譯(北京:新華出版社,2009),138。
[77] 歐格理和麥丹尼:《合神心意的領袖》,62-64。
[78] 他也歸納出僕人領袖的八大特質:「忍耐」、「恩慈」、「謙卑」、「尊重」、「無私」、「寬恕」、「誠實」、「守信」,也是基於「愛的箴言」(林前十三4-8)。「愛是恆久忍耐(忍耐),又有恩慈(恩慈);愛是不嫉妒,愛是不自誇(謙卑),不張狂,不作害羞的事(尊重),不求自己的益處(無私),不輕易發怒,不計算人的惡(寬恕),不喜歡不義,只喜歡真理(誠實);凡事包容,凡事相信(守信),凡事盼望,凡事忍耐。愛是永不止息。」參詹姆斯·杭特:《僕人II》,118-123。

作者簡介

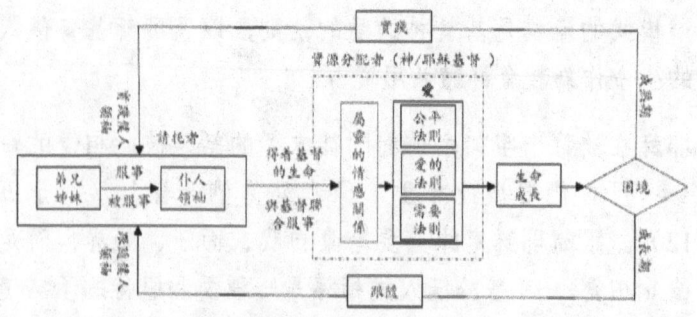

僕人領袖的領導模式（圖三）

如圖三，僕人領袖的運行模式是在基督裡共用生命，教會群體「屬靈的情感關係」是一個新造的、聯合在基督裡的彼此互為肢體的關係，以神的愛為法則（愛的法則）彼此成全，為要得著在基督裡的生命成長。耶穌向他所呼召每一個僕人發出邀請，接受最珍貴的禮物就是捨己的愛（太五43-47），並要求把這份愛給出去。神所呼召的僕人必然是深切地愛他所服事的物件，正如在摩西、保羅身上顯露出的這種僕人愛的領袖的典範（出三十二32，羅九 2-4）。[79] 維爾·羅傑斯（Will Rogers）說道：「維護被領導者的最大利益是領導的真諦。」[80] 這樣動機與目的背後不應存有個人利益，如同面子人情法則一樣去做「代價」與「預期回報」的判斷（見上圖二）。僕人領袖出於愛的動機服侍他人，才能獲得真正的自尊，

---

[79] 「倘或你肯赦免他們的罪，不然，求你從你所寫的冊上塗抹我的名。」（出三十二 32）「我是大有憂愁，心裡時常傷痛；為我弟兄、我骨肉之親，就是自己被咒詛，與基督分離，我也願意。他們是以色列人，那兒子的名分、榮耀、諸約、律法、禮儀、應許都是他們的。」（羅九 2-4）參歐格理和麥丹尼：《合神心意的領袖》，63。

[80] 查理斯 C 曼茲：《耶穌的領導智慧》，72-78。

也會贏得別人真正的尊重。否則別人給你的只有「面子」。[81] 吉姆‧柯林斯（James C. Collins）指出領袖的動機不是努力讓自己成為眾目睽睽的偶像，不求獲取名聲、奉承、權利，而是願意放下自我，專注對他人的貢獻。[82] 在聖經中耶穌批判、揭示宗教人士法利賽人徒有宗教的面具沒有愛的實質，「你們不可效法他們」（太六8），這是主對當代僕人的領袖的警告。[83]

在僕人領袖的領導模式中（圖三），教會中弟兄姊妹與僕人領袖同為「請託者」，彼此服事、與被服事，並經歷「生命成長」的「困境」。在「成長期」懂得學習跟隨僕人領袖，在生命的「成熟期」可以成為、並實踐僕人領袖，發揮神所賜的屬靈恩賜繼續進入服事與被服事群體關係中。這樣在教會中就完成了效法耶穌基督僕人領袖模式生命的轉化與傳承，跟隨者轉化成為僕人領袖，教會整個群體參與到基督生命中，在這樣的屬靈模式中最終為要作成我們在基督裡的工作（弗二10；四12）。在整個僕人領袖運行模式中，唯有神藉著耶穌基督僕人領袖的生命在發揮影響力，並藉著這生命建立起來更多的僕人領袖，並吸引更多的跟隨者，這一切都是在教會群體中，藉著在基督的生命裡完成的。由於本文研究題目、字數等因素限制，本文僅是論述僕人領袖模式的基

---

[81] 張洵：《僕人式領導之旅》之中文譯本序言，威廉‧B.特納和德蕾恩‧查普爾著，徐放譯，（北京：新華出版社，2009），III-IV。

[82] 吉姆‧柯林斯：《從優秀到卓越》，俞利軍譯（北京：中信出版社，2009），34-40。

[83] 查理士‧司溫道：《僕人領袖捨己生活的藝術》，李清麗譯（臺北：中國學園傳道會出版部，2005），105。

作者簡介

本原則，無法針對僕人領袖的領導模式中「屬靈的情感關係」，及「愛」的法則下面的「公平法則」、「愛的法則」、「需求法則」展開討論。應用中也要謹防走到另外一個極端，以愛為由不尊重牧者，不執行教會規定等。這會涉及基督教倫理學、教會紀律及組織領袖學等方面的內容，可以考慮今後進一步的研究。

僕人領袖在實踐中的領導力與影響力

面子領導學的告訴我們，一人是否可以與他人建立關係，並一起達成共同合作的目標，都與是否顧忌對方的面子息息相關，否則基本不會有好的結果。面子越大，影響力也越大，就更容易搞定事情。[84] 既然僕人領袖的領導模式中不在乎「尊尊」、「親親」法則，也不牽扯到資源分配，在人際關係、矛盾衝突中也沒有、或不涉及利益關係，那麼僕人領袖如何實踐他的領導職分，在關係中樹立自己的領導力與影響力呢？也就是說僕人領袖首先是服侍的、謙卑的，那麼怎又有權柄去領導呢？神對教會領袖的呼召正是這樣，不僅賦予領袖僕人服事的角色，也賜給我們領導的恩賜，這些恩賜是要藉著僕人的樣式在謙卑服事的過程中得到發揮，他們的生命品格在其中被塑造建立，併產生巨大領導力與影響力。耶穌為門徒洗腳、服侍他們，並教導門徒要效法他，樹立了僕人領袖屬靈原則的榜樣。[85] 所以，在教會這個屬靈的團體中，任何真正領導力與影響力都源於神——耶穌基督僕

---

[84] 胡孟君：《面子領導學》，27-28。
[85] 曾立華：《新世代領袖的塑造》，81-82。

人的生命，一切的豐盛、智慧蘊含在基督的生命裡（西二 3-10）。實踐證明僕人領袖絕不是角色的分裂，僕人與領袖兩者可以兼顧、不相互抵觸。羅伯特·格林利夫根據耶穌的領導模式建構的僕人式領導經過幾十年的發展現在今天在二十一世紀取得了巨大的成功，其中躋身與美國《財富》雜誌「百家最合適工作場所」的許多公司運用這一領導原則取得顯著受益。僕人與領袖在今天可以真實合一地應用在一個人的身上產生非凡的果效，「創造了一種弔詭式的僕人式領導思想」。[86] 無論是這是詹姆斯·杭特總結出的僕人領袖的八大特質：「忍耐」、「恩慈」、「謙卑」、「尊重」、「無私」、「寬恕」、「誠實」、「守信」；[87] 還是羅伯特·格林利夫所提出的僕人式領袖的十大典型特徵：「傾聽」、「感同身受」、「療傷」、「省察」、「說服」、「抽象化」、「預見力」、「管家」、「致力於員工」、「創建社區」，這些真正產生影響力的僕人生命品格都是源於神。[88]

領導學專家麥福士（Aubrey Malphurs）的一個定義準確地描述了僕人領袖內在的領導力：「一位基督徒領袖乃是敬虔之人（品格），知道自己的方向（異象），也有跟隨者（影響力）。」[89] 也就是說僕人領袖首先要建立品格，恢復前文「臉」、「面」同質化的面子觀，注重

---

[86] 羅伯特·格林里夫：《僕人式領導》，1-2, 19。
[87] 詹姆斯·杭特：《僕人II》，123。
[88] 這些認知源於羅伯特·格林利夫在責格會的體驗，參羅伯特·格林里夫：《僕人式領導》，23-28。
[89] 歐格理和麥丹尼：《合神心意的領袖》，60。

作者簡介

個人品格（臉）。品格的建立不能單單靠著知識與理論，而更需要生命導師的榜樣、帶領與陪伴。基督徒僕人領袖的生命導師就是耶穌基督。在與教會群體建立關係上，僕人領袖首要看重的不是傳統儒家文化中「五倫」的關係，而是要藉著耶穌基督與神建立的關係，並反映在與教會弟兄姊妹的關係。同時，僕人領袖不是讓教會弟兄姊妹看見領袖自己，而是看見群體的異象與使命，就是為要得著基督的生命，這是整個教會共同的「資源」，並且唯有神是教會唯一的「資源分配者」。[90] 僕人領袖需要認定自己是被基督呼召的僕人，是基督的跟隨者，在這樣的過程中，僕人領袖被塑造成為一個有品格、被信任、可以影響別人的領導力，這一影響力不在乎外在的榮譽、地位、面子，而是源於內在耶穌基督的生命。[91]

顧及面子是人的特性，但如前文所述，無論何時在自己的面子受到威脅時就立刻啟動防禦模式，陷入人情與面子的法則之中。「保全面子和給對方面子的能力，是我們這世代的社交貨幣。」[92] 毫無疑問，教會中的領袖也同樣渴望在群體中有影響力，有面子被尊重，並贏得與弟兄姊妹親密的關係與信任。但是教會領袖必須謹防陷入人情面子法則中以至迷失，正如一位牧者的自省：「活在面子下如同戴著面具來事奉，不願意或不敢公開

---

[90] 現實中我們無法脫離人為的因素在中間，所以這需要謹防參雜人情面子法則，出來踐行下文中僕人領袖的領導模式以外，還需要完成的教會組織管理學，並結合教會紀律等。
[91] 沃爾特·賴特：《關係式領導》，44。
[92] 胡孟君：《面子領導學》，28。

自我揭露,不僅不能實踐僕人領袖的事奉,也妨礙了生命的成長,結果是內心的失衡,嚴重者會導致抑鬱。」[93] 史蒂芬·柯維同樣對領袖們發出警告,他說:「即使可以採用各種手段贏得一個成功的領袖,但如果品德缺失,特別是不真誠、言不由衷,而不能獲得信任,終究無法成大器。」[94] 盧雲也提醒僕人領袖必須清楚影響力來自於與耶穌基督親密的關係,並警告領袖們遠離人情關係(面子)、名望、權利這三種試探,唯有與神、與耶穌基督保持親密的關係,被神賦予的權柄才能產生屬靈的影響力。[95] 因此,與世俗的面子剛好相反,耶穌教導的僕人領袖不關乎權利、榮譽,而是生命;不在乎外在表現、形式,而是內心自我省察。領袖不可能是一面掩蓋自己,一面又想影響別人。[96] 健康親密的人際關係的建立需要互動雙方彼此不斷自我揭露,更加互相瞭解,進而兩個人的關係越來越親密,隨之自我揭露的層次也就更深,這樣才可以生命影響生命。[97] 僕人領袖正是把個人遇到的問題與不足看為自己的任務而非丟面子,視其為完善自己的一種手段,並且把這種內在的動機透過全心全意關心與服事他人表現出來,傳遞神愛,說明他人的成長。從而也可以藉此作為擴大影響力的起點,領導

---

[93] 何漢寅:《心路:一位牧師的自省》(Sibu, Sarawak:馬來西亞基督教衛理公會,砂拉越衛理公會華人年議會文字事業部,1997),78。
[94] 斯蒂芬·柯維:《與成功有約-高效能人士的七個習慣》,顧淑馨譯(臺北:遠見天下文化,2015),44。
[95] 盧雲:《奉耶穌的名》,21, 37, 53。
[96] 查理斯C曼茲:《耶穌的領導智慧》,26-28。
[97] 心理學稱之為「自我揭露」,它「是一種特殊的溝通過程,在此過程中,人們將自己內心感受與訊息,與他人分享。」參陳皎眉:《人際關係與人際溝通》(臺北:雙葉書廊,2010),58-59。

更大的群體。⁹⁸在教會管理中，要想領導訓練好更多基督的門徒 ── 僕人領袖，就必須是為著神的榮耀與他人的益處，而絕非動機出於面子、掌聲、名譽、權利等，因為這一切都是無法隱藏的。⁹⁹

近年來的一些超大型的教會在崛起，教會由巨星般的牧師來帶領。但是隨著年齡老化，及缺失接班人，教會領袖的影響力也隨之消失殆盡，整個教會好像是「旁觀者」。問題出在哪裡？¹⁰⁰ 這正是表明教會沒有真正實施僕人領袖的領導模式，教會領袖的領導力與影響力大多靠著自己的才幹、苦幹（事工的努力）、人情面子法則，沒有很好地透過愛的法則在教會實踐傳承僕人領袖的領導模式，也無法很好塑造這個群體的屬靈生命，並使耶穌基督僕人的生命在教會群體產生領導力、與影響力。羅伯特格林利夫指出測試一個領袖是否是僕人領袖最好的方法是：「那些被服侍的人生命是否改變，是否變得更加成熟，僕人領袖的影響力是表現在追隨者的身上，使他們也願意成為僕人。」¹⁰¹ 詹姆斯·杭特說：「領導是用來影響他人，讓他們全心投入，為達成共同目標奮戰不懈。」¹⁰² 領導發生在群體中，沒有跟隨者無從談領導。所以領導是與跟隨者建立的一種彼此相愛、互相依

---

⁹⁸ 羅伯特·格林里夫：《僕人式領導》，51-52。
⁹⁹ 哈利·瑞德和大衛·夏夫利：《死灰復燃：神怎樣復興你的教會》，金基文和林千俐等譯（臺灣：改革宗出版社，2014），176-187。
¹⁰⁰ 韋伯：《新銳福音派：信世代教會模式蛻變》，王念慈譯（香港：浸信會出版社，2009），215。
¹⁰¹ 羅伯特·格林里夫：《僕人式領導》，58。
¹⁰² 詹姆斯·杭特：《僕人 I：修道院的領導啟示錄》，張沛文譯（臺北：商周出版，2010），51。

如鷹攪巢、如燕孵雛

賴的關係，領袖的影響力的發生取決與跟隨者，如果跟隨者願意跟隨，並接受被影響，領導才存在。[103] 如果沒有影響力，領導就不會發生。[104] 所以，「廣泛的定義，領導是一種發揮影響力的關係。」[105] 僕人領袖是以教會群體為主導，以僕人生命蘊含的領導力有目的地發揮影響力，維繫群體並完成共同使命。[106] 領袖就意味著影響力，僕人領袖真正屬靈的影響力必須是從神而來。[107] 教會僕人領袖模式的建立，正是因為這樣一個群體，一群願意效法跟隨基督，並實踐耶穌僕人領袖的事奉。弟兄姊妹願意委身於教會，不是看見某些領袖的魅力，而是因為看見在他們裡面基督的生命與愛而被影響，從而願意被領導、跟隨，以及效法。

結論

僕人領袖是以神為自己的生命、及群體關係的焦點，知道自己是蒙神保守和被神呼召的人。僕人領袖被呼召的目的不是去擔任某一個職位，而是要活出基督的生命。[108] 華人教會領袖需要整全瞭解僕人領袖的神學意涵，認定自己一面是僕人的身份，一面被賦予領導的權利。僕人領袖的事奉模式是以愛為服侍的動機，目的是要引領人歸向基督，並建立教會屬靈生命的成長、成熟，得著

---

[103] 沃爾特·賴特：《關係式領導》，55。
[104] 曾立華：《新世代領袖的塑造》，27。
[105] 沃爾特·賴特：《關係式領導》，51。
[106] 沃爾特·賴特：《關係式領導》，51。
[107] 哈利·瑞德和大衛·夏夫利：《死灰復燃》，179。
[108] 沃爾特·賴特：《關係式領導》，43。

作者簡介

基督生命的目標異象，這一動力過程所產生的領導力源於與神的關係，然後延展到與教會弟兄姊妹的關係。所以，教會的領導力是關乎神，基督才是教會的真正的領袖，而並非關乎我們，也就說是關乎神的面子、耶穌基督的面子，而不是我們。耶穌基督的十字架的捨己與復活已經榮耀了父神，父神也使他得了榮耀（約十七 1），他完全不需要人做甚麼「面子」，神更關乎我們在基督裡的生命。華人領袖不需要在服侍中再受制於自我的面子，而是需要是正視、揭示這個面子，主動敞開自我，瞭解自己的長處、恩賜，也更接受自己的短處與不足，接受各種情緒反應、衝動、慾望等，並主動與他人交流，以及自我反省，虛心聆聽外界聲音，從內而外建立健康的心理平衡，走出內心隱藏在面子下的陰影。[109] 如此實踐僕人領袖的領導模式，教會的群體才可以建立起一個真實的共同目標異象，與父神、兒子耶穌基督有一個相交團契的關係（約壹一 1-3），並在基督同享榮耀。

今天世界在呼籲領袖，同樣教會也需要敬虔的僕人領袖。歷史表明，領袖最大的誘惑就是為了個人榮譽，用權利來控制、影響別人。[110] 當耶穌呼召我們作為教會領袖時，他已經教導我們如何領導，這是唯一正確的方法，也是主的一個命令。我們選擇跟隨相信他，並願意效法他，是因為他對我們無條件的愛，以及為我們永恆福祉所做的犧牲。作為基督的跟隨者，每一個教會領袖在任何處

---

[109] 何漢寅：《心路》，79-81。
[110] 魏樂德和畢格理：《天國進行式：21世紀天國門徒實踐手冊》，應仁祥譯（臺灣新北市：校園書房，2019），30-31, 49。

境、文化中都應該相信他，持守他的教導，並且向他尋求賜給我們智慧（雅一 5），包括我們僕人領袖的角色。僕人領袖式的領導是教會領袖在基督里最真實、活潑的見證。[111] 正如盧雲所說：「一些最偉大的藝術作品和最重要的成就都是出自那些不需要鎂光燈的人。他們深知自己手上的工作就是上帝的呼召，因而能夠帶著堅忍不拔的精神與熱忱去履行自己的使命。」[112]

---

[111] 肯·布蘭查和菲爾·豪吉斯：《學耶穌領導》，30-31。
[112] 盧雲（Henri Nouwen）：《盧雲的心靈麵包》，徐成德譯（中國：甘肅人民美術出版社，2017），55。

作者簡介

如鷹攪巢、如燕蓙雛

從《浪子回頭》看盧雲的屬靈氣質

許李雪花

引言

盧雲(Henri Nouwen)，天主教荷蘭籍的神父，當代著名靈修作家。盧雲的靈修作品對近代教會及華人教會的靈修學都有舉足輕重的影響。學者候特也提到在近代的靈修著作中，盧雲的著作是讓他極受幫助的作品之一。[1] 盧雲的作品反映了他生命的真誠流露，尋找神召命的屬靈旅程，而「旅程」的喻象常在他的作品中出現。《浪子回頭：一個歸家的故事》是盧雲後期的圓熟靈修之作，曾受到美國第一夫人希拉里的讚譽，幫助她渡過在白宮的黑暗時期。[2] 這作品是盧雲在默想林布蘭（Rembrandt）同名畫作「浪子回頭」的「旅程」反思。盧雲稱「浪子回頭」為他的屬靈生命帶來突破：為他「設定了一個漫長的屬靈探索旅程」，使他得力，對自己的服事有了新的認識，能活出聖召。[3] 更以「窗」和「門」為喻象，來說明「浪子回頭」讓他透過這扇「窗」能夠進入上帝的國，及透過這扇「門」穿越至生命的彼岸，再回看清彼岸的人和事。[4] 筆者將透過盧雲的人生旅程，了解盧

---

[1] 侯特 Bradley P.：《基督宗教靈修神學簡史》，楊長慧譯（香港：道風山基督教叢林，2007），156。
[2] 參可·歐勞福林：《天主的愛子：盧雲的靈修傳記》，林瑞琪譯（台北：光啟文化事業，2012），15。
[3] 盧雲：《浪子回頭：一個歸家的故事》，徐成德譯（台北市：校園書房，2017），17。
[4] 這幅畫「已經成了一扇奧妙的窗，讓他能夠跨過進入上帝的國度」。「又好像一扇巨門，讓他能夠穿越邊至生命的彼岸，再回頭觀望彼岸的人與事。」盧雲：《浪子回頭》，35-36；蔡怡佳："從盧雲的《浪子歸家》談靈性生命的通過儀式"，《新世紀宗教研究》10.3（2013年）：60。

雲靈修傳統的形成，也從他的作品中尋找屬靈操練的亮光。

盧雲的生平和寫作旅程

盧雲，1932 年生於荷蘭的奈凱爾克市（Nijkerk），年幼時曾經歷二戰時期。從小立志成為一位神父，由於家庭富裕，對教育的重視，為盧雲的學習奠下良好基礎，他先後獲得心理學博士及神學博士學位。曾於美國的聖母大學、耶魯大學、哈佛大學任教心理學、靈修學及教牧學。[5] 筆者按學者們對盧雲生平及著作的整合，從下面三方面去了解盧雲的不同的生命旅程。

離開自己的家

1957 年，盧雲正式成為神父。[6] 1964 年，他離開荷蘭，到美國深造。1965 年在參與了美國黑人爭取人權的民權運動大遊行，增加了他對政治的醒覺。[7] 1966 年起開始其寫作生涯，出版書籍。盧雲在聖母大學教授期間認識了梅頓，自此梅頓的默想、祈禱生活及作品對盧雲有很深的影響。盧雲曾多次前往在紐約的修道院，特別是1978 年，他的母親逝世，讓他靈性跌入低谷。他在修道院的退隱，與修士一起工作、生活，要從日常的繁忙及自己迷失中退下來，讓自己能在靜默之中尋回神。[8] 他

---

[5] 澤箴·伯曼：《盧雲：永不止息的尋覓天主》，許建德和萬致華譯（臺北市：光啟文化事業，2012），18-82。
[6] 胡國楨："盧雲的著作與靈修"，《基督宗教靈修學史·第三冊：正教、新教及當代基督徒靈修》，黃克鑣和盧德編（臺北市：光啟文化事業，2012），248。
[7] 彭順強：《盧雲的誠與愛：全面了解盧雲》（香港：心靈舍舍，2012），35。
[8] 彭順強：《盧雲的誠與愛》，37。

這期間出版了多部有關靜觀、獨處的作品,反映了盧雲靈修學的基礎。9

尋找另一個「家」

1981 年到拉丁美洲,盧雲對「和平」與「公義」關注,熱心於靠近「貧窮的人」和「生活在社會邊緣的人」,在貧窮團體中體驗貧窮人生活,嘗試尋找生命的使命及一個可以安頓的「家」,奈何事與願違。10 1983 年,應邀作哈佛大學教授神學,此時他的著作大多是表達他對社會公義和憐憫的反省和體會。1985 年,盧雲離開哈佛,到達位於法國巴黎以北,為弱者服務的「方舟之家」團體生活一年,再次分辨耶穌對他的呼召,尋找生活方向,並決定是否跟隨耶穌的呼召。11

在「家」活出召命

1986 年盧雲正式加入「方舟之家」團體在加拿大多倫多以北的「黎明之家」擔任院牧,並實際參與服事弱智成員的工作。盧雲認為在「黎明之家」的服事,讓他真正找到人生呼召。他透過日常服侍嚴重殘疾青年,迫使他要面對自己的「無能」,在神的裡面有「個人」和「獨特」的屬靈醒覺。藉著「黎明之家」,給盧雲一種真正「回家」的感覺。12 這時期的作品也反映了他當下的心

---

9 「這期間,盧雲還出版了《走出孤獨》,《從幻想到祈禱:靈修生活的三個動向》以及《羅馬城的小丑戲:對獨處,獨身,禱告及默觀之反省》等書,這三本書可說構成了盧雲靈修學的理論基礎。」參胡國楨:"盧雲的著作與靈修",248。
10 彭順強:《盧雲的誠與愛》,40–43。
11 胡國楨:"盧雲的著作與靈修",247–250。
12 彭順強:《盧雲的誠與愛》,45。

路歷程，在生活的經驗中遇見神。盧雲於 1996 年 9 月心臟病發而逝世，享年 64 歲。[13]

小結

根據盧雲的生平及著作，筆者認為不難看出盧雲的靈修傳統是多元的，他的作品從靜觀默想、社會公義、及在日常生活中操練經歷神的彰顯。[14] 這是隨著他生命的不同階段的「旅程」而產生變化。

盧雲的屬靈「旅程」

盧雲的靈修思想

盧雲的屬靈觀，彭順強認為是包涵性（inclusive）、整合性的（integrative）及全人性（Holistic），所提到的是日常生活和關係的範疇。對盧雲而言，生命並非分割的，屬靈生命是關於「整個生命」。對屬靈生命最重要的定義，是以馬太福音廿二章 36-39 節為基礎。耶穌向撒都該人和法利賽人的答案中，反映了三種愛的關係：與神、與自己、及與別人。[15] Hernandez 認為，這是盧雲的靈程向導的三重動態（The Threefold Dynamic）── 向內（Inwardly）、向外（Outwardly）和向上（Upwardly），就是以向自我、向他人、及向神的關係來實踐。[16] 這種三重動態反映了盧雲的「經驗性靈修學」與神學、心理

---

[13] 胡國楨：〈盧雲的著作與靈修〉，250。
[14] 傅士德稱之為道成肉身傳統。傅士德：《屬靈傳統禮讚》，袁達志譯（海口市：海南出版社，2010），319-320，326。
[15]「老師，律法上的誡命哪一條是最大的呢？」耶穌對他說：「你要盡心、盡性、盡意愛主—你的上帝。這是最大的，且是第一條誡命。第二條也如此，就是要愛鄰如己。」參彭順強：《盧雲的誠與愛》，135。
[16] Wil Hernandez, *Henri Nouwen: A Spirituality of Imperfection* (Kindle ed.; New York: Paulist Press, 2006), page 1 of 161.

如鷹攪巢、如燕孵雛

學之間的自然關聯,及其與事工的直接互動關聯。[17] 盧雲看「靈程」為「整合性的」(integrative),天衣無縫地將靈修學、神學、心理學和事工合併為一,且四個主要範疇彼此之間互動關係是唇齒相依的。[18]

盧雲的屬靈觀之特徵

盧雲的屬靈觀是「關係性的」,他專注在建立的屬靈生命是與神的關係、與自己及與他人的關係。盧雲強調人與神的關係是一切關係的基礎。盧雲沒有為做個「好基督徒的方法」列出清單,但他強調要先「個人與神」的關係先有更新,然後「個人與自己」和「個人與他人」的關係才能因此而被得以更新。[19]

盧雲的靈修是以聖經為依歸的,及以基督為中心。雖然聖經並非他唯一的支持和根據,但是聖經的信息及與神的關係在他的作品中突出。他的思想也是「歷史性」及「傳統性」的,從歷代教會歷史及早期基督徒的生平著作而來,特別受在沙漠教父的影響。同時,他的靈修是富「時代性的」,強調提及當今基督徒的處境,以他的學識、背景向世界及人的心靈對話。[20]

盧雲的屬靈觀的特徵豐富,既是「經驗性的」也是「個人性」的;既是「理想」也是「實現」;既是「默觀性」又是「行動性」。盧雲堅持「禱告」和「行動主義」,他相信禱告最為重要,世界的活動方向和力量是從這泉源而來的。學者指出盧雲的屬靈觀是「使徒式的」的,

---

[17] Hernandez, *Henri Nouwen*, page 1 of 161.
[18] Hernandez, *Henri Nouwen*, page 2 of 161; 彭順強:《盧雲的誠與愛》,136。
[19] Deirdre LaNoue, *The Spiritual Legacy of Henri Nouwen* (New York: Continuum, 2000), 146-147; 彭順強:《盧雲的誠與愛》,137。
[20] LaNoue, *Spiritual Legacy*, 146-147; 彭順強:《盧雲的誠與愛》,137。

不是「修道式」。他強調事工在世界中的重要，但是事工須先有「不住的禱告」才能達成才能得果效。因此，盧雲的屬靈觀既是「群體性」又是「個別性」的。他強調「群體性」的重要，但「個人主義」也在作品中呈現，指出每個基督徒都有責任與神有個人的關係，這是需要被培育的。但是個人也需要與群體建立關係，向群體負責，結予支持。[21]

盧雲靈命成長向度是動態的，建構了「重現向導」（recurring movements），來說明靈命成長有「內向靈程」和「外向靈程」兩個旅程及眾多的向導。意思是靈命的塑造始於一個進入內心的「向內靈程」，然後繼續以「向外的靈程和事工」，最後返回「向內的靈程」。[22] 這個向度後來不斷地在他的著作中呈現，也是他在哈佛及耶魯的授課的模式。[23]

小結

對盧雲的思想及屬靈觀的整合，了解盧雲的多元靈修傳統的形成，除了個人的生命歷程外，還基於他的靈修學、神學、心理學和事工的看法，構建「與神的關係」、「與自己的關係」及「與他人的關係」的整全靈修思想。

---

[21] LaNoue, *Spiritual Legacy*, 146–149; 彭順強：《盧雲的誠與愛》，138–141。
[22] 彭順強：《盧雲的誠與愛》，242–243。
[23] 『在盧雲其中一本最早期名為《憑祈禱來生活》（新書名為《盧靈眼中的梅頓》之中，指出「從護諷到默觀」（和「從不透明到透明」的向導，在之後的著作之中，盧靈指出其他的向導（一般都是三個一組的），而每個「向導」都以一個「操練」來配合：在《從幻想到祈禱》一書中，第一個向導是「從孤單到獨處」。第二是「從敵意到款待」，第三個向導是「從生命的幻想到心靈的禱告」。在《念茲在茲：活在聖神中》一書中，這向導包括「從宿命論到信心」，從憂慮到禱告」，「從思想到心靈」。《浪子回頭：一個歸家的故事》：「從離開到歸家」、「從苦毒到感恩」、「從被寬恕到主動寬恕」的過程』參彭順強：《盧雲的誠與愛》，245。

陳廷忠提到屬靈傳統的兩大路向:「邁向神的光明」及「邁向神的隱蔽」。前者是「強調神的可知性,以知識作為屬靈指標,以外向的操練為主」。後者是「強調神的不可知性,通常以愛作為屬靈的指標,較為內向的操練」。[24] 筆者認為,對於盧雲而言,是屬於「邁向神的光明」的路向,他基於他的神學,以邁向的神美善為操練目標。也因他的心理學背景,認為屬靈生命是「整體生命」,在屬靈操練上是包括內向及外向的靈性操練,既「出世」,也「入世」。

《浪子回頭》的「旅程」

《浪子回頭:一個歸家的故事》是盧雲圓熟之作,是他對林布蘭(Rembrandt)的同名畫作的默想反思結果,表達他當下心路歷程。盧雲曾經對複印的「浪子回頭」畫作視為珍寶,他甚至在入住「黎明之家」之前,親身到在聖彼得堡(St. Petersburg)去看真蹟。盧雲將自己代入畫中的每個角色,浪子、大兒子及父親。盧雲從福音書耶穌的敘述,透過對林布蘭畫作的分析,加上自己生命經驗的反思,來開展三段屬靈旅程。[25] 從「浪子」開始,到「大兒子」的內向操練,及最終「成為父親」的外向屬靈旅程。[26] 盧雲在《浪子回頭》中表達他在屬靈操練中再次體會他個人生命從「離家」、「尋找家」到「回家」的過程。這也是他從「旁觀者」變為「參與者」,從「批判者」變為「悔改的罪人」,更是從「教

---

[24] 陳廷忠:"基督教歷代靈修傳統與實踐:靈修傳統的發展",基督教靈修學課堂講義(未出版),墨爾本神學院,2021, 13。
[25] 盧雲:《浪子回頭》, 33-34;彭順強:《盧雲的誠與愛》, 120。
[26] 盧雲:《浪子回頭》, 19, 33-34; LaNoue, *Spiritual Legacy*, 45.

導愛」到「讓自己接受天父的愛」的歷程。[27] 他學習到如何去體會、接受及活出天父的愛。

浪子「離家」

盧雲提到「『回頭』意味著先有離開，回頭是離家以後回家，曾經遠走，如今知返。」[28] 盧雲認為浪子離家出去走，是證明自己是被愛的，是一種自我肯定，自我實現。[29] 他覺得自己就是那個迷失的浪子，想要回家。他審視自己，「也常以間接的方式，寧可到遠方，也不願就近在家」。[30] 不論是離開成長的家，還是屬靈的「離家」。[31] 浪子的回頭，是內心深處相信天父希望他回家的，回應上帝的愛。然而，在屬靈生命的一大難關是接受上帝的饒恕，以至可以真正的回家。盧雲說：「接受饒恕需要完全地願意讓上帝成為上帝，並讓在祂生命中作所有醫治、恢復和更新的工作。」[32] 盧雲意識到，因著上帝在基督裡的愛，祂給予祂的孩子們自由地去回應祂的愛：自由地「留在家」、「離開家」或「回家」。上帝不會將祂聖潔的愛強加於祂的兒女身上。讓祂的兒女選擇進入天父愛的光中或是留在黑暗中。正如父親愛浪子並給他自由一樣。所以，小兒子要悔改。盧雲指出「回轉到抵家的旅程，需要智慧和操練」。神的兒女要

---

[27] Hernandez, *Henri Nouwen*, Location 55,69 of 3234.。
[28] 盧雲：《浪子回頭》，60。
[29] 盧雲：《浪子回頭》，65–66。
[30] 盧雲：《浪子回頭》，63。
[31] 盧雲指出屬靈的「離家」，是忽視了真理，否定了自己是屬於上帝。參盧雲：《浪子回頭》，65–66。
[32] 盧雲：《浪子回頭》，90。

學習接受、體會這種愛，操練成為上帝的兒女，[33] 操練被赦免、被醫治、被重建及更新。[34]

「尋找家」的浪子在基督裡

盧雲望著畫中袖手旁觀的大兒子，認為林布蘭的畫揭開了大兒子「心靈的內心戲」。當他被朋友揭穿更像大兒子時，使他重新思考，認為畫中大兒子的內心深處掙扎，也是他的內心掙扎，[35] 大兒子其實是留在家中的「浪子」。體會到要接受真實的自我，明白接受上帝的愛，並住在祂的愛裡才是真正的「回家」之路，亦只有上帝才能給予人最深切的滿足感和歸屬感。盧雲指出基督徒卻經常像浪子一樣離家，或者像大兒子一樣拒絕家裡父親的愛，卻不停地尋找「家」的感覺。大兒子的嫉妒、憤怒、多疑、固執、陰鬱，甚至自義，使他雖然一生留在家卻與小兒子一樣迷失。[36] 盧雲認為這種迷失是「根深蒂固，深植於心的苦毒」，由此回轉是非常艱難。他認為，那「胡作非為」的回轉，遠比從「深植於生命深處的冷漠和憤怒」中回轉容易得多。[37] 然而，當大兒子醒悟過來，重新在內心深處發現自己是父親的愛子時，接受上帝的愛，才能在其中找回真實的自我。盧雲認識到，大兒子的回轉需要從怨恨和苦毒中轉變，接受被愛，操練信靠和感恩，[38] 去明白天父所說的：「兒啊！你常和我同在，我所有的一切都是你的」的真義。（路 15:31）

---

[33] LaNoue, *Spiritual Legacy*, 63–64; 盧雲：《浪子回頭》, 89–90。
[34] 盧雲：《浪子回頭》, 88–90。
[35] 盧雲：《浪子回頭》, 106。
[36] 盧雲：《浪子回頭》, 42–43; 彭順強：《盧雲的誠與愛》, 343。
[37] 盧雲：《浪子回頭》, 123。
[38] 盧雲：《浪子回頭》, 138。

「回家」後不再是浪子

在盧雲經歷「兒子」身份的掙扎時,他的朋友提醒,「不管你是大兒子還是小兒子,你受召是要成為父親」。[39] 讓他意識到成為父親的角色,「父親」代表著天父要盧雲承擔的召命:作眾人的父親,發揮真正憐愛的權柄。[40] 盧雲明白若按自己的天性,他只想保持著「小兒子」的狀態,無牽無掛地過自己的生活;或者不自覺地活在大兒子的自我中。但畢竟「兒子」是要長大,將要成為「成人」,並最終成為有承擔「父親」。盧雲往後在「黎明之家」的十一年服事,就是朝著這個生命的演進而努力:從「小兒子」到「大兒子」,到「父親」。一個從「被接納」到「蒙寵愛」及最終「付出愛」的過程,[41] 盧雲覺悟,他最終極的使命是要像天父一樣,每天活出著神的慈悲。他提到「耶穌說過的話中,最激進的是:『你們要慈悲,像天父慈悲一樣。』」[42](路 6:36)盧雲從林布蘭筆下父親,看到一個真正屬靈父親的三個要素:憂傷、饒恕、寬宏。[43] 他指出要學習天父的慈悲,為世人的罪而哀慟,流淚禱告,並預備心接納任何人,無條件的饒恕,不計較地付出,[44] 他指出操練這三個要素是可以讓父親的形象在信徒生命中滋長。盧雲說,「作為父親,我不再像大兒子或小兒子一樣被呼喚回家,

---

[39] 盧雲:《浪子回頭》,44。
[40] 盧雲:《浪子回頭》,45。
[41] 彭順強:《盧雲的誠與愛》,343。
[42] 盧雲:《浪子回頭》,198。
[43] 盧雲:《浪子回頭》,206。
[44] 盧雲:《浪子回頭》,206–211。

而是站在那裏，讓流浪的兒女知道哪裏有人歡喜迎接」；要活出這靈性父職，需要徹底操練「留在家中」。45

盧雲對華人教會的「屬靈旅程」之影響

華人教會對盧雲的評價

盧雲是天主教神父，但他的思想是以基督為中心，強調基督虛己，是基督徒效法的對象。46 盧雲的作品於 80 年代的香港受基督教團體的認識。直到 90 年代盧雲的作品大量被翻譯成為中文，廣泛流傳。但由於盧雲是天主教神父，早期有基督教書樓禁賣他的作品。但盧雲的靈修著作仍然受到信徒及領袖歡迎，並欣賞他的靈修洞見。47 溫偉耀博士是其中一位，說：「盧雲是影響我屬靈生命最深的人。」48 筆者也是透過溫博士的著作而認識盧雲的作品。《我們眼中的盧雲》一書集合了香港十位基督教不同宗派的學者、牧者，與盧雲在不同生命層面的對話回應，也展示盧雲不同的屬修面貌。其中一位作者評價盧雲的靈修最值得學習的，是結合了屬靈操練與生命關懷，是言行一致的榜樣。49 反映出香港的華人教會對盧雲的生命、靜默禱告、社會公義、靈修操練等，都持正面的評價及肯定他的貢獻。50 雖然外界對盧雲的作

---

45 盧雲：《浪子回頭》，206–214。
46 彭順強：《盧雲的誠與愛》，107。
47 杜念甘："盧雲的生命片段和思緒：一個牧者蒙召歸家的故事"，《我們眼中的盧雲》，鄧紹光編（香港：基道出版社，2000），1–2；彭順強：《盧雲的誠與愛》，12。
48 溫偉耀：《無能者的大能》（盧雲啟迪系列，香港：卓越書樓，1993），16。
49 李耀全：《屬靈操練與生命關懷》（香港：明風出版，2008），388。
50 鄧紹光編：《我們眼中的盧雲》（香港：基道出版社，2000）。

品、個人情緒化、同性戀傾向等有不同的輿論，[51] 但筆者認為，除主耶穌以外，世上沒有完全人。

盧雲靈修作品給華人教會的反思

《浪子回頭》一書與盧雲其他的作品的靈修進路，都被認為是打破了基督教靈修書籍的常規。基督教的靈修書籍，普遍受福音派的神學影響，以強調道德性為主，著重聖經詮釋，指出信徒不夠敬虔的地方，然後呼籲作出悔改。筆者沒有否定這些的重要，但卻認為這多為知識上的操練，而缺乏神人相遇的掙扎與悸動。但是盧雲的向導卻截然不同，他的作品特徵是以真誠及謙卑的生命作分享，而且平易近人。[52] 盧雲沒有隱藏自己的軟弱，懂得正視自己的痛苦，將一切帶到神的面前。他以自己的軟弱和掙扎來引發讀者的共鳴，他與神的對話，正正也是我們與神的對話。盧雲的靈修多強調在日常生活關係中來操練與神、與己、與人的關係，並踐出基督的生命。這正是他所強調的「內向」、「外向」，既出世又入世的靈修操練。而這樣的操練正是福音派華人教會所缺欠的。

總結

盧雲的靈修觀及屬靈傳統範疇極為豐富，由於文章篇幅關係，筆者只能針對盧雲的生平及屬靈旅程來作探討。他的屬靈觀強調「與神的關係」、「與自己的關係」及「與他人的關係」來實踐，也正是今日基督徒靈性操練的要點。透過《浪子回頭》讓我們也與盧雲一起反省自己的屬靈旅程。誠然，自己何嘗不是像「小兒子」和

---

[51] 彭順強：《盧雲的誠與愛》，352。
[52] 彭順強：《盧雲的誠與愛》，106。

「大兒子」一樣迷失，在世界上為要證明被愛，爭競求存；尋覓愛，內心卻充滿嫉妒、憤恨和埋怨。盧雲的醒覺，邁向「回家」的路，操練「成為父親」，這也應成為今日信徒的醒覺和行動。正如主耶穌說，「所以你們要完全，像你們的天父完全一樣。」（太 5:48）

作者簡介
（按文章次序排列）

◆ 馬展程
墨爾本神學院華人神學院道學碩士
現為墨爾本中央華人浸信會教牧傳道

◆ 胡武傑
墨爾本神學院華人神學院神學碩士
現為澳洲華人神學研究中心研究助理、
澳洲華人衛理公會榮恩堂助理傳道

◆ 聶國瑞
墨爾本神學院華人神學院道學碩士
現為墨爾本譚寶道浸信會粵語堂牧師

◆ 陳廷忠
英國倫敦大學哲學博士
現為墨爾本神學院澳洲華人神學研究中心主任、
澳洲神學協會高級研究院士

◆ 鄭小康
墨爾本神學院華人神學院道學碩士
現為墨爾本北華浸信會傳道

◆ 吳羅瑜
英國阿伯丁大學哲學博士
現為美國基督工人神學院資深客座教授

◆ 廖玉強
英國伯明翰大學哲學博士
現為墨爾本神學院高級講師

◆ 池峪鋒
美國西南浸信會神學院哲學博士
現為美國基督工人神學院神學副教授及教務主任

◆ 林子淳
英國劍橋大學哲學博士
現為墨爾本神學院高級講師、
澳洲神學協會高級研究院士

◆ 邵施施
墨爾本神學院華人神學院神學碩士
現為墨爾本基恩教會中文堂傳道

◆ 徐學峰
墨爾本神學院華人神學院道學碩士
現為墨爾本橄欖山福音基督教會傳道

◆ 許李雪花
墨爾本神學院華人神學院神學學士榮譽學位
現為墨爾本神學院中文部行政同工

www.ingramcontent.com/pod-product-compliance
Lightning Source LLC
Chambersburg PA
CBHW011149290426
44109CB00025B/2547